ビフォ ーが一目でわかる

宗教が変えた世界史

祝田秀全
監修
かみゆ歴史編集部
編

朝日新聞出版

はじめに

人類は、はるか昔、自然界のなせる業を「神」によるものと見ることがありました。それが社会に信仰心となって広まると、そうした熱情が宗教を生みだしたといっていいでしょう。そして宗教は、世界史に多大な影響力をもたらすことになります。

ユダヤ教の一教派から始まったキリスト教は、後に世界宗教となって発展しました。ローマ帝国がキリスト教を国教としたことが、一大転機となりました。それを受け継ぐように中世ヨーロッパでは、ローマ教会の威光は絶大なものとされ、政治に深く関わるようになりました。イスラーム勢力と対戦した十字軍運動の時代は、その好例。それはローマ教皇の提唱によって始まったものです。

「イスラーム帝国」と異名をとるアッバース朝の都バグダードに、9世紀「知恵の館」が建てられると、イラン文化はもとより、古代ヘレニズム文明やインド文化がこの地に集められ、イスラーム教の拡張とともに、その成果は世界に広められました。

中国の場合は、宗教が民衆反乱の要となって、しばしば王朝交替の場面をひき出した。弥勒仏が現われて、困窮した人びとを救うという白蓮教系の宗教は、モンゴルの元朝を倒し、室町時代の日本との貿易で馴染みのある明朝をもたらしました。

このように、世界史の転換点に、宗教が存在するケースは数多くあります。
そんな「宗教」に着目し、世界史の大きな転換点を図解とイラストでわかりやすく解説したのがこの本です。

本書は、右ページで「なにが起きた？（＝宗教のできごと）」を、左ページでは「こう変わった！（＝宗教のできごとによって引き起こされた歴史の動き）」を解説し、ビフォーとアフターを見開きでパッとわかる作りにしています。

第1章は古代文明から始まり、第2章〜第6章はヨーロッパ、中東、インド、中国、日本と地域ごとに解説。最後の第7章は「近・現代の世界と宗教」と題し、第二次世界大戦以降に起こった事象を説明します。
巻頭には本書を読む前に知っておきたい宗教を概説した「宗教の基礎知識」ページを用意しました。
各章末には宗教が影響を与えたアート・建築を紹介する「ＦＥＡＴＵＲＥ」ページや、各地に残る宗教関連の世界遺産を紹介する「世界遺産ガイド」など、企画も満載です。

さあ、宗教が巻き起こした歴史の転換点を、ともに見ていきましょう。

祝田秀全

ビフォーとアフターが
一目でわかる

宗教が変えた世界史

もくじ

第3章
中東

第4章
インド

第5章 中国

第6章 日本

第7章 近・現代の世界と宗教

本書は2023年6月時点の情報を掲載しています

本書の見方

こう変わった!
「なにが起きた？」で説明した宗教的事件により、歴史がどう変化したのかを解説

なにが起きた?
歴史を動かした宗教的事件を解説

宗教アイコン
そのページで関わる宗教を示します

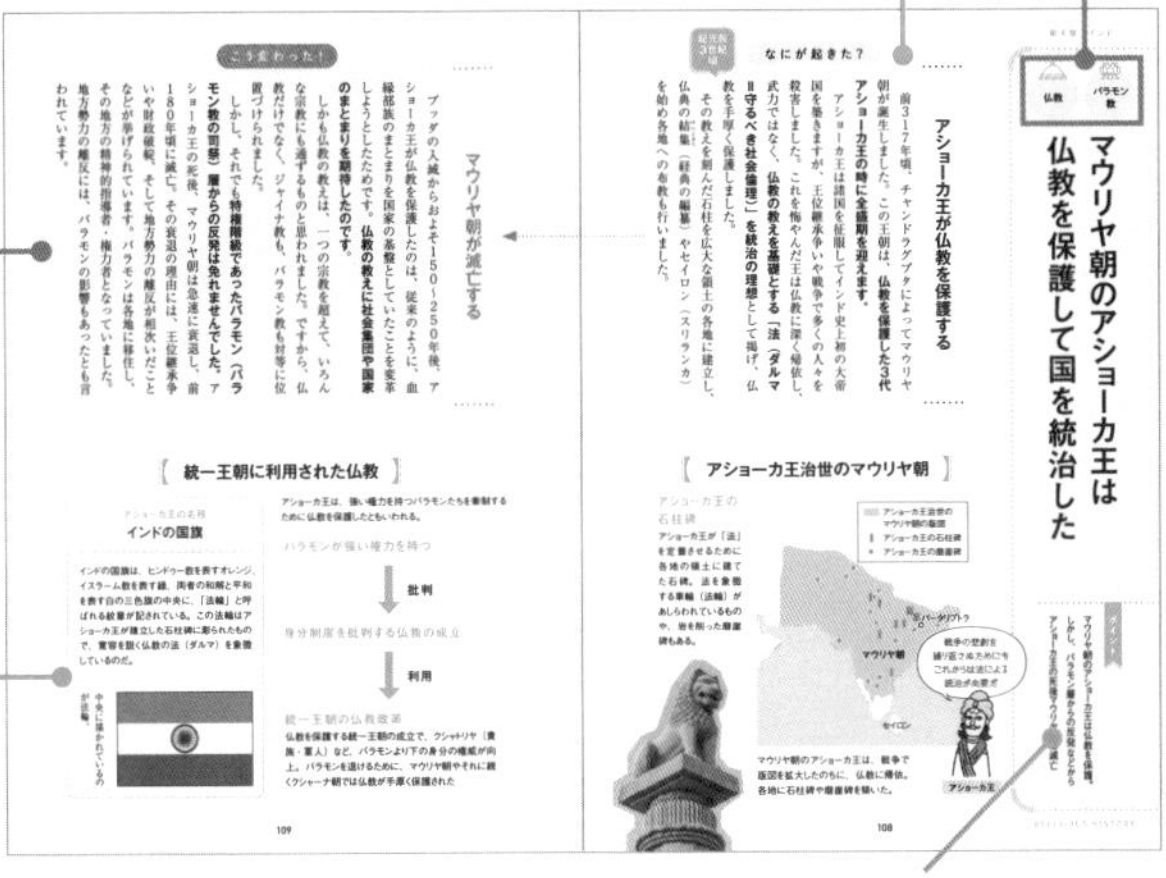

コラム
雑学や人物についてはコラムで解説

ポイント
重要事項を端的に解説しています

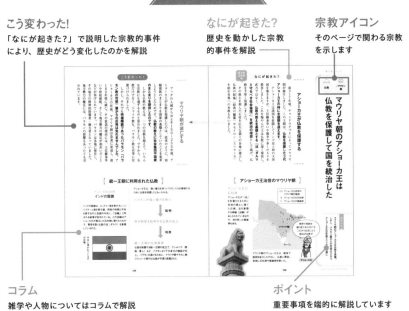

なぜ宗教が生まれたのか

人類は古くから「神」を信仰し、やがて宗教が起こります。宗教は生活において欠かせないものでした

「神」への信仰は何万年も前から始まっていた

そもそも宗教とはどういうものでしょうか。その定義は難しく、一概には言えません。ただ「神」などの、**目に見えない〝何か〟を敬う文化は、何万年も前から存在していたとされています**。

科学や医学が発達する前、人類は自然災害や飢え、病気に怯えていました。人類はこれらの説明がつかない現象を「神」が起こしたのだと考えたのです。こうして人々は「神」を崇敬し、祈りを捧げたり、儀式を行ったりすることで、「神」の怒りを鎮めようとします。

紀元前7000年頃、農耕が始まり、人々が定住生活を築くと、**同じ「神」を集団で信仰するようになります。これが「宗教」になっていった**と思われます。

三つの○○をもたらす宗教は生活に欠かせないものだった

宗教の役割は大きく分けて三つあると言えます。

一つは人々に救いをもたらすこと。「神を信仰すれば救われる」といった形で、人々に希望を与えます。

二つめは説明をもたらすこと。未知の現象を「神のなせる業」とすることで、安心した者もいるでしょう。

三つめは秩序をもたらすこと。多くの宗教では戒律が定められており、これが法律の役割を持っていたのです。また、王などの政治的指導者は「神に選ばれた者」を自称することで自らの権威づけを行い、民衆を従えました。これを「神権政治」といいます。

現代は宗教を不必要に思う人も一定数います。しかしかつては生活に欠かせないものだったのです。

宗教の始まりと三つの役割

【 人類は何に「神」を見出した？ 】

自然災害
地震・噴火・洪水・疫病・飢饉など、様々な災害の原因は神の怒りによるものだと考えられた。

生と死
命はどこから来るのか、なぜ死が訪れるのかは、神の裁量によって決まると考えられた。

ヴィレンドルフのヴィーナス
オーストリアの旧石器時代遺跡で発見された約２万年前の女性の小像。豊満な姿には豊穣や子孫繁栄への祈りがこめられていると推測される

【 宗教の役割 】

①救いをもたらす
「神を信仰すれば幸福がもたらされる」という考えは、人々の希望となった。

(例)・キリスト教では、神を信仰すれば天国に行けると考えられている。
・仏教の思想の一つ「浄土教」では、阿弥陀如来を信仰すれば極楽に行けると考えられている。

②説明をもたらす
自然災害や生と死などの未知の現象を、宗教は「神の意思によるもの」とした。

(例)・日本では恨みを持って死んだ人物の魂は「怨霊」となり、人々に災厄をもたらすと考えられた。
・ギリシア神話では、落雷は大神ゼウスが怒りによって発したものと考えられた。

神から授かった「十戒」の石板を持つヘブライ人（ユダヤ人）の指導者モーセ。

③秩序をもたらす
宗教の戒律は現在の法律のように扱われ、反すると神罰が下ると考えられた。また、政治的指導者が神の権威を借りて民衆をまとめることもあった。

(例)・イスラーム教の戒律では、殺人や窃盗は絶対にやってはいけないと禁じられている。
・エジプトのファラオは自らを「太陽神の子」と称し、民衆をまとめた。

宗教の変遷

宗教は紀元前から存在しました。それぞれが影響し合って展開、時には既存の教えを批判するために分派していきました

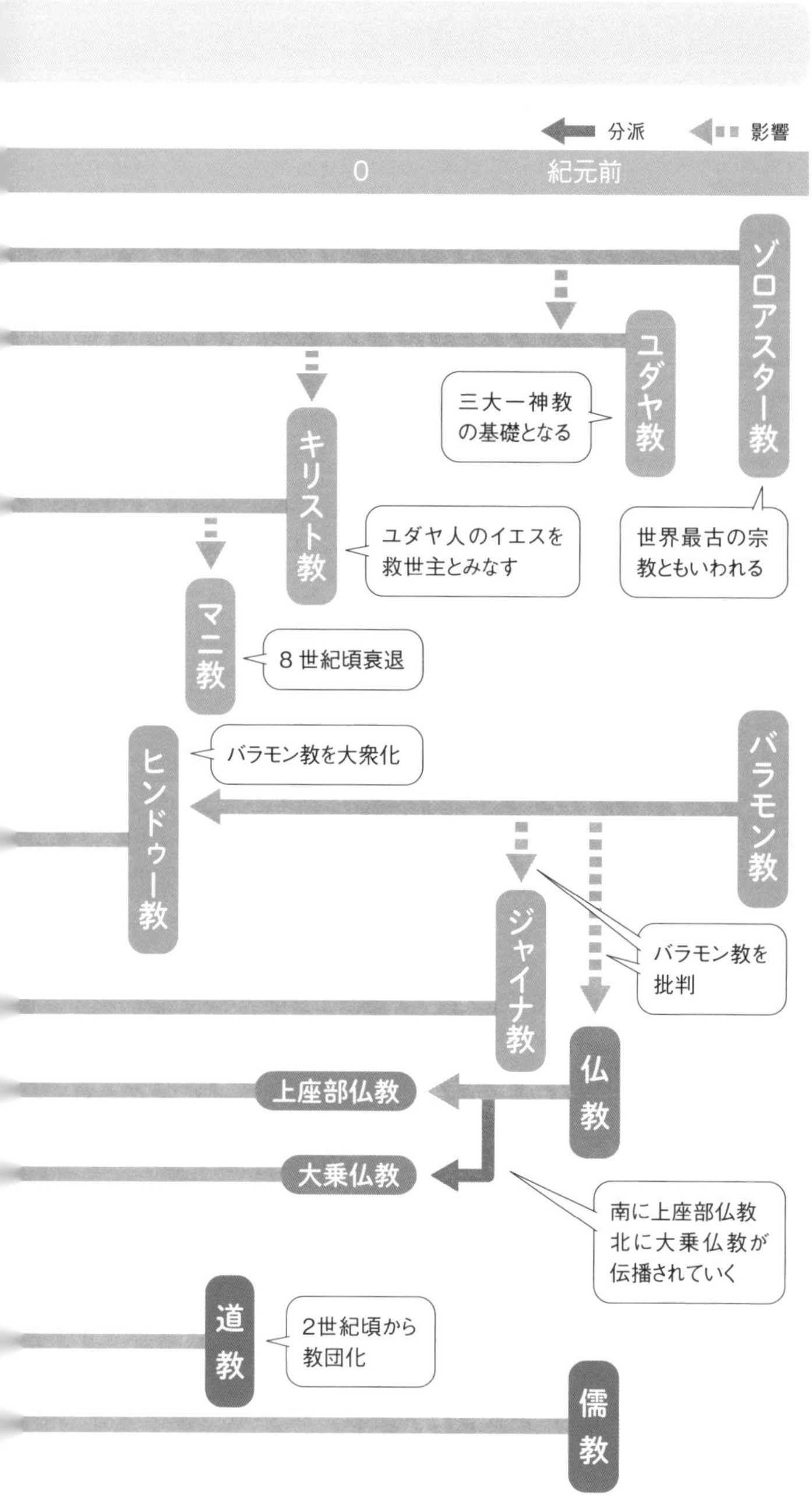

宗教の分派と変遷

宗教は他宗教の影響を受けて、または既存の宗教・教えへの批判から発展・分派を繰り返してきた。

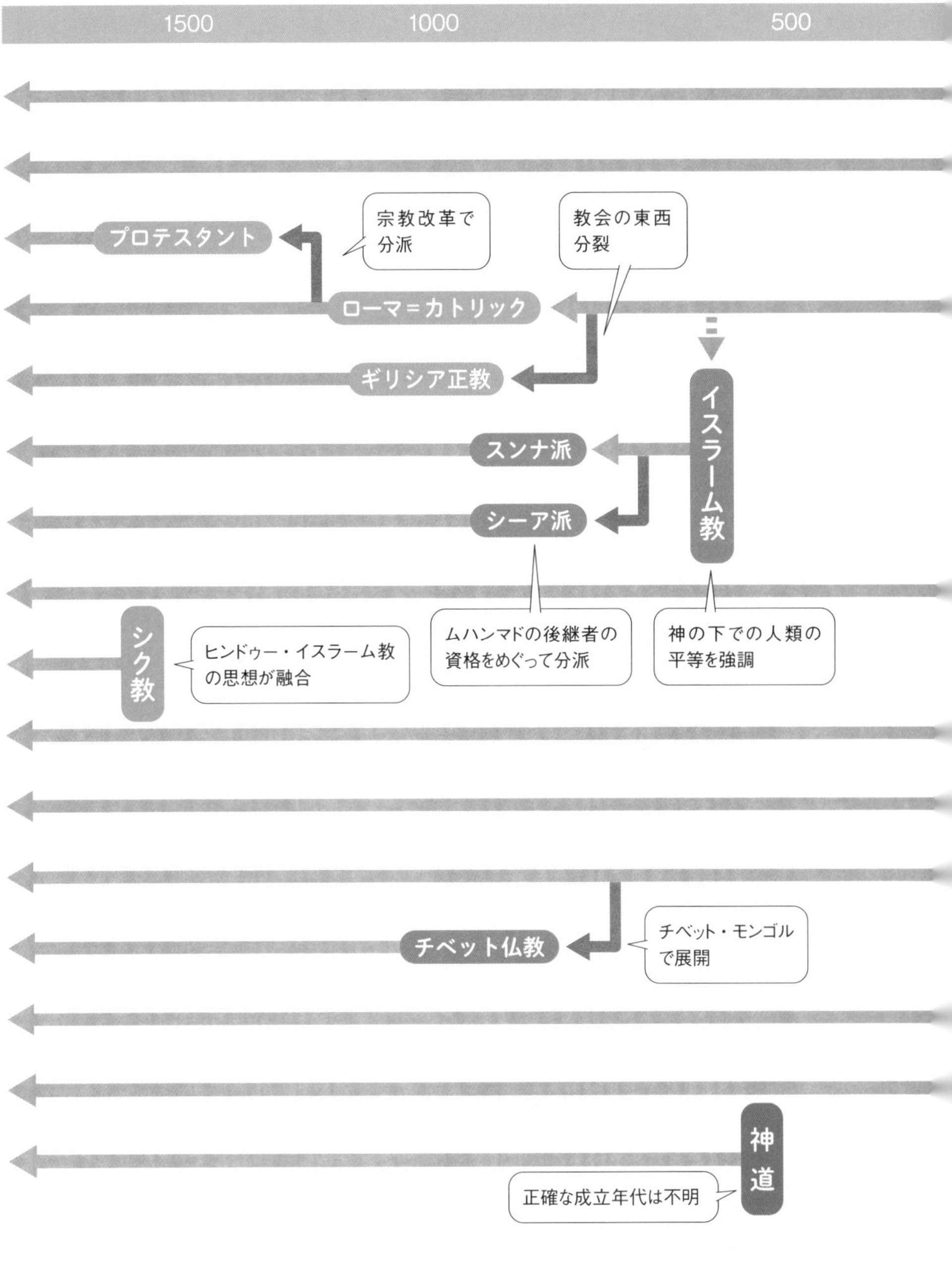

多神教と一神教

宗教の多くは「神」などの信仰対象を持ちます。ここでは、宗教を信仰対象ごとに分ける際の四つの区分を紹介します

原始的な信仰形態アニミズムは身近な霊を崇敬するもの

宗教の多くが「神」や「霊」といった究極的存在を信仰しています。この信仰対象ごとに、宗教を大きく四つに分類することができます。

一つ目は「アニミズム（精霊信仰）」。身近に存在する「霊（アニマ）」を崇敬する宗教のことで、世界各地に見られます。霊の種類は様々で、自然物や道具に宿る精霊、亡くなった人の魂を表す祖霊などがあります。日本では古来、巨木や山などに宿る「八百万《やおよろず》の神」を崇敬する文化がありますが、これもアニミズムの一種と言えるでしょう。

これらの**霊と人とをつなぐ役割を持つ人物をシャーマンと呼び**、原始社会ではシャーマンが村や国を導くこともありました。

様々な神を信仰する宗教と、神への信仰がない宗教

二つ目は「多神教」。神は霊より上位の存在で、信仰することで人々に恩恵をもたらしてくれます。多神教はその神が複数おり、個性があるのが特徴です。

三つ目は「一神教」。世界は唯一神によってつくられ、神の下ではみな平等と説きます。世界的に信者を抱えているユダヤ教・キリスト教・イスラーム教は一神教であり、合わせて「三大一神教」と呼ぶこともあります。

四つ目は「神や霊への信仰を持たない宗教」。仏教ではブッダ、儒教では孔子など、先駆者の教えを受け継ぎ、自《じ》己研鑽《こけんさん》を重ねる宗教です。ただし、仏教はブッダの死後に分派し、うち中国や日本に伝来した「大乗仏教」では、様々な仏を信仰する多神教に変化しました。

宗教を信仰対象別に分類する4つの区分

①アニミズム

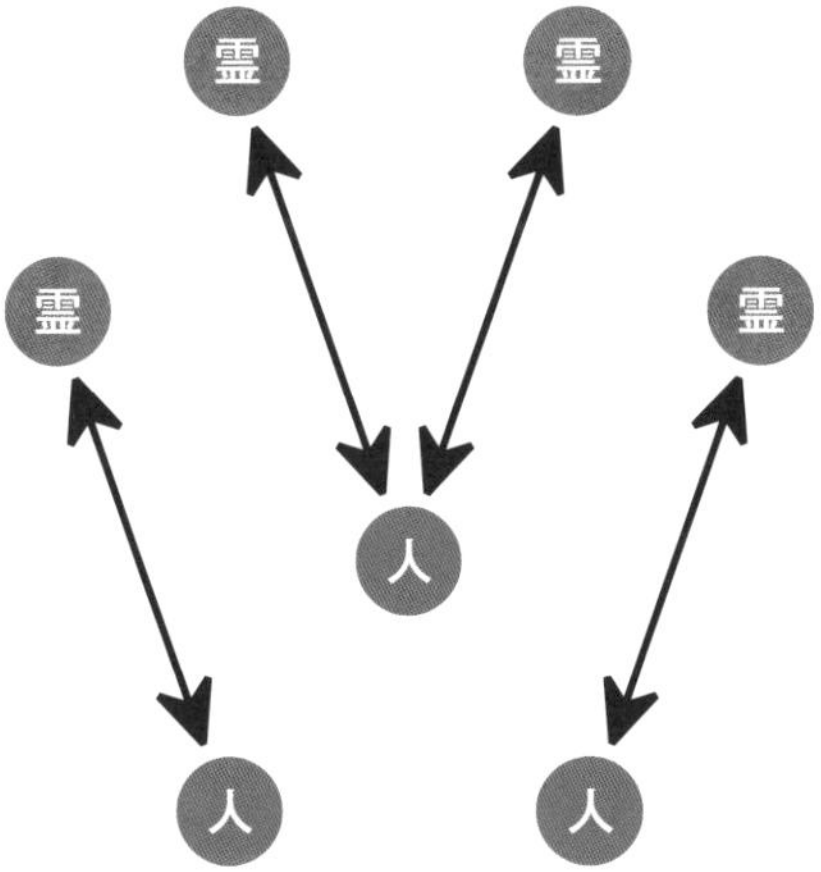

ありとあらゆる場所に存在する「霊」への崇敬。「霊」は「神」より身近な存在で、直接、またはシャーマンを介してコミュニケーションがとれると考えられた。
（例）日本の八百万の神など

②多神教

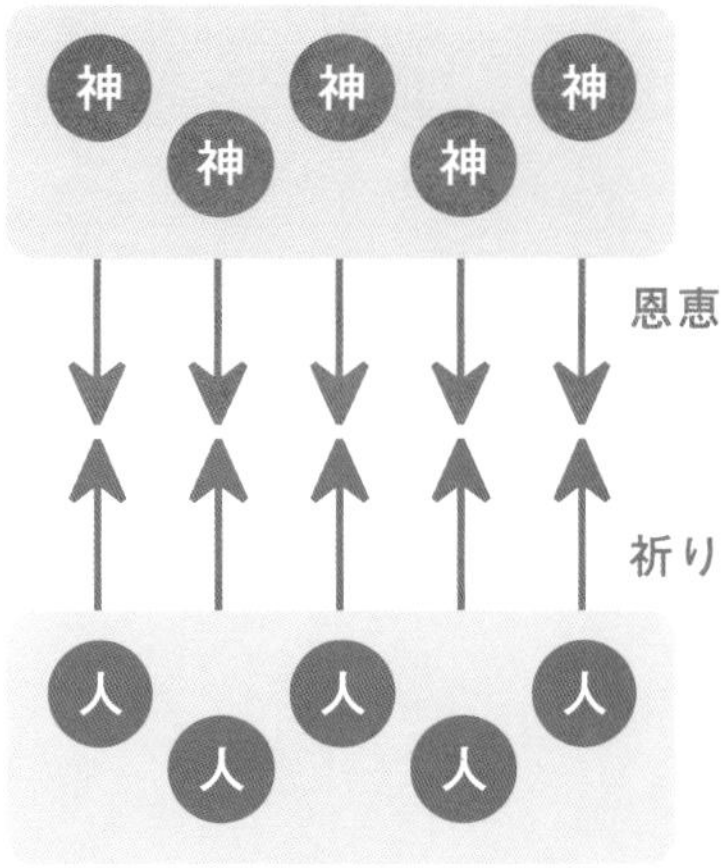

「霊」より上位の「神」が複数いる宗教。見た目やもたらしてくれる恩恵の種類など、神ごとに特徴があるケースが多い。
（例）ヒンドゥー教、大乗仏教、エジプト神話など

③一神教

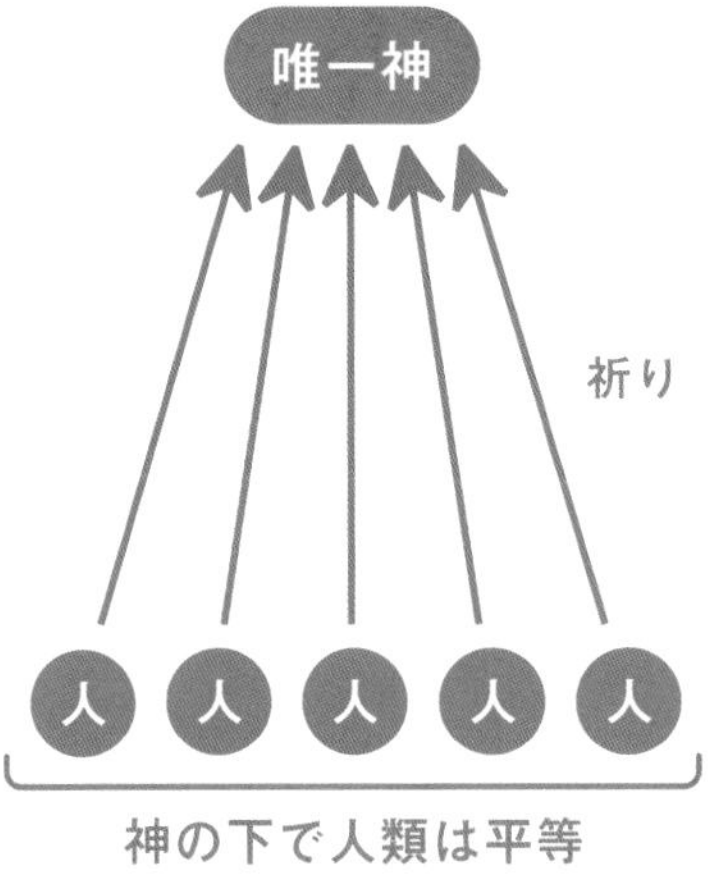

多神教と異なり、唯一神のみがいる。世界のすべてを唯一神が司り、人類は唯一神の下でみな平等と考えられる。
（例）ユダヤ教、キリスト教、イスラーム教など

④神や霊を信仰しない

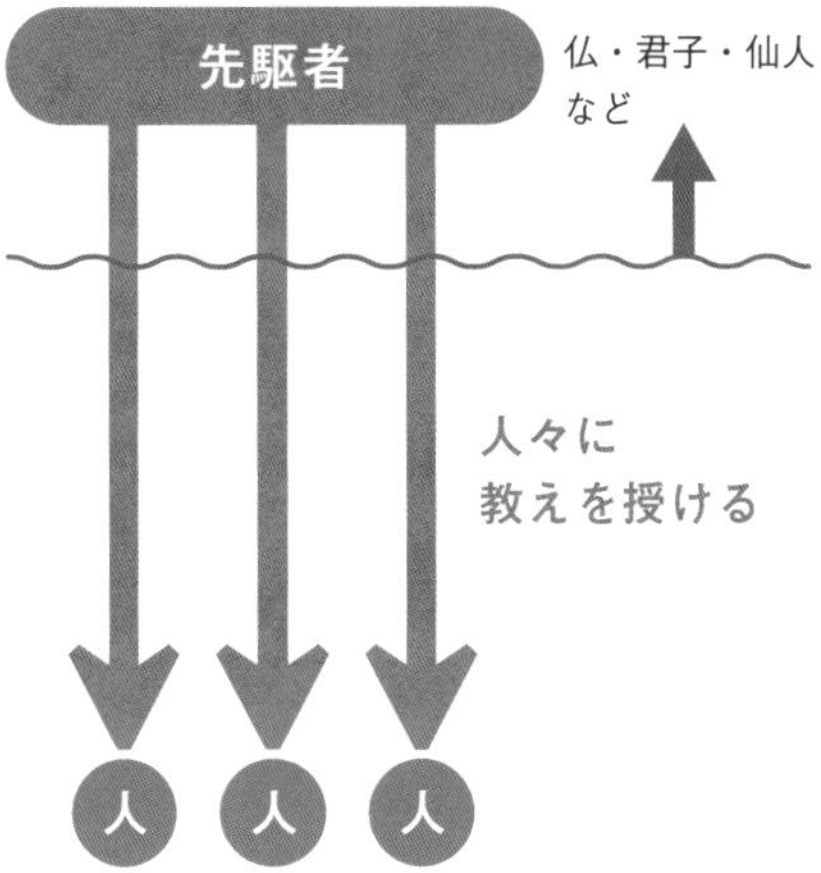

特定の信仰対象を持たず、先駆者の教えに従い、自己研鑽を重ねた末に救いや楽しみがあるとする宗教。ただし、先駆者を信仰対象とすることもある。
（例）仏教、儒教、道教の神仙思想など

三大一神教の違い

ユダヤ・キリスト・イスラーム教の三大一神教は、同じ唯一神を信仰する宗教です。しかし大きな違いがあります

三大一神教のルーツとなったユダヤ教はなぜ起こった？

世界で最も信者数が多い宗教はキリスト教、2位はイスラーム教です。**この二つの宗教はユダヤ教をルーツとしており、すべて同じ唯一神を信仰しています（三大一神教）**。

ユダヤ教は、紀元前13世紀頃、ヘブライ人（イスラエル人）の指導者モーセが、唯一神ヤハウェと契約を結んだことから始まります。モーセの一族はパレスチナにヘブライ王国をつくり、神との約束（律法）を守り続けますが、新バビロニアに征服され都バビロンに捕囚《ほしゅう》されます。

解放されたヘブライ人は「ユダヤ人」と呼ばれるようになり、選民思想（ユダヤ人＝神に選ばれし民族）や、ユダヤ人の救世主（メシア）が現れるという思想を根幹とするユダヤ教を展開。パレスチナにユダヤ神殿を建設しました。

イエスを救世主とみなすキリスト教『コーラン』を守るイスラーム教

パレスチナがローマの支配に降った後、ユダヤ教の祭司と民衆の間で身分差別ができ、人々は重税に苦しみます。

イエスはその状況を批判し、「隣人愛《りんじんあい》（利他の精神）」を説きます。民衆はイエスを救世主とみなしますが、彼は祭司によって処刑。その後、イエスの弟子たちが**「イエスは神の子で、人類の身代わりとなり罪をかぶった」**とするキリスト教を展開。その布教範囲はパレスチナから地中海全域に拡大し、ついにはローマ帝国の国教となりました。

６１０年頃、アラビア半島のメッカの商人ムハンマドは、**唯一神アッラーの言葉を授かり、イスラーム教を創始**。ムハンマドが聞いた神の言葉は『コーラン』にまとめられ、それを守ることを教義としました。

同じ神を信仰するユダヤ・キリスト・イスラーム教

	ユダヤ教	キリスト教	イスラーム教
成立	**紀元前 13 世紀頃** ➡モーセが神から十戒（＝10の戒律）を授けられる	**1 世紀頃** ➡イエスの磔刑後の復活 	**610 年頃** ➡ムハンマドがアッラーから啓示（＝言葉）を受ける
教義・思想	**・律法（神から受けた戒律）を守る** **・選民思想** **・救世主の待望** →	**・イエスを救世主とする** **・隣人愛**	**・六信五行** ➡六つの信じることと、五つの行うべきこと。六つのうちに神や預言者（神の言葉を受けた者）を含む。また、五行には礼拝や断食、聖地巡礼などがある
神の呼び名	**ヤハウェ** ➡「エホバ」「ヤーベ」とも。モーセの十戒の中では、「神の名をみだりに唱えてはいけない」とされている	**父なる神** ➡５世紀頃、イエスと神と信者の間をつなぐ聖霊も「神」とされた。これを「三位一体」という	**アッラー** ➡アラビア語で「神」を意味する。なおムハンマドは預言者であり、神ではない
聖典	**『聖書（タナハ）』** ➡聖書は「律法（トーラー）」「預言者（ネビーイーム）」「諸書（クトゥービーム）」の3部の合本で、それぞれの頭文字をとって「タナハ」と呼ばれる	**『旧約聖書』** **『新約聖書』** ➡キリスト教では「タナハ」を「旧約聖書」と呼び、イエスの伝記をまとめた「新約聖書」を重視する	**『コーラン』** ➡神の啓示をまとめたテキスト。中には『聖書』の内容も記載されている。ムハンマドの言行録『ハディース』も重んじられている
死生観	**終末にユダヤ人の善人は救われる**	**終末にイエスが復活。最後の審判で罪を悔い改めたものは天国へ行ける。それ以外は地獄に落ちることとなる**	**最後の審判でムスリム（イスラーム教徒）は楽園へ行ける。それ以外は火獄に落ちることとなる**
戒律	**モーセが授かった十戒を始め、約 613 の戒律がある** （例）安息日は休む 豚は食べてはいけない 	**モーセが授かった十戒を守る。ただし、戒律の遵守より隣人愛や信仰する気持ちを大切にする**	**「シャリーア（イスラーム法）」と呼ばれる戒律がある** （例）豚肉やアルコールを口にしてはいけない 

世界の宗教分布

宗教には、世界中に信者がいる「世界宗教」と、限定的な地域に根ざす「民族宗教」があります

世界に信者を持つ宗教と地域に根ざす宗教

この地図は、各地で最も信仰されている宗教を色分けしたものです。しかし仏教圏だからその地域に住む人全員が仏教徒というわけではないように、ざっくりと分布を表した地図です。

宗教を学ぶ際に、「世界宗教」「民族宗教」という言葉を使うことがあります。世界宗教はキリスト教やイスラーム教、仏教のように、世界各地で信仰を集めている

世界の宗教分布

※地図は『最新世界史図説タペストリー』（帝国書院）、グラフは『ブリタニカ国際年鑑 2022 日本語版』などをもとに作成。

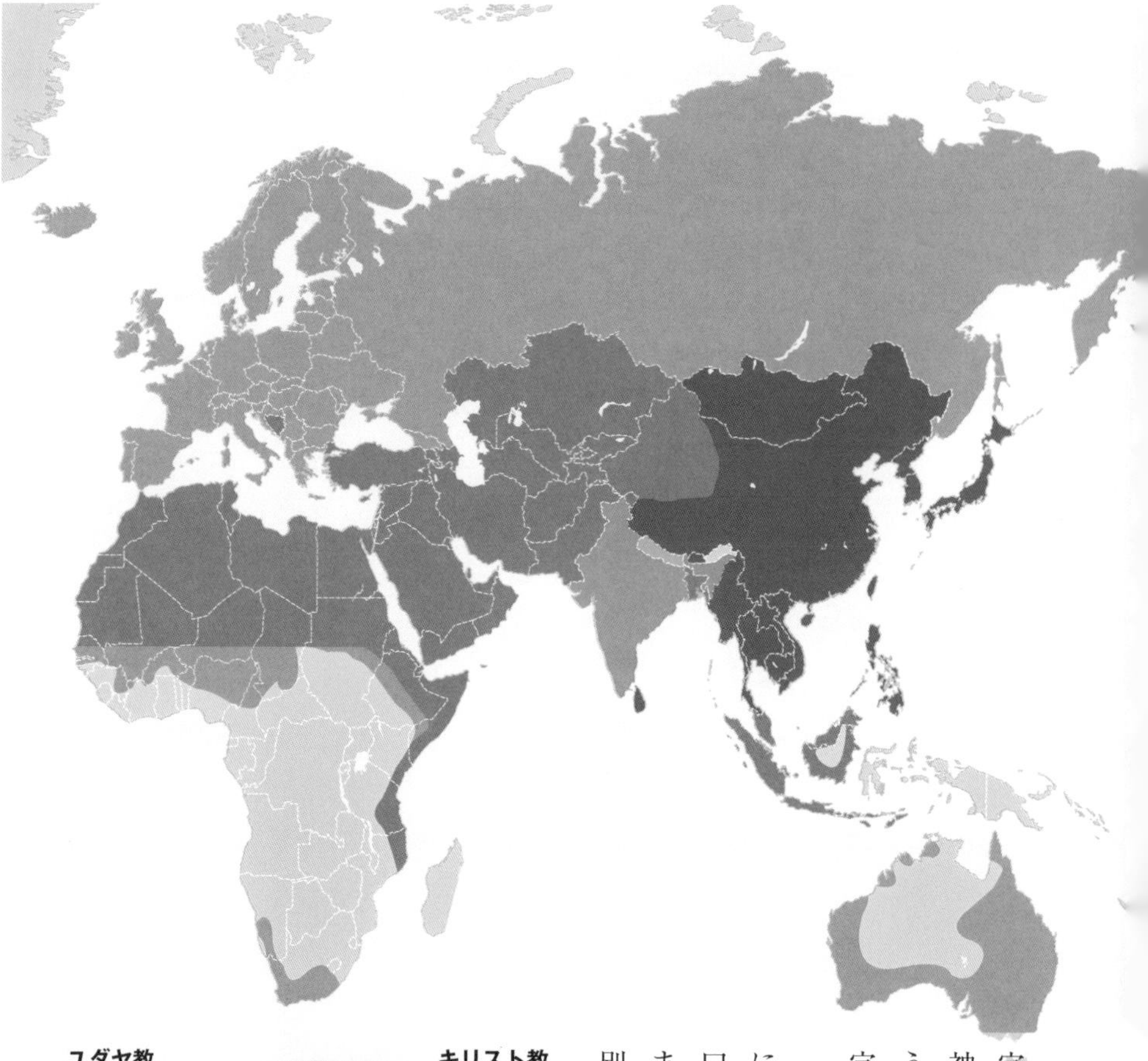

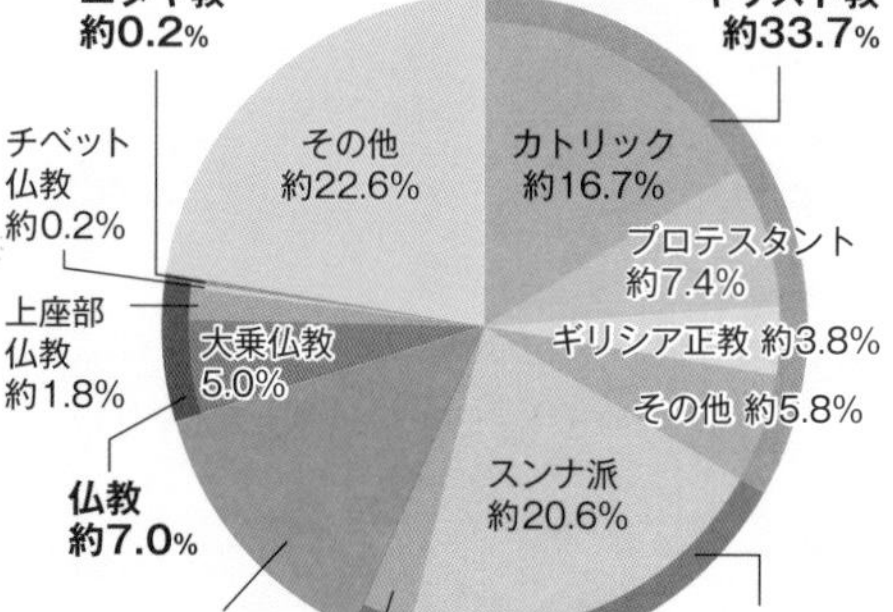

宗教。一方の民族宗教は、日本の神道やインドのヒンドゥー教のように、特定の民族・地域に根ざす宗教のことを指します。

しかし近年はインドの人口増加に伴い、ヒンドゥー教徒の宗教人口が仏教を抑えて世界3位となりました。世界宗教と民族宗教の区別は難しくなっていっています。

政教分離と政教一致

政治と宗教を分け隔てることを政教分離、政治と宗教が密接に関わる状態を政教一致と言います

「信教の自由」から始まった政教分離 中東では現代でも政教一致

政教一致とは**政治と宗教が密接に関わっていること**。たとえば宗教的指導者が政治の指導者を兼ねたり、王や皇帝が特定の宗教を奨励・弾圧したりといったことです。

一方の政教分離とは政治と宗教を分け隔てること。これは近代ヨーロッパで発展した考え方です。宗教改革でキリスト教が分派したことで対立が起こり、信仰は個人が決めるものだとする「信教の自由」が求められたのがきっかけです。

現在、**欧米では政教分離がスタンダードですが、中東ではイスラーム教が深く関わる政教一致の国も多いです**。また、政教分離を定めていても、完全に分離しているとは言えないこともあります。

政教一致と政教分離

政教一致している国

中東にはイスラーム教を国教とし、イスラーム教の聖典『コーラン』を憲法に制定している国もある。

サウジアラビア

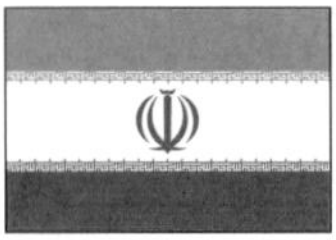

イラン

政教一致
政治的指導者が特定の宗教と癒着、または弾圧する状態。かつては多くの地域で政教一致体制がとられた

政教分離
宗教が政治に関与していない状態。欧米諸国や日本は政教分離の原則がとられている

第1章

古代文明と宗教

紀元前3000 ～前2500年頃には世界各地に文明が起こり、
宗教の原型となる「神」への信仰が始まりました。
古代文明と「神」への信仰はどんな関わりを持っていたのか、
宗教はどのようにできていったのか、見ていきましょう。

古代中国の諸文明

古代中国では長江や黄河といった大河の流域で耕作が始まり、文明が起こる。前16世紀頃には「殷」と呼ばれる王朝も生まれ、漢字のルーツである甲骨文字が誕生。神や動物をモチーフにした青銅器もつくられた

中南米の諸文明

中南米では歴代多くの王国が誕生。巨石人頭像で知られるオルメカ文明は前1000年に成立した中南米最古の文明である。マヤ・アステカ文明では太陽神信仰が発展し、神に捧げる生贄の儀式があった

インダス文明

前2500年頃インダス川流域で生まれた。文字の使用や上下水道を完備した都市など、すぐれた文明を持っていた。のちにアーリヤ人の侵入を受け、彼らによってバラモン教がつくられる

古代ローマ

前 753 年に建国し、ヨーロッパの大半も勢力圏に置く地中海帝国を築いた。前 27 年には帝政が始まる。ギリシアの文化に大きな影響を受けており、多神教の神々を信仰。のちにキリスト教が発展する

古代ギリシアの諸文明

前 2600 年頃のトロイア文明より王権が起こる。多神教の神々を信仰し、都市ごとの神を祀った祭壇や、神々の像もつくった。主神ゼウスに捧げるオリンピアの祭典がよく知られる

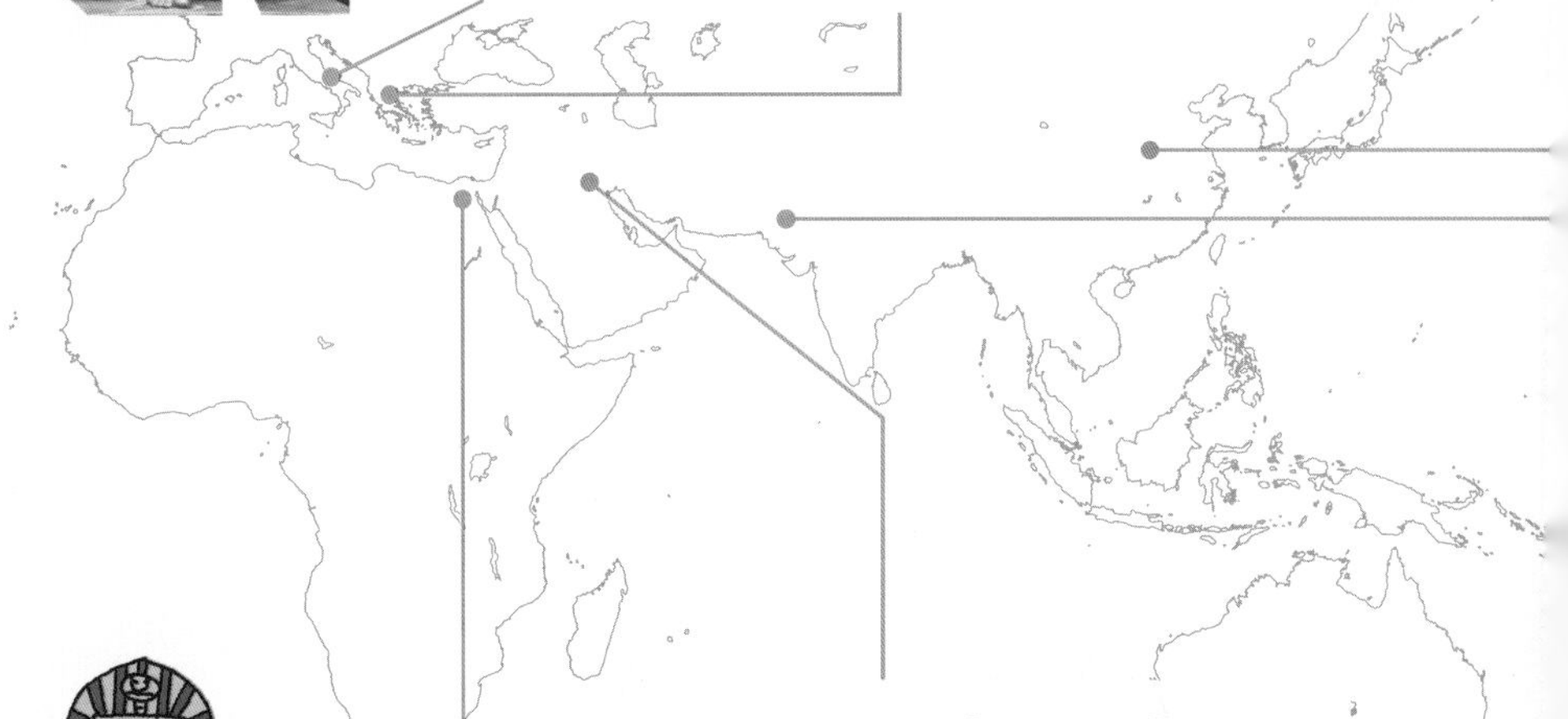

メソポタミア文明

ティグリス・ユーフラテス両河川流域で発展。前 3000 年にシュメール人により国家がつくられ、レンガの巨大建築や文字が使用された。多神教の神を信じ、王は神から統治を任されたとしている

エジプト文明

前 3000 年頃よりナイル川周辺で起こる。ピラミッドやミイラでよく知られる。多神教文化が発展し、ファラオ（王）は太陽神と重ねられた

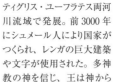

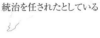

エジプト神話

エジプト神話の神々から統治を任された神の子、ファラオ

ポイント

古代エジプトで深く根づいてきた神々への深い信仰心を利用し、神の化身としてファラオたちは「神聖王権」を行った

紀元前3000年頃

なにが起きた?

エジプトで多神教の神話が成立

エジプトでは**無数の神々が織りなすエジプト神話が有名**です。犬や猫、鳥、虫、魚……と、実に多種多様な神々が信仰されるようになった背景には、エジプトを流れるナイル川の存在が大きく関わっています。

ナイル川はたびたび氾濫する暴れ川でしたが、乾いた大地を豊かな土壌に塗りかえる恵みの川でもありました。この豊穣の地に定住した人々によりいくつもの共同体が発生し、自然への信仰心とともに、**地域特有の伝承と神々が生まれていった**のです。やがて共同体同士で争いが起き、神々は勝利者側によって変容していきました。そして統治者の権力強化にも、神々は利用されていきます。

エジプトの神々の世界

ナイル川

エジプト文明はナイル川流域で発展した文明である。ナイル川への畏怖の念が、自然を司る神が多く登場するエジプト神話を生み出した。

我が子ホルスに
エジプトを任せ
私は冥界を統治しよう
知恵の神
トト
国家の守護神
ホルス
冥界の神
オシリス

死者の書

死後の安らぎを求めてつくられた冥界への案内書。死者の生前の罪に対して冥界神オシリスから審判が下される場面を描く。このオシリスの子ホルスがエジプト初のファラオだとされる。

こう変わった！

ファラオの指導のもとエジプトは繁栄

エジプトを縦に割るように伸びるナイル川は、上流・下流で異なる文化を生み出しました。それぞれの地域は「上エジプト」「下エジプト」といわれ、長らく分断されてきましたが、これを初めて統一したファラオ（王）が上エジプト出身のナルメルです。ナルメルは上エジプトで広く民衆に信仰されていた天空の神ホルスと自身を同一視させて、神としてエジプトの玉座に君臨します。

王朝はその後も**王を神として崇拝させ、王の出身地に合わせて結びつける神を変更**しました。王＝神が代わっても信仰の対象となるように、異なる神同士を〝合体〟させることで、民衆の理解を得ることもありました。第4王朝の時代には、太陽神ラーの息子が王となる神話を王朝の歴史として取り込み、**王はラーの息子と自称することで、民衆の支持を保ちます。**

古代エジプト王朝は、エジプトに深く根づく神々への篤い信仰心を利用した「神聖王権」によって、約3000年もの間、繁栄し続けるのです。

【神の子、ファラオによる神聖王権】

ファラオの権力の象徴

アブシンベル神殿

「王の中の王」と称される新王国時代のファラオ・ラメス２世によって建設された神殿。横に並んだ巨大な４体の像は、全てラメス２世を模している。自らを祀ることで、ファラオは王であることを示し、強大な権力で人々を支配した。

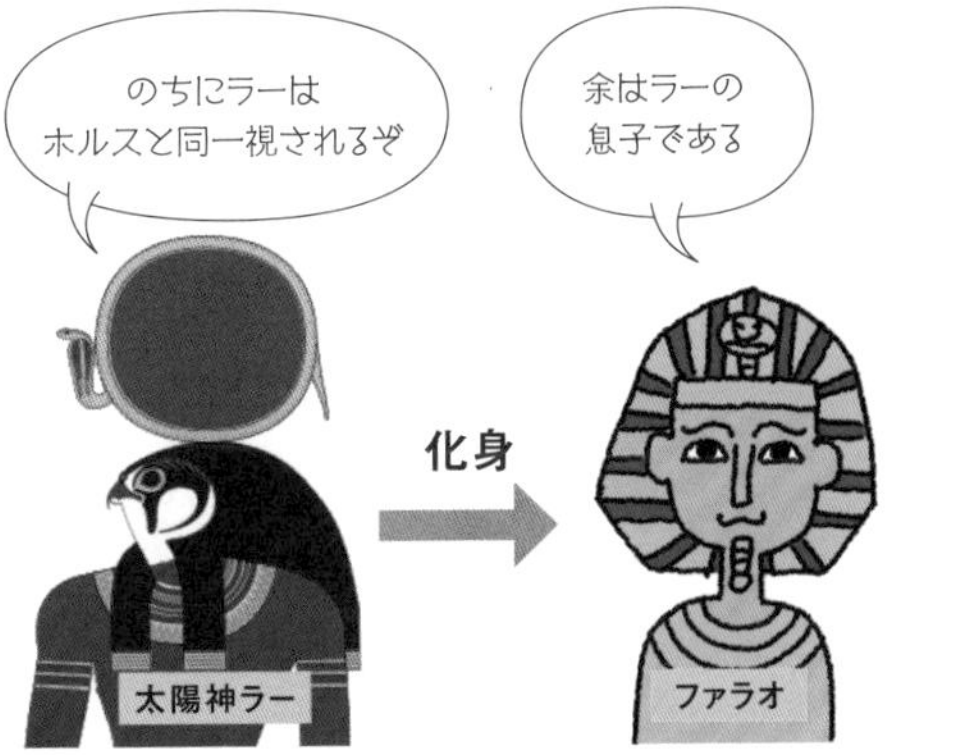
のちにラーはホルスと同一視されるぞ
余はラーの息子である
化身
太陽神ラー
ファラオ

神聖王権

オシリスの子ホルスがエジプト統治を任された神話にのっとり、エジプトの統治者はホルスと同一視された。第4王朝時代（前2613～2498年頃）になると、ファラオは「太陽神ラーの息子」という立場に。ラーはその後ホルスなど他の神々と習合（合体）。様々な神の性質を持った王の権威は、より強まっていった。

メソポタミア神話

シュメール人による最古の神話が聖書に影響を与えた

ポイント

メソポタミアでは支配民族が次々に交代していくが、神話は各民族の影響を受けて変容し、各地へ波及していった

紀元前3500年頃

なにが起きた？

シュメール人がメソポタミア神話をつくる

エジプトのナイル川のように、メソポタミア（現イラク）を流れるティグリス川とユーフラテス川もまた、人々の生活用水でした。しかしこの川がもたらす洪水被害は甚大なもので、この地に住むシュメール人は川を畏怖の対象として崇めるようになりました。

洪水や干ばつなど、自然の脅威はすべて神の意志だと考えた人々は、神々を祀るための神殿と神の声を聞く神官、そして治水事業を指導する王の存在を求めます。そうして神殿を中心に都市が形成されていき、**王が神官の役割も担う神権政治が生まれました**。メソポタミアにおける神権政治は、支配民族が代わっても受け継がれていきました。

メソポタミアの文化

太陽神シャマシュ
ハンムラビ王

ハンムラビ法典

前18世紀、バビロニアのハンムラビ王は全メソポタミアを統一。同害復讐法と、身分によって刑罰の重さが変わる身分法にもとづきハンムラビ法典を制定

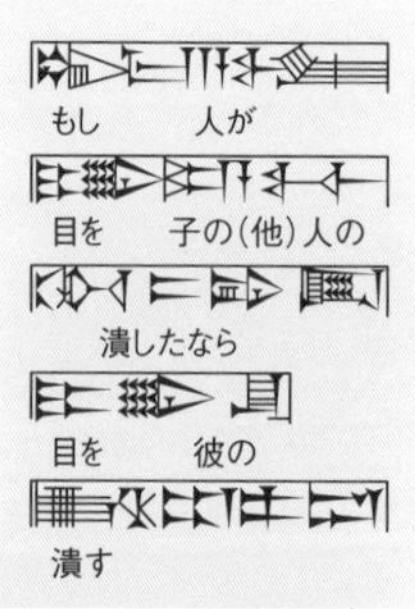
もし　人が
目を　子の（他）人の
潰したなら
目を　彼の
潰す

飯島紀著『アッカド語』（国際語学社）を参考に作成

ドゥル＝クリガルズのジッグラト

メソポタミアの都市の中央部には、ジッグラトと呼ばれるレンガ造りの聖塔がつくられた。

こう変わった！

メソポタミア神話が各地へ波及

シュメール人は各地で都市を形成し、法を制定するなど高度な文明を築きます。しかしメソポタミアは地理的に他民族の侵入を受けやすかったので、アッカド人、アムル人と次々に支配民族が入れ代わります。最終的には**アッシリア人がメソポタミアとエジプトを含む中東の主要地域を統一**し、多数の民族を束ねました。これが世界初の帝国、アッシリア帝国です。

しかし支配民族が代わっても、人々の信仰心に支えられた神権政治は続けられ、宗教儀礼も行われました。**メソポタミアの神々も、各民族の影響を受けて変容しながら各地へ波及**していきます。

メソポタミアの多神教は次第に衰退してしまいますが、その影響はユダヤ教、キリスト教など他の宗教にも及びました。たとえばメソポタミアの神話文学『ギルガメシュ叙事詩』の中で語られる「洪水伝説」は、人間を滅ぼすために神が洪水を起こすという流れから、『旧約聖書』の「ノアの方舟《はこぶね》伝説」の起源といわれています。

メソポタミア神話から影響を受けた聖書

『旧約聖書』の中には、メソポタミア神話や文化から着想を得たと考えられる物語が記されている。

バベルの塔

人類が神の偉大さを忘れた頃、天まで届く高い塔バベルの塔をつくる。怒った神は塔を破壊し、人類の言語をバラバラにしたという。このバベルの塔のモデルが、バビロンのジッグラトではないかと考えられている。

ノアの方舟

神は堕落した人類を滅ぼすため世界に大洪水を起こすが、良き人間ノアには方舟をつくらせて生還させた。これは『ギルガメシュ叙事詩』で最高神エンリルが大洪水を起こした話をもとにしたと考えられている。

中国神話

中国神話の影響を受けて「始皇帝」が生まれた

ポイント

中国では「三皇五帝」という神話の時代が語り継がれる。秦王の政もこれを崇め、自らを「皇帝」と名乗った

紀元前16世紀頃

なにが起きた？

古代中国で神話が語り継がれる

中国土着の民間信仰については、戦乱の時代が長引いた影響からか記録がほとんどありません。しかし神が人として国を治める、逆に人が神となるなど、歴史に深く関わる存在として学者らに語り継がれました。その最たるものが、「三皇五帝」時代の神話です。

「三皇五帝」とは公式上最古の王朝・殷《いん》より前に国を治めたという神と聖人たちです。一般的に伏羲《ふくぎ》、女媧《じょか》、神農《しんのう》の3神、そして黄帝《こうてい》を筆頭とした5聖人を指します。とりわけ黄帝は怪物を倒した英雄、かつ王の祖先であるとして、王朝の権威づけに利用されました。のちに中国統一を果たす始皇帝もこの黄帝を崇め、祀ったとされています。

【「三皇五帝」の時代】

中国最初の歴史書『史記』では、三皇の時代を省き、五帝の時代から書いている。作者の司馬遷は、「歴史は人間がつくっていくものだ」と考えたのかもしれない。

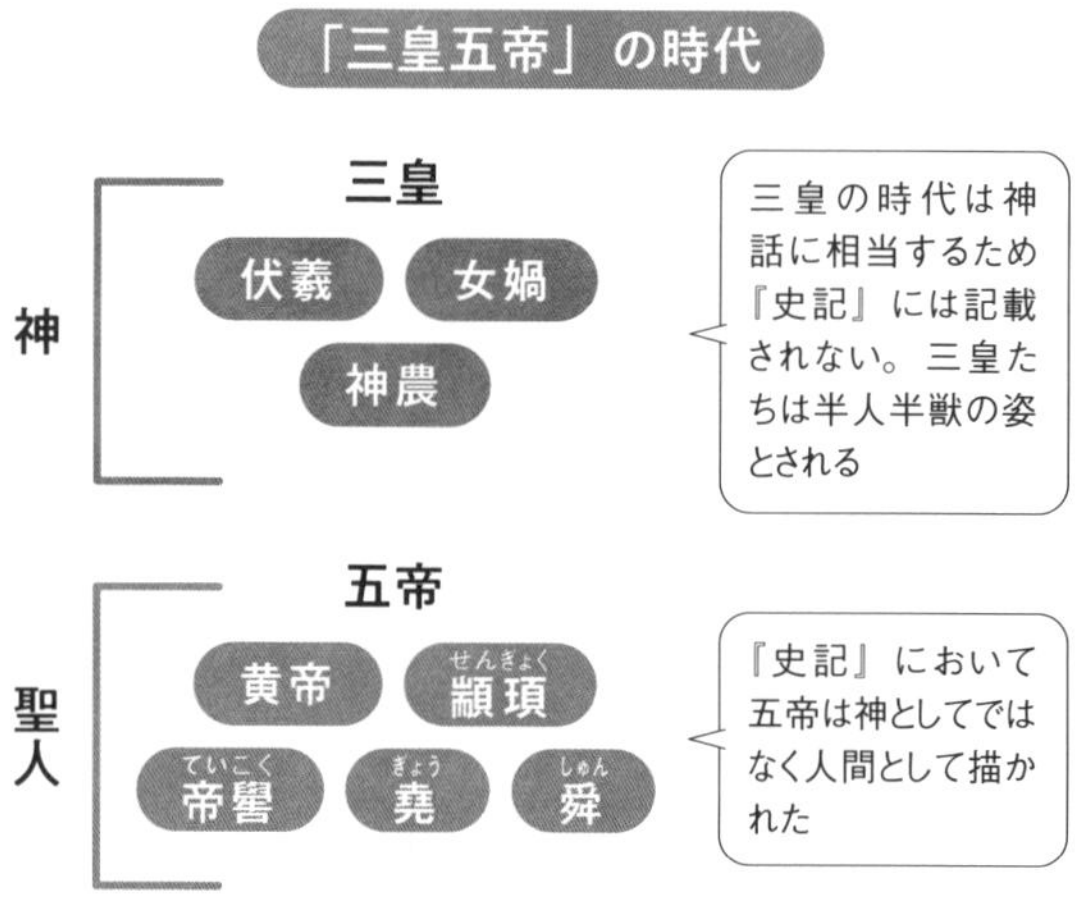
「三皇五帝」の時代
三皇
神
伏羲
女媧
神農
三皇の時代は神話に相当するため『史記』には記載されない。三皇たちは半人半獣の姿とされる
五帝
聖人
黄帝
顓頊《せんぎょく》
帝嚳《ていこく》
堯《ぎょう》
舜《しゅん》
『史記』において五帝は神としてではなく人間として描かれた

こう変わった！

秦王・政が「皇帝」を名乗る

中国最初の王朝・殷においても王の神聖性を高めるため、神々への祭祀を頻繁に行います。政治についても「卜占《ぼくせん》」と呼ばれる亀の甲羅や動物の骨を使った占いの結果で決めました。

殷を滅ぼした周《しゅう》王朝では、占いによる政治は行われなくなりました。また、**天から命令を受けた「天子《てんし》」が世界を支配するという「中華思想《ちゅうかしそう》」が発展**していきます。周王朝においては、周王が天子といえます。

しかしその周も衰え始めると、各地の有力者が王を名乗り、小国が分立、国同士が争う春秋・戦国時代に突入します。長く厳しい戦いを勝ち抜き、中華を統一したのが秦王・政でした。政は自らに権力を集中させるべく、天子の呼称としてこれまでの「王」ではなく三皇五帝から取ったとされる「皇帝」と名乗ります。始皇帝の死後、「皇帝」の呼称は一時潰えます。しかし秦の滅亡後に天下を統一した前漢《ぜんかん》の時代に復活し、以降、**中国の歴史において「皇帝」が天子として絶対的権力をもって政治を動かしていく**のです。

秦王・政が始めた「皇帝」の称号

泰山《たいざん》

秦の始皇帝が中国統一を果たした際に封禅という儀式を行ったとされる場所。それ以降、歴代中国の皇帝が即位を知らせ、儀式を行う場となった。

ギリシア神話

オリンピックはもともと神に捧げる神聖な儀式だった

ポイント

ギリシアでオリンポス12神が信仰されるようになると、神に奉納する神事として運動競技会が行われた

紀元前8世紀頃

なにが起きた？

ギリシアで神々の神話が編まれる

古代ギリシアの歴史はエーゲ海発祥のエーゲ文明から始まります。当時の史料は乏しく不明な点は多いですが、人々が神への信仰とともに生きた痕跡が見て取れます。

そんな神々の伝承は、吟遊《ぎんゆう》詩人たちが、美しい詩と旋律で各地へ歌い伝えました。さらにそれらの**伝承を文学作品にしてまとめたのが、ホメロスです**。トロイア戦争をテーマとした『イリアス』や『オデュッセイア』といった彼の作品が、今日よく知られるギリシア神話の原典となりました。そしてそのギリシア神話の根幹を成すのが、最高神ゼウスをはじめとする「オリンポス12神」と呼ばれる神々です。

ギリシア神話のオリンポス12神

古代ギリシアではオリンポス12神を中心とした多神教が信仰され、神々の物語がギリシア神話として成立した。

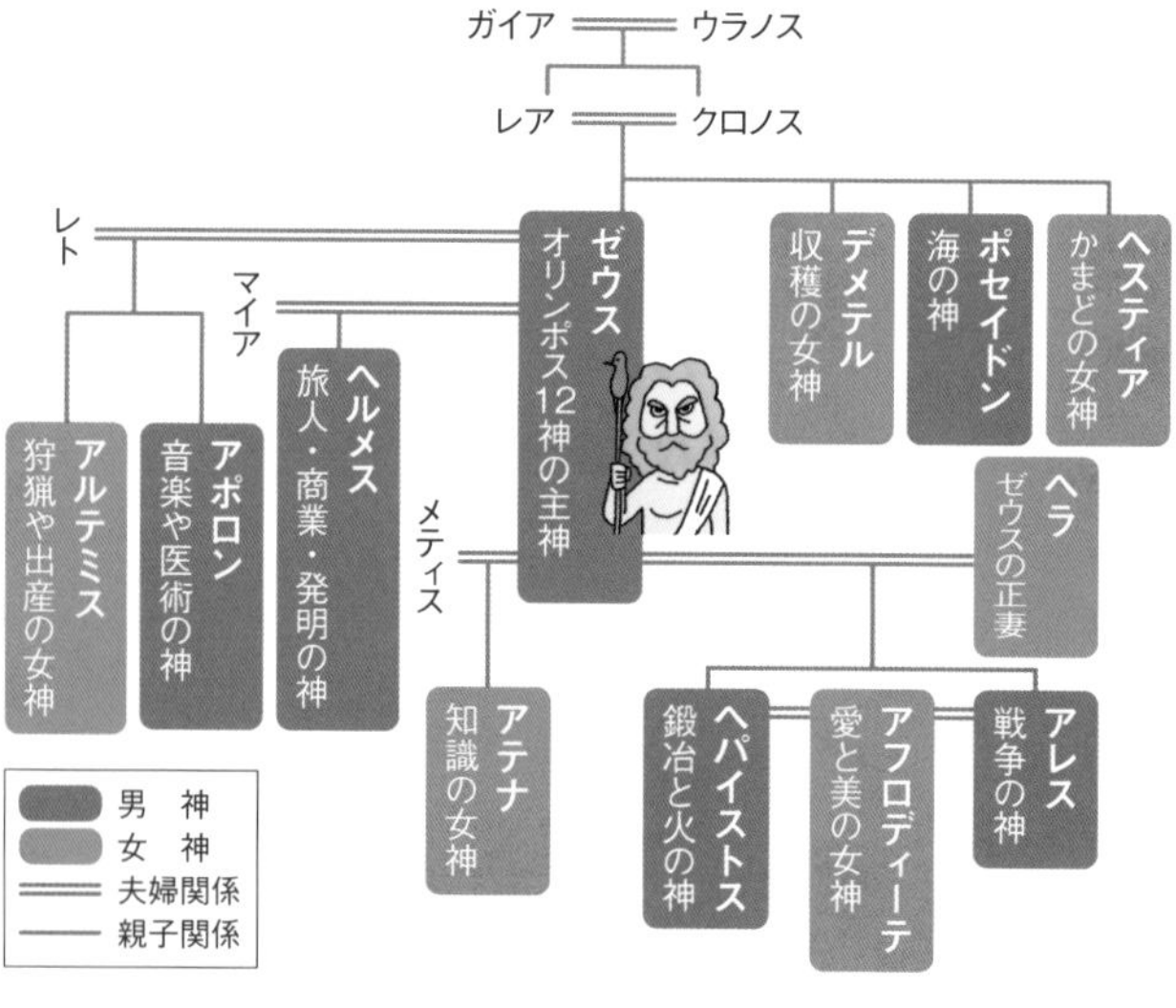

こう変わった！

オリンピックが誕生する

エーゲ文明が滅んだ約400年後、ギリシア各地で「ポリス」と呼ばれる都市国家が形成されました。各ポリスは互いの利を求めて争いが尽きなかったものの、根底にはオリンポスの神々への信仰心を同じくするギリシア人という自覚があり、市民同士の交流もあったようです。

オリンポスとはギリシア最高峰の山のことで、神話の中心神12柱が住まう聖域です。各ポリスでは、オリンポス12神のうち人々が特に守護神と崇める神のための神殿が建てられ、たびたび祭事が行われました。

神に奉納する神事として人気だったのが、短距離走や円盤投げといった運動競技会です。主要ポリスのひとつ、オリンピアのゼウス神殿では、**最高神ゼウスに捧げるための大規模な運動競技会が4年に1度開かれ**、日頃腕に覚えのある者が栄誉のために戦いました。日頃争っているポリス同士も、この時ばかりは休戦協定が結ばれたといいます。近代オリンピックはこの影響を受け、「平和の祭典」として始まりました。

【古代オリンピックが開かれたオリンピア】

古代オリンピアの復元図
ゼウス神殿を中心に、神殿や競技場が建てられた。競技は当初徒競走の1種目のみであったが、のちにレスリングや戦車競走、円盤投げが追加された。

ゼウス神殿

エジプト神話

世界初の一神教は多神教国家エジプトで生まれた

ポイント
アメンホテプ4世の時代に起こった宗教改革は、ユダヤ教・キリスト教・イスラーム教といった一神教の起源となった

紀元前14世紀頃

なにが起きた？

エジプトでアトン一神教が成立

エジプトの多神教は王朝が代わっても、王たちにとって権力の支えであり続けました。特に古王国時代に築かれた**巨大なピラミッドは、王の権威を象徴する建造物**です。

中王国時代末期になるとエジプトは異民族ヒクソスの侵入を受けて一時衰退しますが、再興して領土を拡大。新王国トトメス3世の時に最盛期を迎えます。

しかし新王国第18王朝のアメンホテプ4世の時代、王と神アメンを信仰する神官の間で軋轢が生じ、王権が揺らぎます。そこで王は神官の力を封じるべく多神教を禁じて、**アトン神のみを信仰することを強制**しました。ここに世界初の一神教が誕生したのです。

【アメンホテプ４世の宗教改革】

アメンホテプ４世の子
ツタンカーメン

黄金のマスクで知られるツタンカーメンは、アメンホテプ４世の息子。出生時の名はアトン一神教の影響から「トゥトアンクアトン」だったが、父が没し、伝統的なアメン信仰に戻るため「トゥトアンクアメン（ツタンカーメン)」に改名した。

アトン信仰は父の代で終わったのさ

アトン神
アメンホテプ４世

アトン神信仰
アトン神を信仰するアメンホテプ４世とその家族の様子。アメンの神官による権力巨大化を懸念したアメンホテプ４世は、首都を従来のテーベからテル＝エル＝アマルナに遷都し、アトン一神教に改宗した。

こう変わった！

ユダヤ・キリスト・イスラーム教が誕生

アメンホテプ4世の宗教改革はあまりに性急で大きな反発を招いたため、一代でアトン一神教は終わりました。その後エジプト王朝は多数の異民族との戦いにさらされて弱体化が進み、前332年に滅びます。

この後世界では、重要な宗教が芽吹いていました。ヘブライ人によるユダヤ教、神の子イエスの教えを伝えるキリスト教、ムハンマドを始祖とするイスラーム教です。これらに共通するのは、ヤハウェ、父なる神、アッラーと、**呼び名は違えども同じ神を信仰する一神教**だということです。中でもユダヤ教にはエジプトで奴隷扱いされていたヘブライ人が預言者モーセに率いられエジプトを脱出するという伝説があり、エジプトとは深い関係があります。19世紀の心理学者フロイトは、アメンホテプ4世とモーセの活躍時期が重なることから、アトン神はユダヤ教の唯一神ヤハウェと同じであると提唱しています。**アトン一神教への改宗は、歴史的に最初の宗教改革**であり、後代の宗教にも影響を与える出来事だったのです。

一神教の誕生と歴史

最初の一神教

アトン神

前14世紀頃
アメンホテプ4世が多神教から一神教に改宗

影響

三大一神教

ユダヤ教

前13世紀頃
エジプトで迫害を受け、指導者モーセがエジプトを脱出。十戒を受ける

キリスト教

1世紀頃
前4年頃にイエスが誕生し、30年頃処刑される

イスラーム教

7世紀
610年にムハンマドが神の啓示を受ける

信仰の対象

アトン神

アトン神はヤハウェと同じ神？

神（ヤハウェ）

神・イエス・聖霊

神（アッラー）

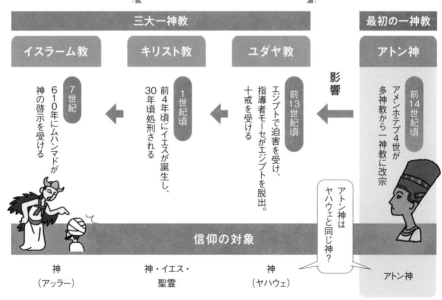

バラモン教

インドには今もバラモン教の身分制度が残っている

ポイント

インドの古代宗教であるバラモン教の身分制度から、差別的な「カースト制度」が生まれた

紀元前1000年頃

なにが起きた？

多神教の神々を祀るバラモン教ができる

ヒンドゥー教を始めとするインドの宗教の起源は、インダス文明の中で生まれたものです。当時の遺跡からはヒンドゥー教の主神シヴァの原型や、神の使いとされる牛の印章などが見つかっていて、**人々が自然との営みの中で多神教文化を育んできた**ということがわかります。

インダス文明が衰退し始めた頃、アーリヤ人と呼ばれる牧畜民が流入し、インドの先住民を支配しました。**アーリヤ人もまた自然崇拝を旨とする多神教文化を持ち**、先住民の宗教観を取り入れながら農耕生活を開始。

そのアーリヤ人が支配圏を拡大する過程で生まれたのが、身分秩序を重んじるバラモン教です。

【バラモン教の特徴】

❶多神教

バラモン教は自然界の現象が神格化された多神教である。バラモン教の神々はヒンドゥー教にも受け継がれた。

❷輪廻転生と解脱

バラモン教の内部改革で起きたウパニシャッド哲学では、祭祀よりも修行を重視。修行によって梵我一如《ぼんがいちにょ》を悟ると輪廻転生から解脱できるという。

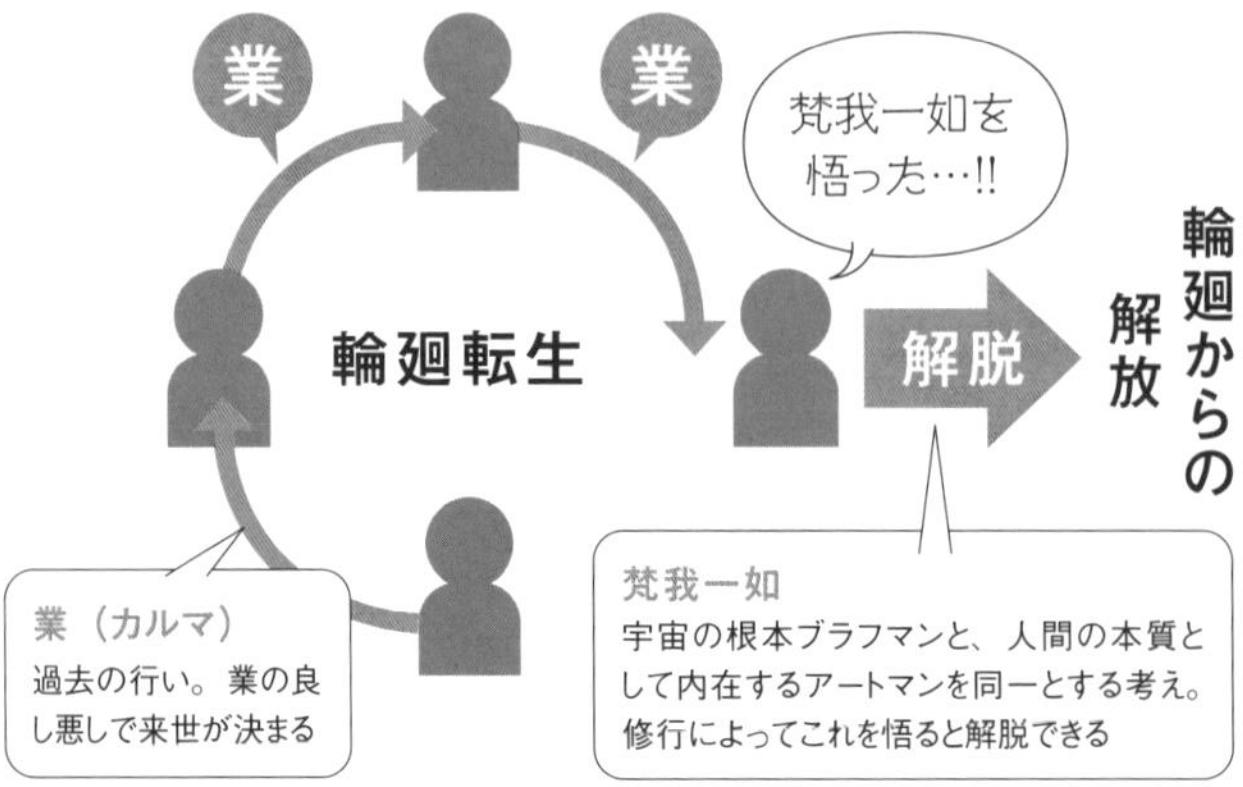
業
業
梵我一如を悟った…!!
輪廻転生
解脱
輪廻からの解放
業（カルマ）
過去の行い。業の良し悪しで来世が決まる
梵我一如
宇宙の根本ブラフマンと、人間の本質として内在するアートマンを同一とする考え。修行によってこれを悟ると解脱できる

こう変わった！

インドに厳しい身分制度ができる

バラモン教は、創造神ブラフマーや雷神インドラなど概念や自然現象を神格化した多神教で、聖典『ヴェーダ』には神々に捧げる言葉がまとめられました。

そんなバラモン教では、**神々への祭祀が最重要視され、祭祀を行うバラモン（司祭）の存在は、神以上に尊重されました。**このバラモンを頂点とする身分制度を「ヴァルナ制」と呼びます。この身分制度において、アーリヤ人はバラモンなどの上位の身分につき、先住民を下位の身分とすることで、先住民支配の円滑化をはかったのです。**ヴァルナ制はさらに職業ごとに細分化され、のちに「カースト制度」へと発展。**この身分制度は当然ながら差別を生み、現在にいたるまでインド社会に暗い影を落としています。

なお、祭祀至上主義はバラモン教内からも批判があり、祭祀を行うよりも修行や善行を重ねることで輪廻転生（生と死を繰り返すサイクル）からの解脱（脱出）を目標とするウパニシャッド哲学が起こります。この考えは仏教やヒンドゥー教に影響を与えました。

生まれながらに階級が決まる「ヴァルナ制」

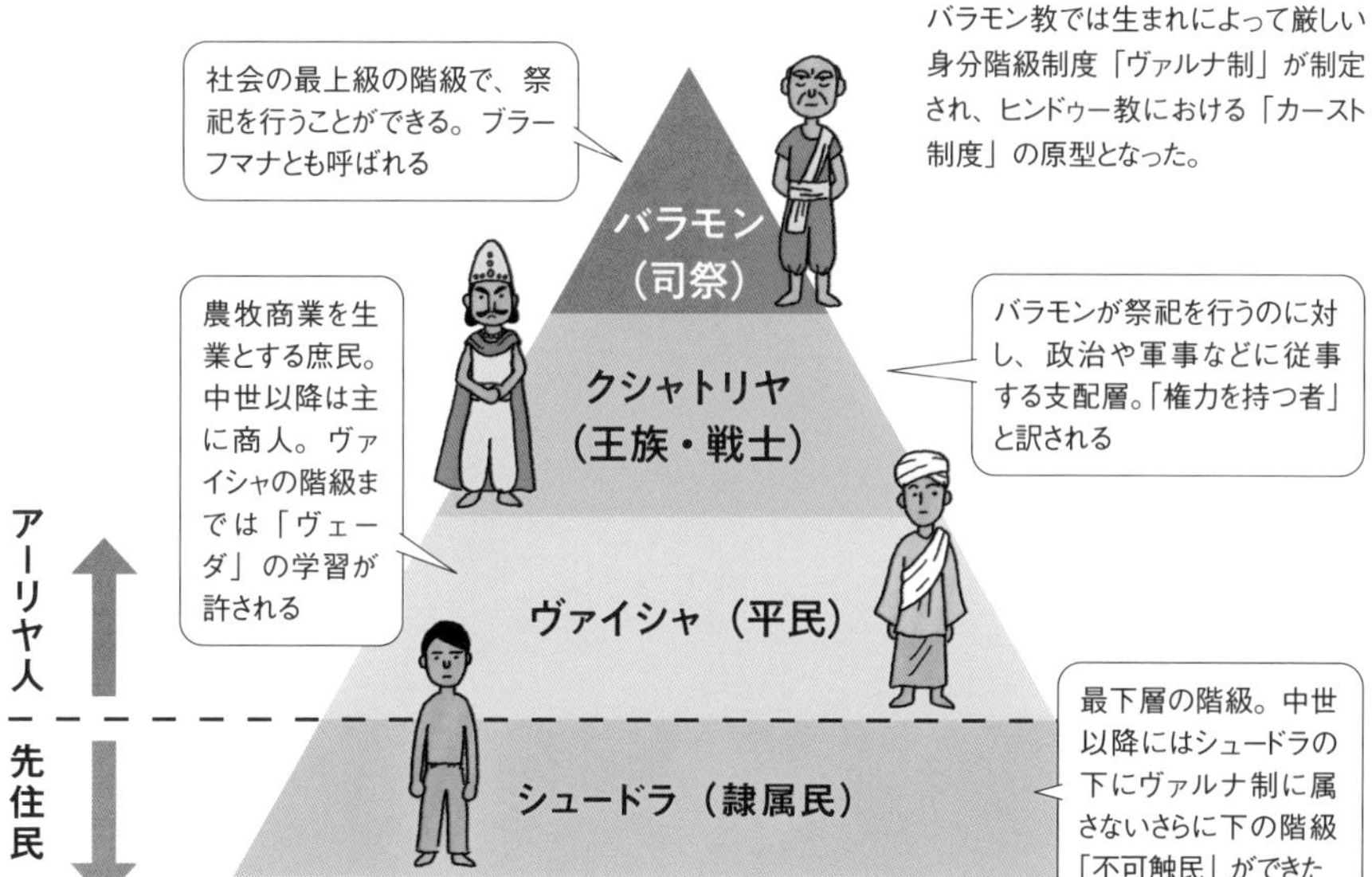

バラモン教では生まれによって厳しい身分階級制度「ヴァルナ制」が制定され、ヒンドゥー教における「カースト制度」の原型となった。

ローマ神話

偉大なローマ帝国も、思想・文化はギリシアに支配されていた？

ポイント
ギリシア神話とローマの神々の融合でローマ神話が成立。皇帝は神話にもとづいて自らを神格化し、権力を拡大させた

紀元前8世紀頃

なにが起きた？

ローマ神話が成立する

ポリス同士の争いでギリシアが衰えると、北方の国マケドニアが侵攻してギリシアを制圧します。マケドニア王アレクサンドロスは東へと進軍し、ペルシアまで征服して大帝国を築きました。この**東方遠征によりギリシア文化も東方へと伝播**。ギリシア神話も今に伝わる形に編纂されます。しかしその後、ギリシアもマケドニアもローマ軍に征服され属州となります。

新興国で文化的に未成熟だったローマは、ギリシア文化を積極的に取り入れました。**ギリシア神話をもとにローマ神話を形成**し、神々の名もローマ風に改名しました。そして神々への信仰は、ローマ政権にも影響を及ぼしていきました。

ギリシア神話とローマ神話の融合

ギリシアがローマの属州になると、ローマ古来の神々はギリシア神話の神々と融合し、ローマ神話がつくられた。

ギリシア神	ローマ神	神の役割
ゼウス	ユピテル	オリンポス主神
ヘラ	ユノ	ゼウスの妻
ヘスティア	ウェスタ	かまどの女神
アフロディーテ	ウェヌス	愛と美の女神
クロノス	サトゥルヌス	大地と農耕の神
ポセイドン	ネプトゥヌス	海神
アレス	マルス	軍神

ディオクレティアヌス帝は私（ユピテル）の子供として皇帝崇拝を行ったようじゃ
私はウェスタと同一視されてローマの守護神になったわ。円形神殿も建ったのよ
ローマではカーニバルの原型となるサトゥルナリア祭も開かれたんだ！
ギリシアでは嫌われ者だったが、戦で拡大したローマでは人気者になったぞ

こう変わった！

ローマ皇帝がローマ神話の神となる

ローマではこれまで元老院主導で政治を行う共和政をとっていましたが、やがて実力者同士、権力をめぐっての内戦になります。ギリシアも戦乱に巻きこまれ荒廃しかけますが、内乱に勝利したオクタウィアヌスが事実上の皇帝アウグストゥスとなると、彼の手によって復興されます。こうした皇帝の功績を称えるように、ローマの建国はギリシア神話の神々の歴史につながるものとして語られ、**ギリシア神話と古代ローマ神話の融合は進んでいきました。**アウグストゥスは死後に神格化され、以降、皇帝は死去すると神に列せられるのが通例となります。

五賢帝時代を経て繁栄を極めたローマでしたが、時代の変化でしだいに社会不安に陥ります。ディオクレティアヌス帝の時代になると、**皇帝は権威回復のため、自らを「ユピテル（ゼウス）の子」と称して神格化**し、市民に皇帝崇拝を義務づけます。しかしこの頃、国内ではキリスト教が浸透しつつあり、皇帝はキリスト教徒から大きな反感を招くことになってしまいます。

【ローマ神話の信仰と衰退】

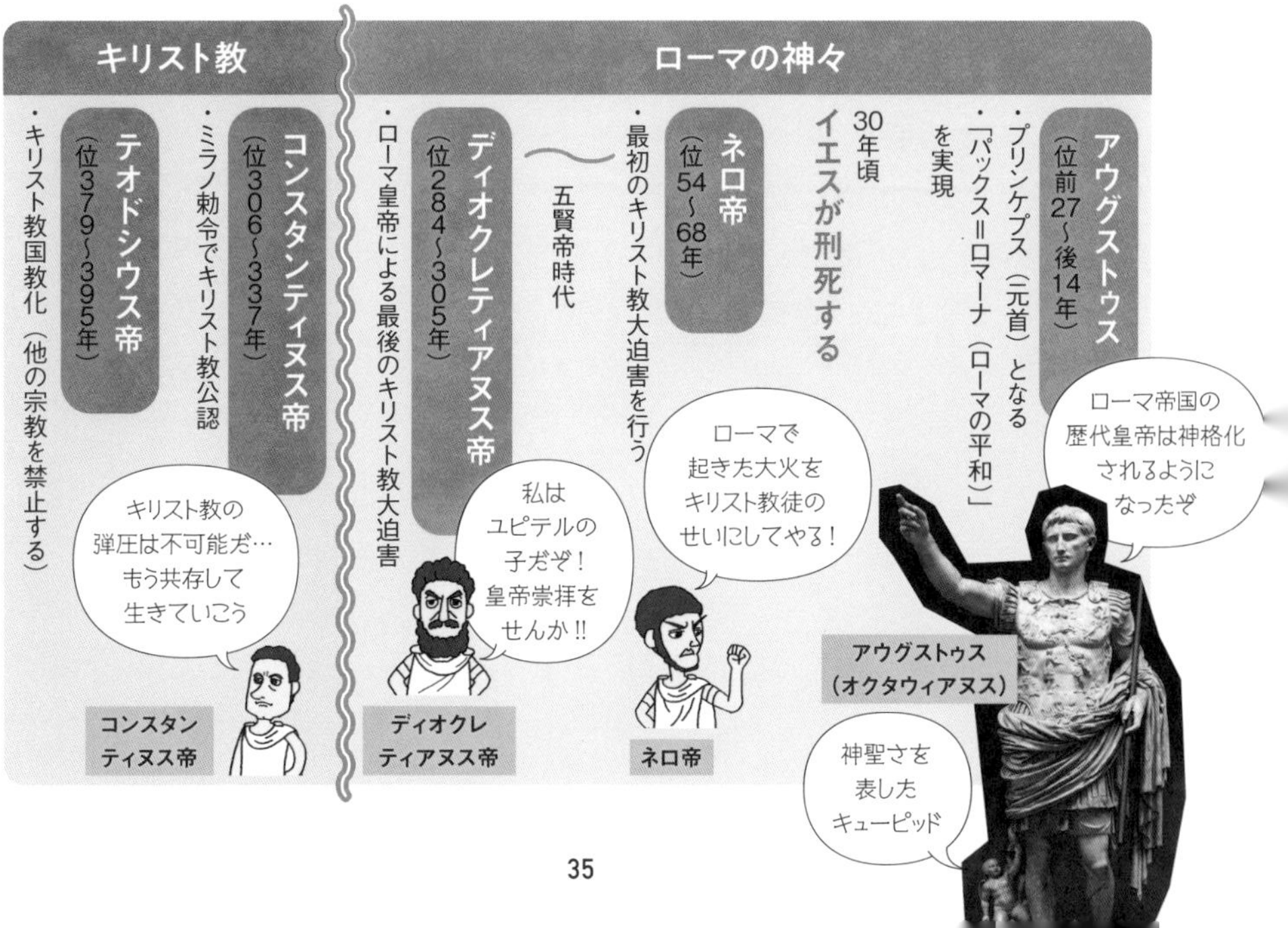
ローマの神々
アウグストゥス（位前27～後14年）
・プリンケプス（元首）となる
・「パックス＝ロマーナ（ローマの平和）」を実現
30年頃 イエスが刑死する
ネロ帝（位54～68年）
・最初のキリスト教大迫害を行う
五賢帝時代
ディオクレティアヌス帝（位284～305年）
・ローマ皇帝による最後のキリスト教大迫害
キリスト教
コンスタンティヌス帝（位306～337年）
・ミラノ勅令でキリスト教公認
テオドシウス帝（位379～395年）
・キリスト教国教化（他の宗教を禁止する）
ローマ帝国の歴代皇帝は神格化されるようになったぞ
アウグストゥス（オクタウィアヌス）
神聖さを表したキューピッド
ローマで起きた大火をキリスト教徒のせいにしてやる！
ネロ帝
私はユピテルの子だぞ！皇帝崇拝をせんか!!
ディオクレティアヌス帝
キリスト教の弾圧は不可能だ…もう共存して生きていこう
コンスタンティヌス帝

ユダヤ教

なぜユダヤ人の聖地がイェルサレムになったのか？

ポイント

「約束の地」カナーンに移ったユダヤ人たちは、王国の分裂や侵略などで全世界へ離散していった

紀元前10世紀頃

なにが起きた？

イェルサレムにユダヤ教の神殿ができる

ヤハウェを信仰する一神教、ユダヤ教の原点は、ユダヤ人の始祖アブラハムが神と交わしたとされる「契約」です。神は、ユダヤ人を世界で最も優れた民族とする代わりに強い信仰心を求めたのだと『聖書』に記述されています。ユダヤ人は「神に選ばれし者」としての誇りを胸に、厳しい戒律を守り、民族の結束力を高めました。同時にカナーン（パレスチナ）の地を神から永遠に与えられたと信じ、特別な場所としたのです。

迫害を受けエジプトを出たユダヤ人はカナーンに移動し、ヘブライ王国を創建。ソロモン王のころ首都イェルサレムに神殿が建造されました。こうしてイェルサレムは聖地となりました。

ユダヤ人が各地に離散するまで

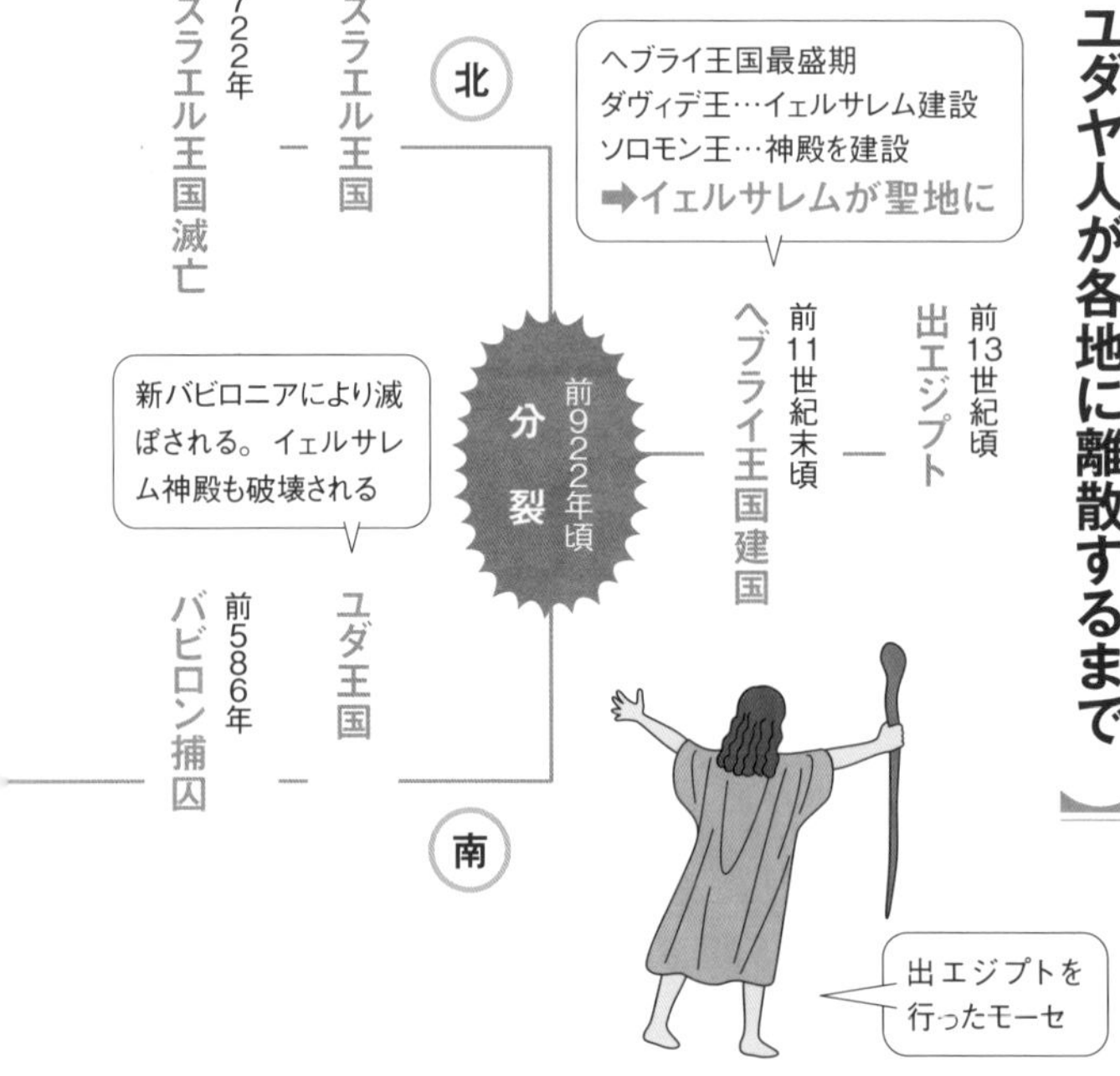

こう変わった！

イスラエルがパレスチナに建国される

ソロモン王の死後、ヤハウェ信仰に対して批判勢力が台頭するとヘブライ王国は南北に分裂し、他国の侵略で滅亡。ユダヤ人は新バビロニア国のバビロンに移住させられ、神殿も破壊されました。しかしアケメネス朝ペルシアが新バビロニアを滅ぼすと、ユダヤ人の帰国を許しイェルサレム神殿が建設されます。

しかしその後、再建した神殿も戦乱で破壊されユダヤ人の受難は続きます。カナーンの地にも住めなくなったユダヤ人は散り散りになり、**各国、各時代で差別と弾圧を受け続けました**。

近代になると、苦難の道を歩んだユダヤ人へ世界から同情が集まるようになり、ユダヤ人も祖国復活運動を起こします。そして第二次世界大戦後、国連の取り決めでイェルサレムのある**パレスチナにユダヤ人の国イスラエルの建国が認められた**のです。

ようやく祖国を手にしたユダヤ人ですが、すでに暮らしていたパレスチナ人との軋轢を生むことになってしまい、現在までたびたび武力衝突が起きています。

前538年　イェルサレム帰国
アケメネス朝ペルシアがユダヤ人の帰国を許す。神殿が再建される

ユダヤ教の成立

前140年頃　ハスモン朝成立
ユダヤ人による独立王朝ができるも、ローマにより滅亡する

6年頃　ローマの属州となる

66～135年　第一、第二次ユダヤ戦争
ローマに反乱を起こすも、敗北。イェルサレム神殿も破壊される

世界各地へ離散（ディアスポラ）

マサダ
イスラエル東部にある第一次ユダヤ戦争の史跡。ユダヤ人の王ヘロデの宮殿があった。

ユダヤ教の聖地

嘆きの壁

イェルサレム神殿の跡地。神殿の中にはモーセが神から受けた戒律「十戒」が納められていたため、神殿はユダヤ人にとってかけがえのない聖地だった。しかし神殿はローマ帝国により破壊、西側の壁だけが残された。信仰の地を失った無念とともに、今も多くのユダヤ人が祈りを捧げている。

メソアメリカの神話

メソアメリカの原住民たちは白人を神と勘違いした

紀元前12世紀頃～

なにが起きた？

中米に独自の多神教文化が生まれる

メソアメリカと呼ばれる中米地域ではオルメカ文明、テオティワカン文明、マヤ文明が栄えました。農耕生活を営んでいた人々は豊かな恵みをもたらす自然や動物に畏敬の念を持ち、自然現象や動物を信仰する多神教文化が発展。農耕と文化の神ケツァルコアトルや、闇を支配する神テスカトリポカなど、**自然を支配する神々が登場する創世神話が生まれました**。やがてメソアメリカにはアステカ王国が、南米大陸にはインカ帝国が築かれます。インカ帝国の王は「太陽の子」として君臨しました。

しかし彼らの信仰心につけ込むかのように、東の大陸から侵略者が現れます。

【中南米で興った文明】

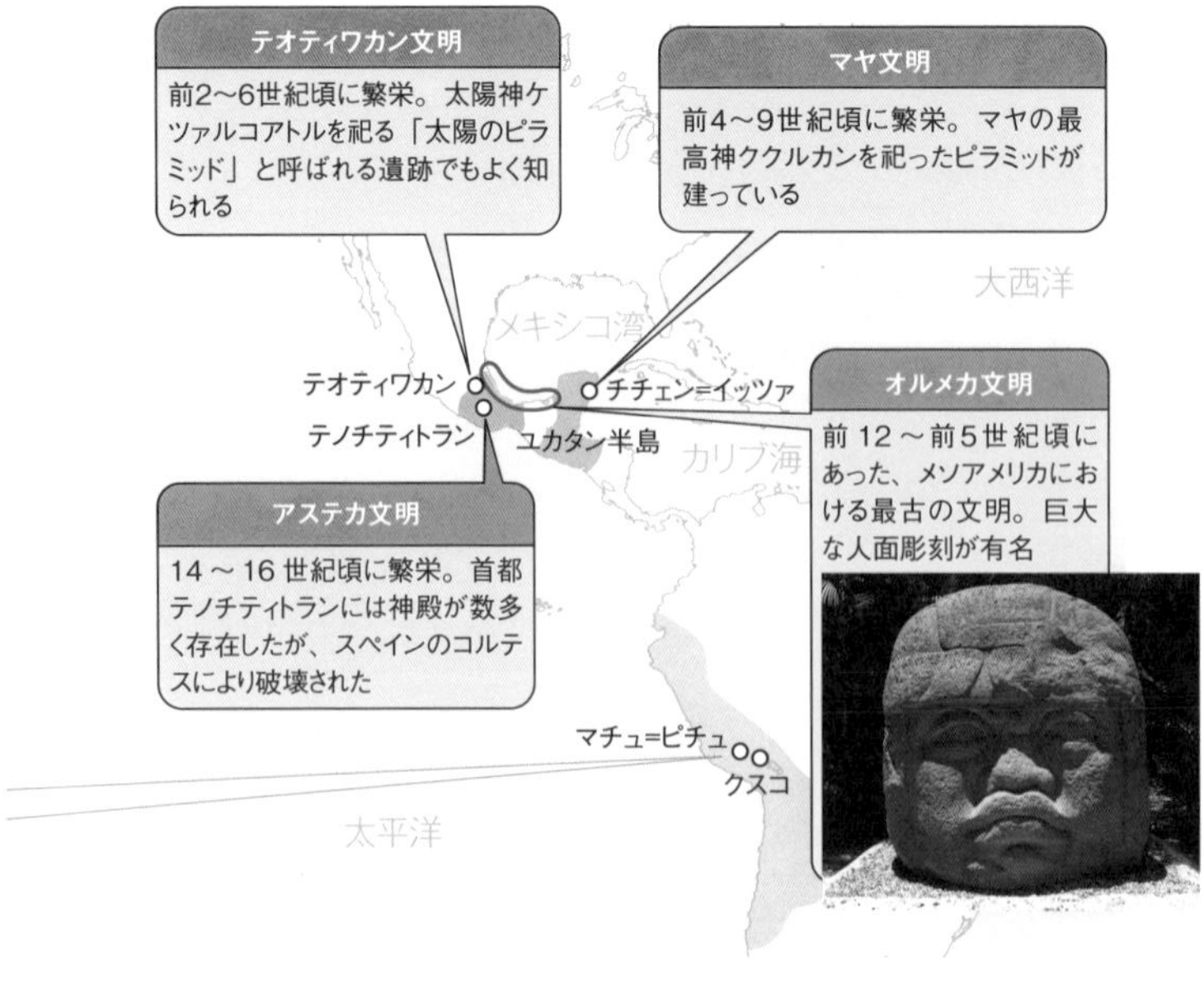
テオティワカン文明
前2～6世紀頃に繁栄。太陽神ケツァルコアトルを祀る「太陽のピラミッド」と呼ばれる遺跡でもよく知られる
マヤ文明
前4～9世紀頃に繁栄。マヤの最高神ククルカンを祀ったピラミッドが建っている
大西洋
メキシコ湾
テオティワカン
チチェン=イッツァ
テノチティトラン
ユカタン半島
カリブ海
オルメカ文明
前12～前5世紀頃にあった、メソアメリカにおける最古の文明。巨大な人面彫刻が有名
アステカ文明
14～16世紀頃に繁栄。首都テノチティトランには神殿が数多く存在したが、スペインのコルテスにより破壊された
マチュ=ピチュ
クスコ
太平洋

ポイント
中南米では独自の古代文明が栄えていたが、大航海時代にコンキスタドールたちに次々と滅ぼされた

こう変わった！

コンキスタドールが略奪を行う

インカ帝国が繁栄した頃、世界は大航海時代を迎えます。キリスト教の布教と領土拡大のため、スペインのコンキスタドール（征服者）**コルテスがアメリカ大陸に上陸し、アステカ王国へ侵入。**しかし当時のアステカ王は、抵抗するどころか彼らを丁重にもてなしました。これは「一の葦の年（西暦1519年）に、東からケツァルコアトル神が帰還する」というアステカ神話とコルテス来訪が一致したためで、王はコルテスこそがケツァルコアトル神だと思ったのです。コルテスは彼らの信仰心を利用し王の懐へと入り込みますが、黄金製品をはじめとする財宝を奪おうと、王国を襲撃。アステカ王国を滅亡させました。

コルテスが持ち帰ったアステカ王国の財宝に味をしめたスペインは、南米のインカ帝国へコンキスタドールのピサロを派遣。ピサロは皇帝にキリスト教への改宗と服従を要求するも拒否されたため、皇帝を処刑し大量の金銀を奪いました。こうして**中南米の広い範囲がスペインの支配下となった**のです。

【侵略の歴史】

コロンブスがアメリカ大陸に到達

↓

トルデシリャス条約（1494年）

スペイン **中南米** ／ 分割 ／ ポルトガル **ブラジル**

↓

コンキスタドールによる侵略（16世紀）

わずか400人で
アステカのモンテスマ王を
捕らえた！
アステカを滅ぼす
コルテス
馬30頭と180人で
インカの王アタワルパを
処刑した！
インカを滅ぼす
ピサロ

インカ文明の遺跡
マチュ=ピチュ

アンデス山脈の高地に築かれたインカ帝国の古代都市で、スペインによる破壊を免れた貴重な遺跡群である。高度な建築・灌漑設備が見られるほか、太陽と月を祀る神殿、夏至と冬至を正確に知るための施設もあり、自然を崇拝する古代人が天体の動きを熟知していたことをうかがい知ることができる。

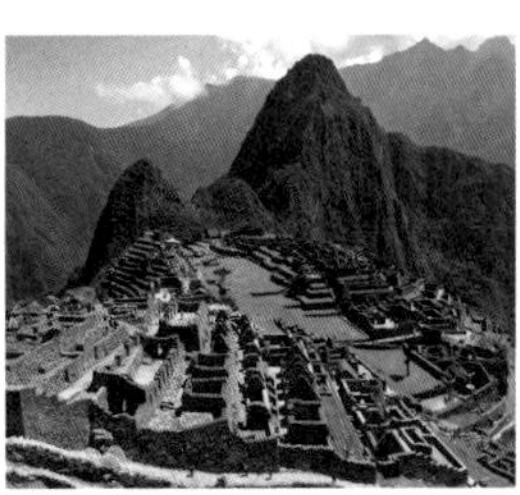

FEATURE

古代文明の息吹を感じる都市・建築物の遺跡

世界各地には古代文明の都市・建築物の遺跡が残っている。その中には神話・宗教に関わるものも多い

人類は紀元前から神を信仰し、宗教的儀式を行いました。この儀式に使う施設や、神々を祀る寺院、神話・宗教の世界観をモチーフにした建造物が多くつくられました。

その中でも、エジプトのピラミッドはよく知られています。ピラミッドは近年では、単なる一人の王の墓というよりも、太陽神を祀るための神殿として造営されたと考えられています。

イランでは前550年にアケメネス朝ペルシアが成立し、オリエントを統一。火を奉るゾロアスター教が盛んになり、儀式用の施設も建てられました。このゾロアスター教から「最後の審判（終末に良き人々が救われる）」などの概念が生まれ、ユダヤ・キリスト教に大きな影響を与えました。

ギザのピラミッド（エジプト）

四角錐型の建造物。エジプトでは王は太陽神ラーの化身と考えられており、ピラミッドは太陽光線を可視化した神殿ではないかという説が有力

ウルのジッグラト（イラク）

シュメール人の都市ウルにつくられた神殿。建材に使われた日干しレンガは、メソポタミアで豊富に取れた粘土を使ったものである

モエンジョ=ダーロ
（パキスタン）

インダス文明の都市。牛を表した印章が発掘されたことから、当時からインドで牛が神聖視されていたと考えられている

ペルセポリス
（イラン）

アケメネス朝ペルシアの都市。マケドニアに破壊されたが、壁の一部にゾロアスター教の聖霊フラワシをかたどったレリーフが残る

パルテノン神殿
（ギリシア）

ギリシアのアクロポリスにある神殿。都市アテネの守護神アテナの像が祀られていた。中央がふくらんだ柱が特徴

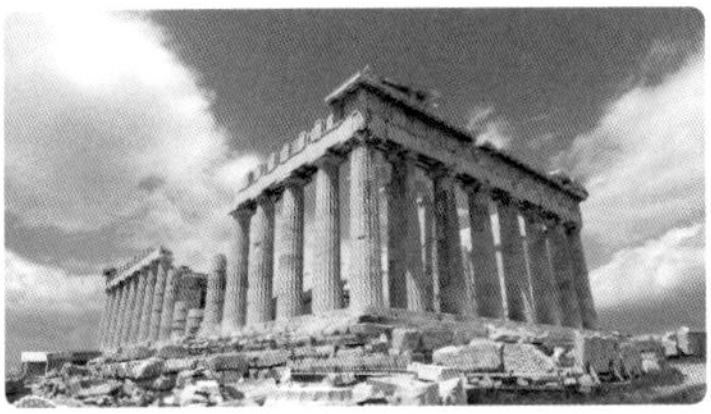

タフテ=ソレイマーン
（イラン）

ササン朝ペルシア時代につくられたゾロアスター教の聖地。王が即位する際に火を祀った拝火壇があったとされる

太陽のピラミッド
（メキシコ）

太陽神を祀るテオティワカン文明の遺跡。頂上では生贄の心臓をくりぬく儀式が行われた。隣には月のピラミッドがある

始皇帝陵
（中国）

秦の始皇帝の墓。現世に執着し不老不死を目指した始皇帝のためか、リアルな人形をつくり地上を再現している

世界遺産ガイド

～古代文明編～

世界各地で起こった古代文明。古代人たちが残した遺跡の中には、宗教や神話にまつわるものも多くあります。

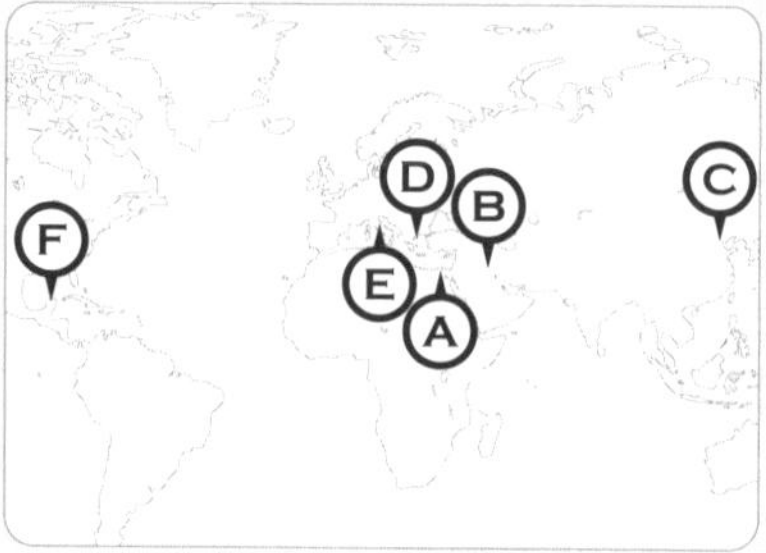

Ⓐ エジプト テーベ

古代エジプトの首都として千年栄え、太陽神ラーを祀るカルナック神殿などがあります。

Ⓑ イラク アフワール

メソポタミア文明の都市遺跡が残る地域。ウルのジッグラトがよく知られています。

Ⓒ 中国 泰山《たいざん》

道教の聖地の中でも最も尊い神聖な山。秦の始皇帝や漢の武帝らが儀式を行いました。

Ⓓ ギリシア アクロポリス

アテナイの都市の遺跡。守護神アテナを祀るパルテノン神殿はギリシア建築の傑作といわれます。

Ⓔ イタリア パンテオン

ローマに立つローマ神話の神を祀る神殿。一時失われハドリアヌス帝によって再建されました。

Ⓕ メキシコ チチェン＝イッツァ

マヤ文明の遺跡。マヤの最高神ククルカンを祀るピラミッドなどがあります。

第2章

ヨーロッパ

紀元1世紀にイエスを救世主とみなす
キリスト教が成立すると、後のヨーロッパ世界は
キリスト教を中心とした歴史を歩んでいきます。
その影響は政治・経済・文化すべてに及び、
近代社会でも、人々の心情を支えるものとなりました。

ヨーロッパの宗教史年表

ローマ帝国の支配

(紀元前)

27 オクタウィアヌスが元首政を開始(帝政ローマの成立)

(紀元後)

6 ユダヤがローマ帝国の属州として支配を受ける

30頃 **イエスが刑死する**

64 ローマ大火が発生。皇帝ネロがキリスト教徒を迫害

303 ディオクレティアヌス帝がキリスト教徒を迫害

313 **ミラノ勅令でキリスト教が公認**

権威拡大

376 ゲルマン人の大移動が始まる

392 テオドシウス帝がキリスト教を国教化

395 **ローマ帝国が東西に分裂する**

481 **フランク王国が誕生**

732 トゥール＝ポワティエ間の戦いが起こる

800 フランク王国のカール大帝が戴冠

POINT 1

イエスの死でキリスト教が誕生

人類の平等と隣人愛を説いたユダヤ人のイエスが刑死。死後、弟子たちによってイエスを救世主（キリスト）と見なすキリスト教が成立し、ローマ帝国各地へ伝道が行われた

POINT 2

ローマ帝国がキリスト教を公認

ローマ皇帝たちは「皇帝崇拝」を命じて、キリスト教徒を迫害していたが、コンスタンティヌス帝によって「ミラノ勅令」が発布されるとキリスト教が容認されるようになった

私も
キリスト教に
改宗だ
コンスタンティヌス帝

ローマ教皇の | 宗教改革が始まる | 市民革命が起こる

1054	**キリスト教会が東西に分離**
1077	カノッサの屈辱
1096	**十字軍の遠征が始まる**
1209	インノケンティウス3世が教皇権の最盛期を築く
1303	アナーニ事件が起こる
1517	**ルターが宗教改革を始める**
1534	イギリス国教会が成立
1534	イエズス会が結成される
1536	カルヴァンが『キリスト教綱要』を発表
1562	フランスでユグノー戦争が起こる
1568	オランダ独立戦争が起こる
1598	アンリ4世がナントの勅令を発布
1618	**三十年戦争が起こる**
1640	イギリス革命が起こる
1687	ニュートンが『プリンキピア』を発表
1775	アメリカ独立革命が起こる
1789	フランス革命が起こる
1853	クリミア戦争が起こる

POINT 3

キリスト教会の東西対立が強まる

8世紀以来、聖像禁止令をめぐって東西教会は対立を強めたが、1054年両者は、分裂へ。写真はローマ=カトリック教会の総本山であるバチカン市国

POINT 4

十字軍がイスラーム世界へ

聖地イェルサレムをイスラーム帝国から奪還するため、ローマ教皇が十字軍を派遣。西洋にイスラームの文化が流入し、ルネサンスのきっかけとなる

POINT 5

ルターの活躍で宗教改革が進む

ローマ教会の贖宥状《しょくゆうじょう》（免罪符）販売に対して批判したルターを契機に、ヨーロッパ各地で宗教改革が起こる。新たなキリスト教派であるプロテスタントが誕生した

キリスト教

ローマ帝国はキリスト教徒をそれほど迫害していなかった

313年　なにが起きた?

ローマ帝国がキリスト教を公認

イエス=キリストが活動したのは、ローマが帝政となった後のこと。神への信仰心を強く持てば誰でも救われると説いたイエスの教えは、ローマの圧政に苦しむ人々の心をとらえました。「反ローマ運動の罪」でイエスが処刑されると、**その復活を信じるイエス=キリスト教団が設立**されます。ローマ伝道によって、キリスト教が広まったのは、3世紀になってからです。この間、キリスト教がローマ皇帝を侮るものとされ、また多神教の伝統を脅かすものとして、弾圧されました。しかしコンスタンティヌス帝の登場により、ローマ社会、ひいてはヨーロッパの歴史が大きな転換点を迎えます。**キリスト教が公認されたのです。**

迫害から一転、国教化されたキリスト教

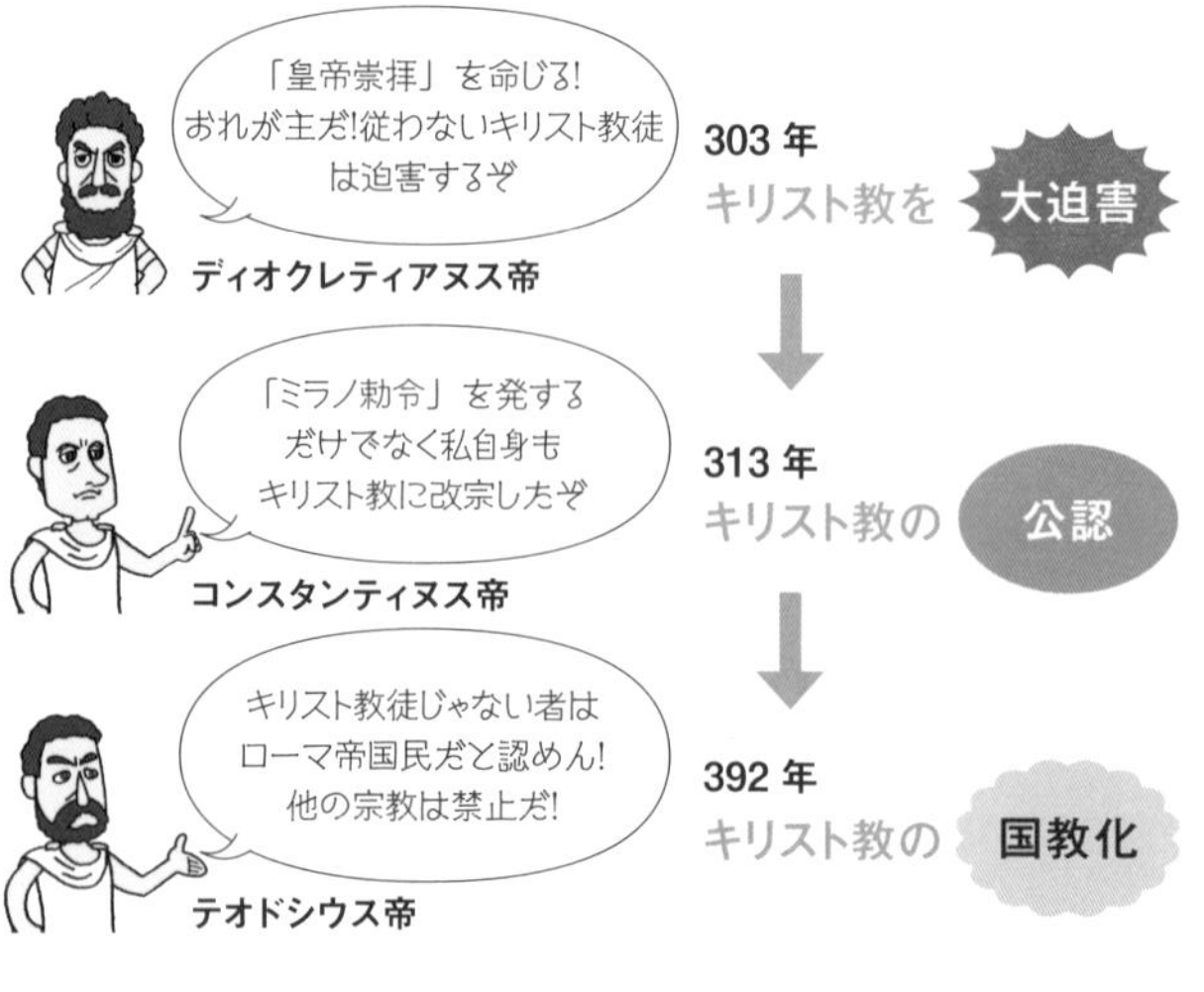
「皇帝崇拝」を命じる!
おれが主だ!従わないキリスト教徒は迫害するぞ
ディオクレティアヌス帝
303年
キリスト教を
大迫害
「ミラノ勅令」を発する
だけでなく私自身も
キリスト教に改宗したぞ
コンスタンティヌス帝
313年
キリスト教の
公認
キリスト教徒じゃない者は
ローマ帝国民だと認めん!
他の宗教は禁止だ!
テオドシウス帝
392年
キリスト教の
国教化

専制君主制の時代、キリスト教への対応は弾圧から公認、そして国教へと大きく変化。ローマ国内が政情不安になっていくと、分裂を目前にしたローマを守るため皇帝たちはローマで拡大していたキリスト教で国をまとめようと考えた。

ポイント

ローマ帝国がキリスト教を公認、そして国教化したことにより、ヨーロッパでキリスト教が信仰されるようになる

こう変わった！

ヨーロッパがキリスト教中心の社会に

後世の小説や映像作品の影響もあり、ローマは徹底的にキリスト教を迫害してきた印象をもたれます。確かに暴君と名高い皇帝ネロや、ディオクレティアヌス帝による大迫害は有名です。しかし**こうした弾圧は一時的なもので、水面下で信者は増えていました。**

この間、ローマは異民族との戦いや疫病の流行、皇位継承問題といった内憂外患にさらされ、政情不安定な状態でした。状況を打開すべく、313年にコンスタンティヌス帝が打ち出したのが「ミラノ勅命」です。これはキリスト教を含むすべての宗教の信仰を認めるものでした。

そしてテオドシウス帝の時代になると、キリスト教はローマ帝国の国教とされ、他の宗教の信仰が禁じられました。

また、後に「ローマ帝国の復活」といわれる**フランク王国は、アルプス山脈以北に広がったキリスト教と提携（コラボ）し、中世ヨーロッパ世界の基盤を築く**ことになります。

【ローマ帝国におけるキリスト教の拡大】

3～5世紀にかけて、ヨーロッパのほぼ全域にキリスト教が広まった。

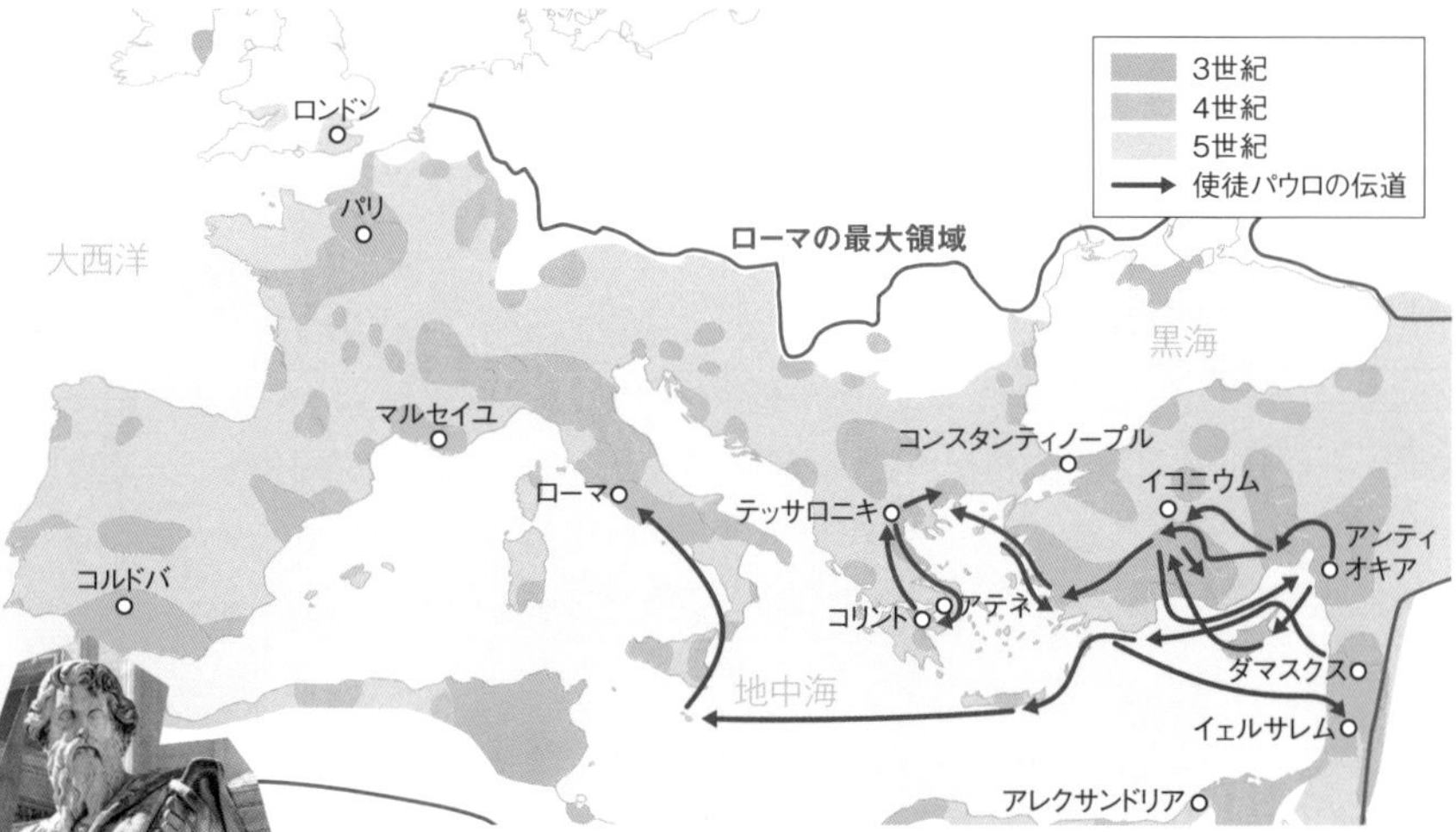

イエスの使徒の1人。「神の愛は異邦人（＝ユダヤ人以外の民族）にも及ぶ」とし、ローマ各地でキリスト教の伝道（布教活動）を行った。

キリスト教

「カトリック」ができてヨーロッパ社会はどう変わったか

ポイント

クローヴィスはアタナシウス派に改宗し、アリウス派のゲルマン人とアタナシウス派のローマ人の軋轢を解消した

325年　なにが起きた？

アタナシウス派が正統に認定される

カトリックとは、公会議で正統と決まった教えを信じる宗派です。ローマ帝国時代、同じキリスト教徒の間でも、教義や考え方によって派閥がありました。そこでキリスト教の教義を決めるため、コンスタンティヌス帝は３２５年にニケーア公会議を開きます。

この会議では「イエスは人か神か」が争点となりました。結果、**イエスは神の性質を持つというアタナシウス派が正統**（カトリック）に。イエスはあくまで人間だとするアリウス派は、異端としてローマから追放されてしまいます。のちに、このアタナシウス派とアリウス派の対立に注目したひとつの国が勢力をのばしました。

アタナシウス派が正統とされたニケーア公会議

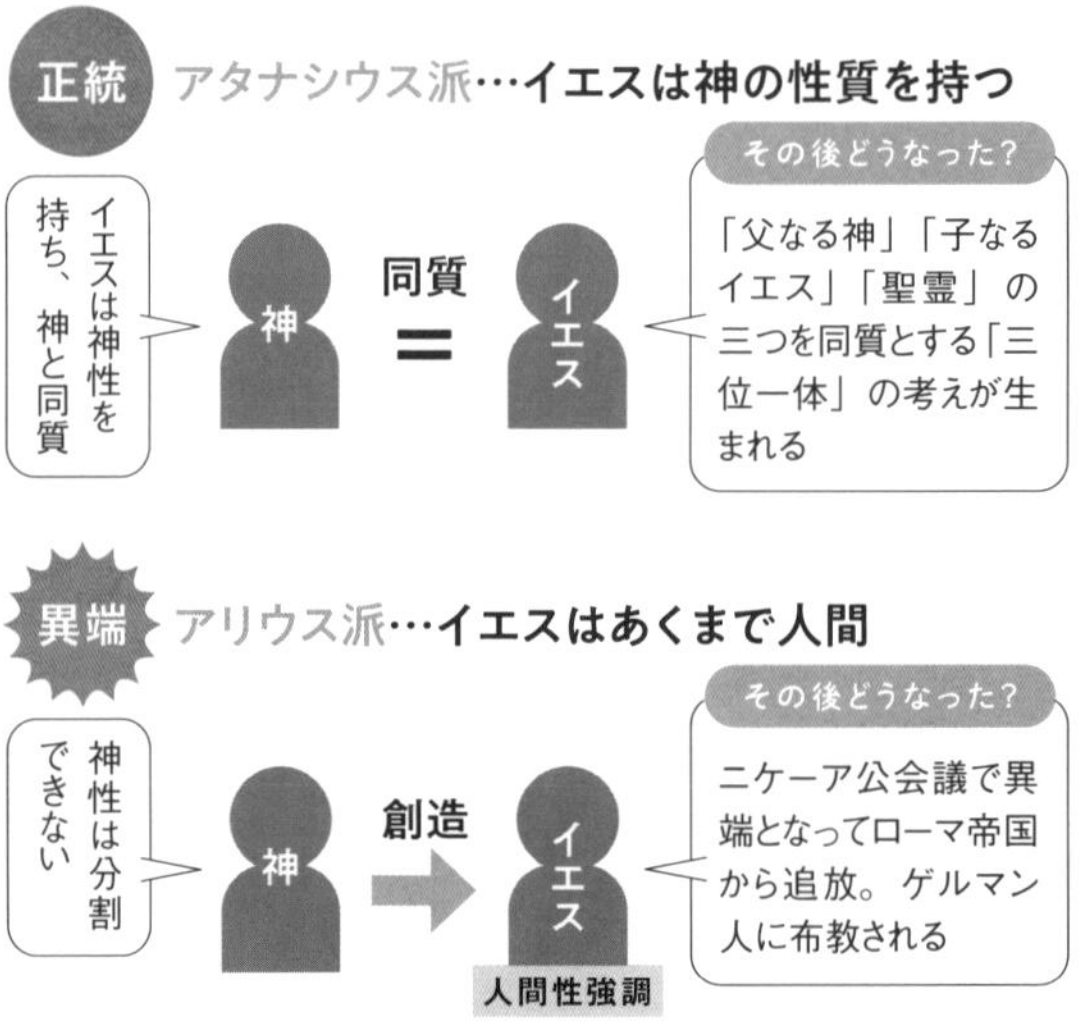
正統
アタナシウス派…イエスは神の性質を持つ
イエスは神性を持ち、神と同質
神
同質
＝
イエス
その後どうなった？
「父なる神」「子なるイエス」「聖霊」の三つを同質とする「三位一体」の考えが生まれる
異端
アリウス派…イエスはあくまで人間
神性は分割できない
神
創造
イエス
人間性強調
その後どうなった？
ニケーア公会議で異端となってローマ帝国から追放。ゲルマン人に布教される

こう変わった！

フランク王国が勢力を拡大

３７５年頃、ゲルマン人の移動がローマ帝国に向けられると、ついにはゲルマン人のオドアケルが皇帝を廃位させ、西ローマ帝国を滅亡させました。その後、ゲルマン人諸族は西ローマ領内に、東ゴート王国や西ゴート王国、ヴァンダル王国、フランク王国などを建国しました。

この**ゲルマン人たちは、キリスト教アリウス派を信仰**していました。かつてローマを追放されたアリウス派の信徒が、ゲルマン人に布教活動を行ったからです。そのため、ゲルマン人国家では、アリウス派を信じるゲルマン人と、かねて居住していたアタナシウス派のローマ人との間で軋轢が生じていました。

この状況に、**フランク国王クローヴィスは自らアタナシウス派に改宗**することで、フランク王国とローマ人の融和を図ります。この政策が功を奏し、乱立していたゲルマン人国家の中で、フランク王国はローマ＝カトリック教会の支持を得ることができ、安定した統治体制を築くことになります。

西ヨーロッパ世界の基盤となったフランク王国

6世紀のゲルマン諸国家

自身がアタナシウス派に改宗することで、ローマ系の民たちとの協調を図ったクローヴィス。様々なゲルマン人国家が乱立する中、フランク王国が発展していく契機となった。

イスラーム教　キリスト教

キリスト教とイスラーム教の戦いで〝西ローマ皇帝〟が復活

ポイント
トゥール＝ポワティエ間の戦いで勝利したフランク王国は勢力を拡大。西ローマ皇帝の復活につながった

732年

なにが起きた？

トゥール＝ポワティエ間の戦いが勃発

キリスト教とイスラーム教、ともに一神教の両勢力が衝突した戦争に、トゥール＝ポワティエ間の戦いがあります。盛んに領土拡大を進めたイスラーム教のウマイヤ朝が、フランク王国に侵攻し、領土の拡張を試みたのです。

しかし**カロリング家出身の宮宰カール＝マルテルがウマイヤ朝を撃退**。この戦いは、ローマ教会側からすれば、キリスト教がイスラーム教を撃退した戦いと位置づけられました。

その子ピピン3世は、ローマ教皇の支持を得て、国王に即位。メロヴィング朝の国王を追放すると、**メロヴィング朝に代わってカロリング朝を設立**しました。

フランク王国を守った宮宰カール＝マルテル

イスラーム勢力のウマイヤ朝はイベリア半島に進出。その後、フランク王国にも侵入するが、フランク王国の宮宰カール＝マルテルに撃退される。

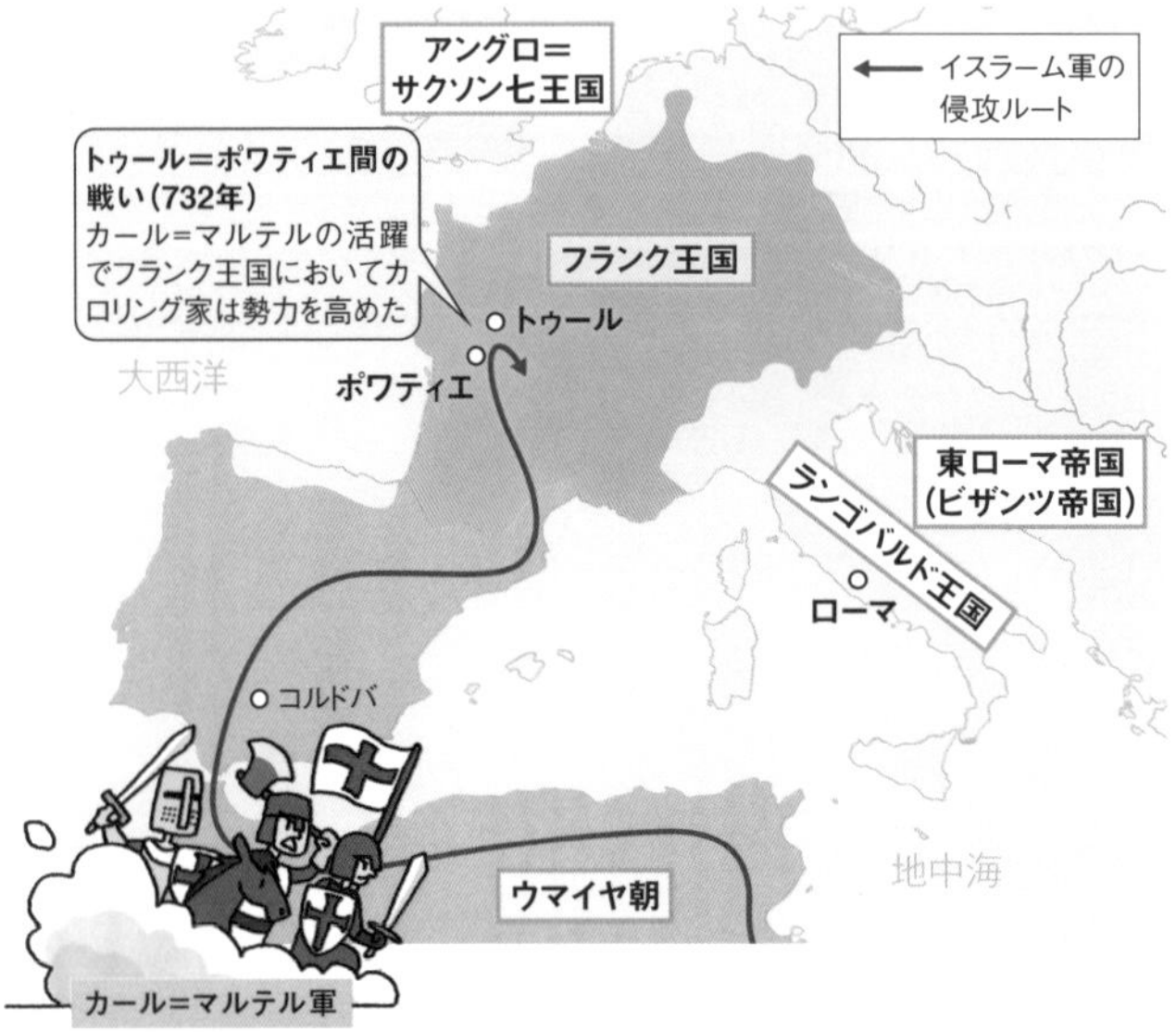

こう変わった！

324年ぶりに西ローマ皇帝が復活する

この頃ローマ教会は、ビザンツ帝国（東ローマ帝国）との関係を悪化させていました。ビザンツ帝国が**聖像を使っての布教活動を禁止する「聖像禁止令」を出したため**です。布教を続け、影響力を保ちたいローマ教皇は、ビザンツ帝国に対抗できるだけの後ろ盾を必要としていました。そこでローマ教皇は、ピピン3世を王として認める代わりに、ビザンツ帝国と結びついていたランゴバルド王国の撃退を要請します。教皇の支持を得てフランク王に即位したピピン3世は約束通り、ランゴバルド王国をローマから追い払い、ラヴェンナ地方をローマ教皇領として寄進しました。

　続いてピピン3世の子カール1世（大帝）が即位すると、フランク王国は最盛期を迎えました。ここでローマ教皇レオ3世は、カールに324年前に滅んだ西ローマ帝国皇帝の冠を与えます。カールを西ローマ皇帝とすることで、ビザンツ帝国の影響から完全に離れ、宗教的に独立しようと考えたのです。こうして、**フランク王国の下で中世西ヨーロッパ世界が成立**しました。

西欧世界を築いたフランク王国

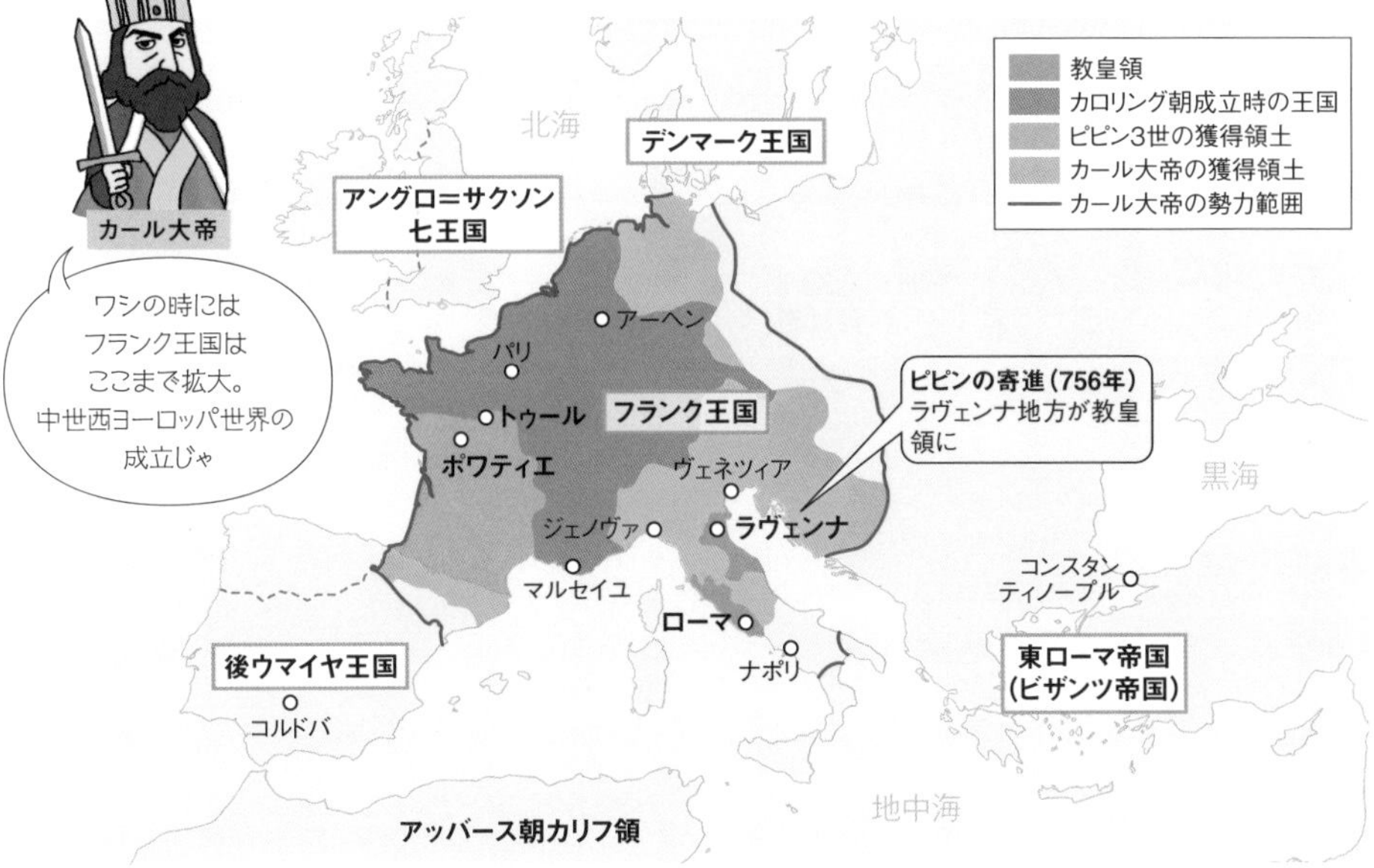

キリスト教

ヨーロッパ史の歩みも分裂させた教会の東西分裂

ポイント

「聖像禁止令」が発布されると、ローマ教会とコンスタンティノープル教会（ビザンツ皇帝）との対立が深まった

4世紀頃

なにが起きた？

キリスト教会の「五本山」ができる

4世紀キリスト教は、ローマ帝国内の都市を拠点に広がりました。これと併行して、**信徒を束ねる教会制度が発達**します。

教会は管区で編成され、その拠点となった大都市の教会には「総主教」が置かれました。そのトップが、使徒ペテロとパウロが殉教したローマでした。これに次ぐのが、コンスタンティノープル。そしてアレクサンドリア、アンティオキア、イェルサレムが加わります。これを「五本山」といいます。教会と信徒はこの五つの管区に統括されます。

そして395年、**ローマ帝国が東西に分裂すると、ローマ教会は西ローマで最高の権威**とされたのです。

【 聖像禁止令 】

キリスト教をゲルマン人に布教するには聖像の使用が効果的だと考えたローマ教会。コンスタンティノープル教会との間の溝は深まった。

東西対立をさらに進めた？

ローマ教皇領

ローマ教皇領とは、ローマ教皇の直轄地のこと。フランク国王ピピン3世がランゴバルド王国から奪ったラヴェンナ地方を教皇に寄進したのが始まり。以降、教皇領は教皇の重要な経済基盤となるが、この地は元ビザンツ帝国領だったため、ビザンツ帝国はこれに猛反発。東西の対立がいっそう進むことになった。

こう変わった！

ローマ教会が東西に分裂する

ローマ教会は、ゲルマン人に、**効率よくキリスト教を布教するため聖像（イエスや聖母をかたどった像）を使用しました**。聖像崇拝はキリスト教とは、本来関係のないものと主張するコンスタンティノープル教会はローマ教会を批判します。

この時、ビザンツ帝国の皇帝レオン3世が出したのが「聖像禁止令」でした（この背景には同じく偶像崇拝を禁じるイスラーム教徒への対抗心もありました）。結果ローマ教会はこの禁止令に反発。ローマ教皇はビザンツ皇帝に対抗できる政治的保護者として、ゲルマン人国家のフランク王国と結びつき、800年にはフランク国王カール1世に西ローマ帝国の皇帝の冠を与え、ビザンツ帝国の圧力から解放されます。

そして11世紀、キリスト教世界はローマ教皇を頂点とする「ローマ＝カトリック教会」と、ビザンツ皇帝を頂点とする「ギリシア正教」に分裂。中世ヨーロッパ史もまた東西でまったく異なる歴史を歩んでいくことになったのです。

キリスト教会の東西分裂

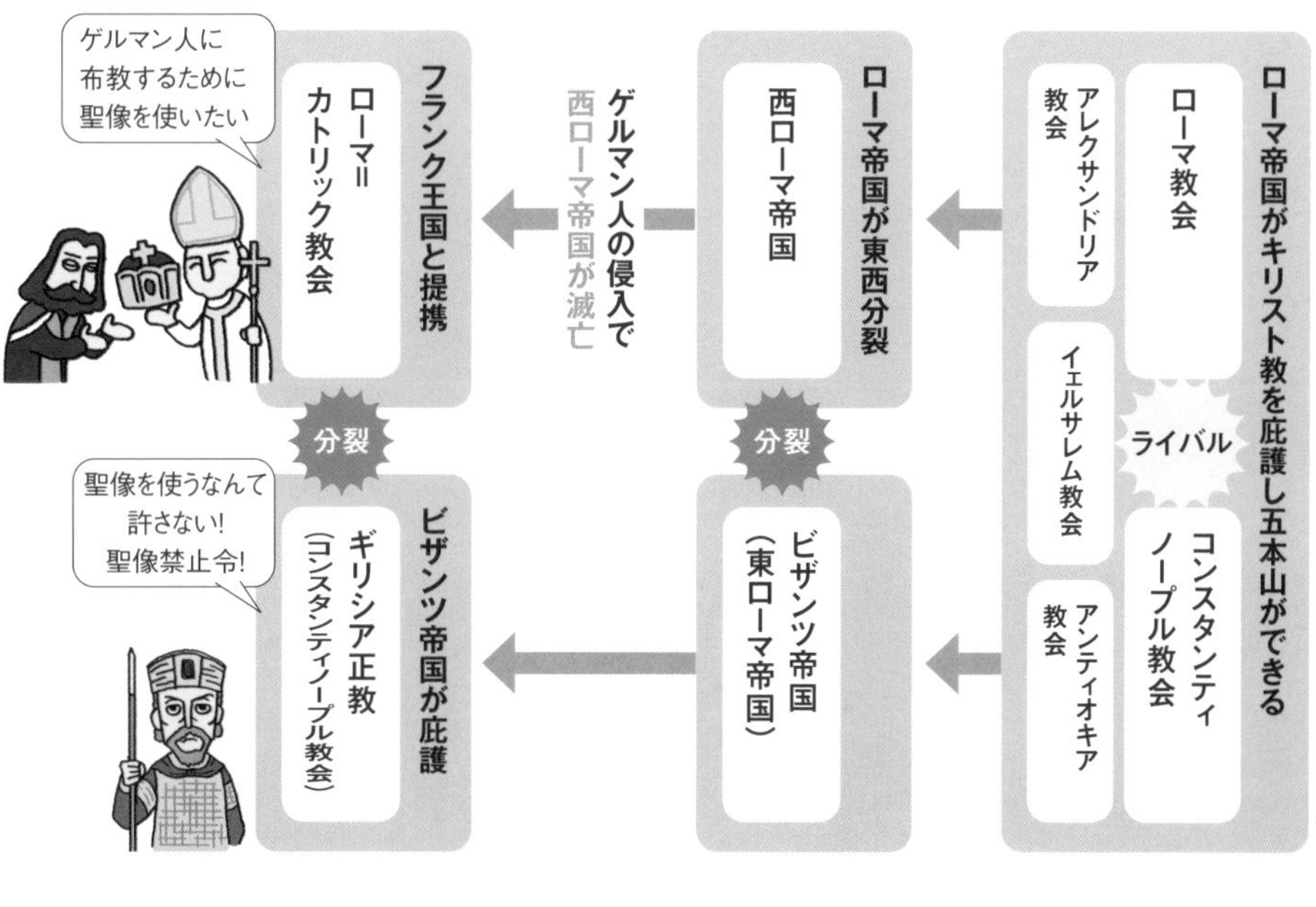

ローマ帝国がキリスト教を庇護し五本山ができる
ローマ教会
アレクサンドリア教会
イェルサレム教会
ライバル
コンスタンティノープル教会
アンティオキア教会
ローマ帝国が東西分裂
西ローマ帝国
分裂
ビザンツ帝国（東ローマ帝国）
ゲルマン人の侵入で西ローマ帝国が滅亡
フランク王国と提携
ローマ＝カトリック教会
分裂
ビザンツ帝国が庇護
ギリシア正教（コンスタンティノープル教会）
ゲルマン人に布教するために聖像を使いたい
聖像を使うなんて許さない！聖像禁止令！

キリスト教　ユダヤ教

迫害されてきたユダヤ人が富豪になったのはなぜか

ポイント

キリスト教に迫害されて職業選択の自由がない中で、ユダヤ人は生きる道を模索。特に金融業で頭角を現した

4世紀頃〜

なにが起きた？

ユダヤ人の迫害が始まる

ユダヤ属州（パレスチナ地方）に対するローマ帝国の圧政が強まると、二度にわたってユダヤ戦争が起こります。これを機に、2世紀後半ユダヤ人たちは、**パレスチナの地を捨て、ヨーロッパへ向かいました**。ユダヤ人の離散を「ディアスポラ」といいます。

さらに、ヨーロッパにキリスト教が広まっていくと、キリスト教徒の間では、ユダヤ人は「イエスを処刑に追いやったのは、ユダヤ人だ」と非難され、憎悪の対象とされたのです。

そして11世紀になると**ローマ教皇の号令一下で、ユダヤ人に対する差別政策が強まります**。その最たる例が不動産の取得禁止でした。

【ユダヤ人と迫害の歴史】

前15世紀頃　ヘブライ人がパレスチナで活動

前13世紀頃　モーセの「出エジプト」を行い、神から「十戒」を預かる

前586年　「バビロン捕囚」で新バビロニアに滅ぼされる

66年〜　第一次ユダヤ戦争で敗北し、ローマに捕らえられる

132年〜　第二次ユダヤ戦争でディアスポラ（離散）していくことに

1096年　第1回十字軍をきっかけに激しい迫害を受ける

1179年　キリスト教第3回ラテラノ公会議

⬇金融業がユダヤ人に広まる

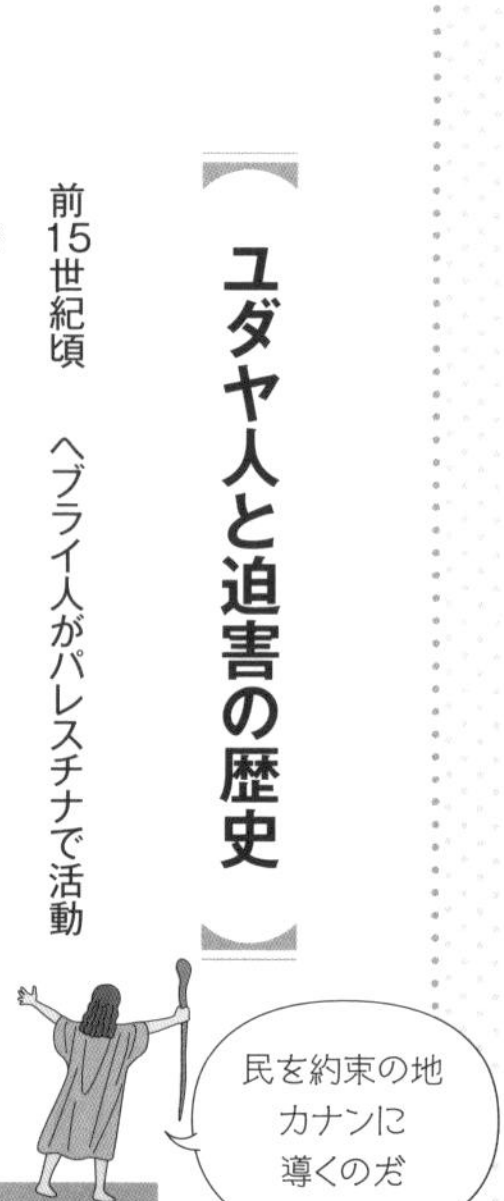
民を約束の地カナンに導くのだ

ユダヤ人と金融業

キリスト教徒がやりたがらない金融業をやるしかない

ユダヤ人は職業や交際が限定され、質屋や高利貸しとなる者が増えた

こう変わった!

大富豪ロスチャイルド家の隆盛

世界各国へ離散したユダヤ人でしたが、ユダヤ教徒に寛容だったイスラーム圏でもユダヤ人の定住が広がりました。

11世紀末に十字軍運動の時代を迎えると、キリスト教への期待とその思いは、ヨーロッパ社会に広がりました。この間ヨーロッパではユダヤ人に対する敵対心や憎悪の念が強まりました。**不動産取得が認められないユダヤ人の中には、タンス貯金ではなく金貸しとなる者も現れました。**

その代表がロスチャイルド家です。19世紀初期ナポレオン戦争の情報をいち早く得て、国債の売買などで利益を上げました。その後も国家的事業へ参入して巨万の富を築きました。

現代では**金融界だけでなく、文化や学問、芸術分野でもユダヤ民族から優れた人材が生まれています。**歴史上、差別や迫害で職業選択の自由がない中、他者に奪われることのない「教育」や「教養」を重視し、生きる知恵を身につけたからとも考えられています。

1215年 キリスト教第4回ラテラノ公会議
⬇ユダヤ人にバッジや色帽子の着用義務が決まる
イギリス、フランス、ドイツ、オーストリアなどでも迫害を受ける

1348年 **黒死病(ペスト)流行**をきっかけに虐殺される

1492年 スペインのイサベル女王による弾圧

1881年 ロシアのアレクサンドル2世殺害の犯人とされ、大虐殺を受ける

1894年 フランスでユダヤ系軍人に対する冤罪事件「**ドレフュス事件**」が起きる

1938年 **ナチ党**によるユダヤ人迫害・襲撃

1948年 **イスラエル建国**

金融業で活躍したユダヤ人たち

職業選択の自由を奪われ、金貸しなどの金融業に活路を求めたユダヤ人たちは、その道で頭角を現し始める。長年金融業で培ってきた情報やネットワークをもとに、現代でも巨大資本であるイギリスのロスチャイルドや、アメリカのJPモルガンなどのユダヤ資本を誕生させた。

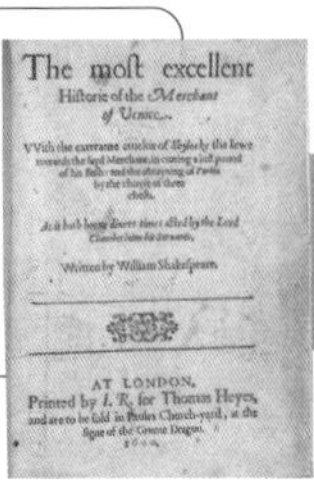
The most excellent
Historie of the Merchant of Venice.
Written by William Shakespeare.
AT LONDON,
Printed by I. R. for Thomas Heyes,

シェークスピアの『ヴェニスの商人』に金貸し商人のユダヤ人シャイロックが登場する

ロスチャイルド家を銀行業で発展させたマイアー＝アムシェル＝ロートシルト(1744～1812)

キリスト教

教皇と皇帝の立場が逆転! カノッサの屈辱の全貌とは

ポイント

カノッサの屈辱は教皇権が皇帝権を超えたことを象徴する出来事だった。勢いのついた教皇は十字軍を提唱した

1077年

なにが起きた?

カノッサの屈辱が起こる

カロリング朝が途絶えると、ローマ教会は次の庇護者として東フランク王国のオットー1世と提携し、962年に戴冠を行いました。神聖ローマ帝国の誕生です。しかし庇護者がいない状態が長引いた影響で教会の権威は失われ、聖職者には皇帝の息がかかった者が選ばれ、教会は皇帝の影響下に置かれました。この事態に対し、**教皇グレゴリウス7世は、聖職者の叙任権を巡って皇帝ハインリヒ4世と対立。**皇帝を破門にすると、破門された皇帝を見限るように各地の諸侯が皇帝に退位を迫ったため、やむなくハインリヒ4世は教皇が滞在していたカノッサ城にむかい、教皇に謝罪。これが「カノッサの屈辱」と呼ばれる事件です。

【権威を高めていったローマ教皇】

ローマ=カトリックの構造

権威を高めた教会は、12世紀以降になるとローマ教皇を頂点とする階層制を整備した。

カノッサの屈辱

教皇グレゴリウス7世に破門されたハインリヒ4世は許しを求めるため、トスカーナ伯夫人マティルダに仲介役を頼んだ。

こう変わった！

十字軍の派遣が決定する

カノッサの屈辱で教皇に屈した皇帝ハインリヒ４世でしたが、破門を許されたのち力を盛り返し、逆にグレゴリウス７世をローマから追放します。

とはいえ、カノッサの屈辱での皇帝破門という行為はキリスト教徒に対し十分なインパクトがあったのも事実で、**以降のローマ教皇も皇帝を従わせるため破門宣告を繰り返し行うようになります**。

そんな中、イスラーム教国家セルジューク朝の脅威にさらされていたビザンツ帝国が、ローマ教皇に救援を求めてきました。権威回復の好機とみた教皇ウルバヌス２世は、「聖地イェルサレムをイスラーム教徒から奪還しよう」と呼びかけ、遠征軍「十字軍」を結成。キリスト教徒を中心に、多数の兵が集まりました。

一方、神聖ローマ帝国では内紛が起こり、王室は混乱していました。皇帝は「聖職者の任命権を放棄する」としたヴォルムス協約を教会と結び、ここに叙任権闘争は決着。**教皇の権威は高まりを見せるようになりました**。

ローマ=カトリック教会の発展と教皇権の推移

「教皇は太陽、皇帝は月」

インノケンティウス３世

教皇権の最盛期を築いたインノケンティウス３世。神聖ローマ皇帝であるオットー４世や、イギリスのジョン王、フランス王フィリップ２世などを次々に破門し、圧倒的な教皇権を誇示した

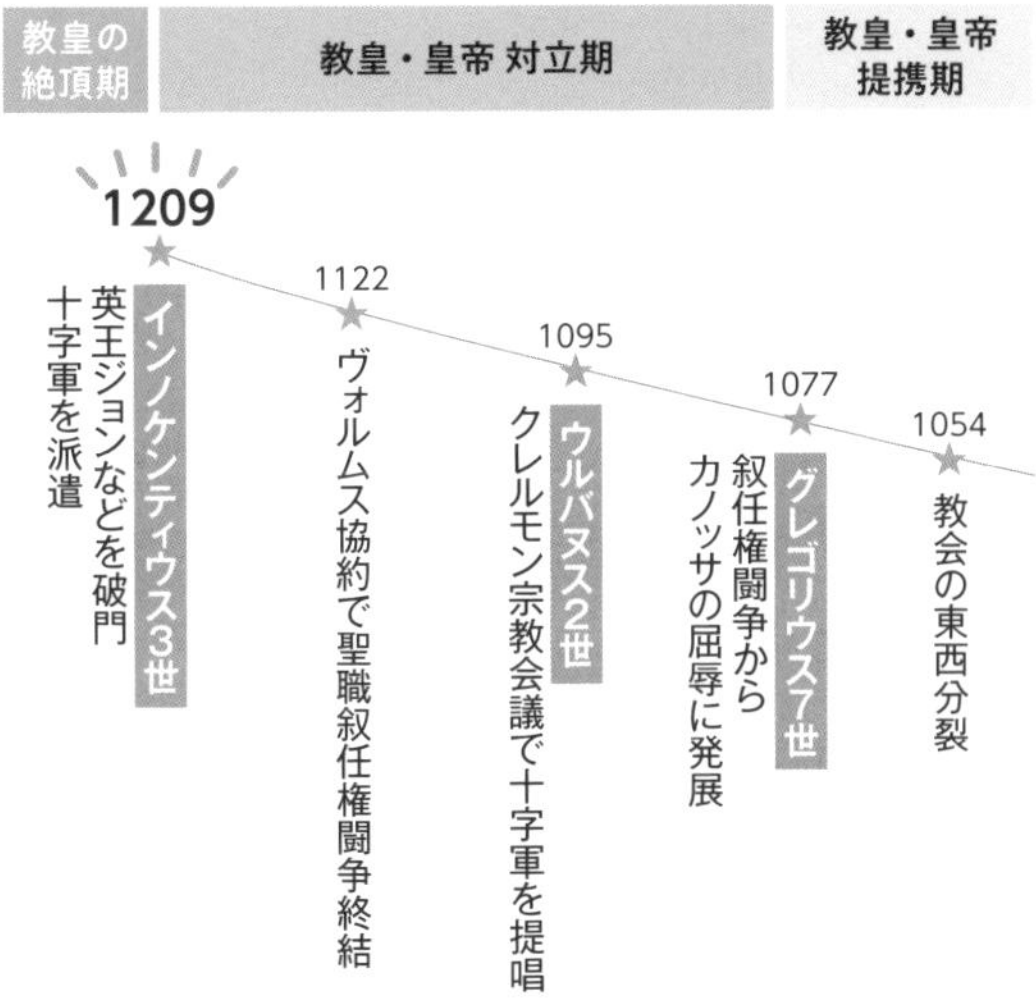

イスラーム教　キリスト教

「十字軍」がきっかけで「12世紀ルネサンス」が起こった

ポイント
十字軍の遠征によって、東方貿易が活発に。ヨーロッパ世界は経済的にも文化的にも大きな発展を得ることとなった

1096年～

なにが起きた？

十字軍が派遣される

11世紀末、ギリシア正教（東方教会）を基盤とするビザンツ帝国は危機に瀕します。イスラーム勢力のセルジューク朝が侵攻し、アナトリア（現トルコ）を奪われたのです。窮地に追い込まれた**ビザンツ皇帝は、時のローマ教皇ウルバヌス2世に救援を要請**。教皇は、フランスのクレルモンで宗教会議を開いて、数千人の聖職者や民衆をまえに一大演説を行い、十字軍運動を布告しました。そして異教徒トルコ人に奪われた聖地**イェルサレムを奪い返し、「乳と蜜の流れる国（パレスチナ地方）」への移住をよびかけた**のです。熱狂した人々は、先発十字軍をつくって、「今すぐ、イェルサレムへ！」と叫びました。

【それぞれの思惑が絡んだ十字軍】

聖地奪還の大義名分をもとに展開された十字軍であったが、参加した者たちには、それぞれの思惑があった。

聖地イェルサレムを奪還するのだ!!
ウルバヌス２世
援軍要請に応えて十字軍を行えば東西教会の統一を有利に進めることができる…!
領土拡大も目指したいし、戦利品で財宝も狙えるかも…!
教皇
国王・諸侯・騎士
参加すれば免罪や債務帳消しが約束される…!!
民衆
イスラーム商人に代わって、東方にも商業圏を広げたいぞ
商人

こう変わった！

「12世紀ルネサンス」が起こる

第1回十字軍運動では、十字軍は勢力の拡張に成功し、「イェルサレム王国」を建設しました。しかし、その後は軍備を整えたイスラーム軍に敗北や引き分けに持ち込まれ、十字軍の勢いは衰退していきました。

しかし7回にわたる十字軍運動によって、その物資輸送を支援したヴェネツィア、ジェノヴァなどのイタリア諸都市が繁栄。イスラーム商人との貿易を盛んに行うようになりました。これを「東方貿易」といいます。

東方交易を通じて、イスラーム科学や、古代ギリシアやローマの哲学・芸術などが流入。西ヨーロッパの人々に大きな刺激を与えました。

ラテン語（ヨーロッパの公用語）に翻訳されたギリシアの古典やローマ文化が紹介されたことで、神学・法学・医学の研究が広がりました。教会の付属学校から大学も創立され、パリ大学（神学）やボローニャ大学（法学）、サレルノ大学（医学）が注目されました。**この一連の文化の復興は「12世紀ルネサンス」とよばれ、**中世ヨーロッパ文化発展の要となりました。

12世紀ルネサンスが起こるまで

十字軍の遠征
十字軍の開始によって、商人による物資の交流が盛んになった

⇐

東方交易・商工業の発展
十字軍の物資輸送で交通網が発達。地中海において東方貿易が盛んになる

⇐

文化の流入
先進的なイスラーム世界やビザンツ帝国から古代ギリシア・ローマの文化が西ヨーロッパに流入

⇐

12世紀ルネサンス
ギリシア語やアラビア語で書かれた古代ギリシアの古典をラテン語に翻訳する動きが活発化。その影響から様々な文芸・学問が発展した。さらに、パリ大学などの大学が創設された

パリ大学の構成校であったパンテオン＝ソルボンヌ大学

キリスト教

十字軍運動が巨大なゴシック建築を生み出した

ポイント
十字軍運動は失敗に終わるが、商業や都市の発達から巨大なゴシック建築がつくられるようになった

1096年～

なにが起きた？

十字軍運動が失敗に終わる

イスラーム勢力からの聖地奪還を目指した十字軍運動は、時が経つにつれ本来の目的を見失うようになり、**各々がそれぞれの欲望のままに侵略を繰り返しました。**第4回ではヴェネツィア商人の要求に応えてビザンツ帝国の都コンスタンティノープルを占領。聖地回復の目的を捨て、味方であるはずのキリスト教徒を攻める事態になったのです。

結局、イェルサレムはイスラーム側の手に戻り、計7回で遠征は中止に。**教皇の肝いりで始まった十字軍運動は、ほぼ失敗に終わった**のです。十字軍運動に参加した貴族や騎士階級は散財してすっかり疲弊し、あれほどの権勢を誇った教会も、弱体化していきました。

【十字軍運動の内容と結果】

第1回（1096～99）	聖地奪還成功。イェルサレム王国建国
第2回（1147～49）	ダマスクスを攻撃するも失敗
第3回（1189～92）	英王リチャード1世、仏王フィリップ2世、神聖ローマ皇帝フリードリヒ1世が参加するも、アイユーブ朝のサラディンに敗北し、イェルサレム奪還は失敗。講和により巡礼の権利は確保する
第4回（1202～04）	ヴェネチアの誘導に乗ってしまい、ヴェネチアのライバル・コンスタンティノープルを占領（ラテン帝国建国）。同じキリスト教国を攻撃したことで、教皇に破門される
第5回（1228～29）	神聖ローマ皇帝フリードリヒ2世、アイユーブ朝と和解し、一時的に聖地回復
第6回（1248～54）	仏王ルイ9世、自身が捕虜となり失敗
第7回（1270）	仏王ルイ9世、チュニスで病死。1291年にアッコンが陥落し、十字軍が終わる

イェルサレムはわたさんが、キリスト教徒の巡礼は許そう
サラディン

最強の我ら３人をもってしても負けてしまうとは…
英王、仏王、神聖ローマ皇帝

こう変わった！

巨大なゴシック建築がつくられる

実りの少ない十字軍の遠征で教皇の権威が衰えた一方で、教皇によって抑え込まれていた国王の権力は回復していきました。教会に反発を始めた民衆の声を背景に、王は教皇を恐れなくなります。特に、フランス王フィリップ4世が教皇ボニファティウス8世を拉致監禁した**アナーニ事件は、教皇の権威低下を強く印象づけました**。さらにフィリップ4世は教皇庁をアヴィニョンに移設し、支配下に置きました。

一方、十字軍の輸送を機に商業が発達しました。商人は清貧主義の思想を持つキリスト教に対して贖罪の思いを感じていました。その罪滅ぼしと、自己の権威、都市を支配する権力の象徴という意味も込められ、巨大な教会堂を求めるようになりました。こうして生まれたのが、**ゴシック様式と呼ばれる巨大な建築物**です。ゴシック様式は高い尖塔や尖頭アーチ、建物を外から支える飛び梁（フライング＝バットレス）、美しいステンドグラスなどが特徴で、代表的な建物にケルン大聖堂やミラノ大聖堂があります。

ゴシック様式に見られる特徴

ミラノ大聖堂

これまでのロマネスク様式は壁が多かったが、ゴシック建築には大きな窓があるのも特徴。そこにステンドグラスがはめ込まれる。

ケルン大聖堂

ライン河畔の町ケルンに立つ大聖堂。ゴシック建築において世界最大とされており、神に近づく高さを目指してつくられた157mの二つの尖塔が特徴。ケルン大聖堂の完成には約600年も費やされた。

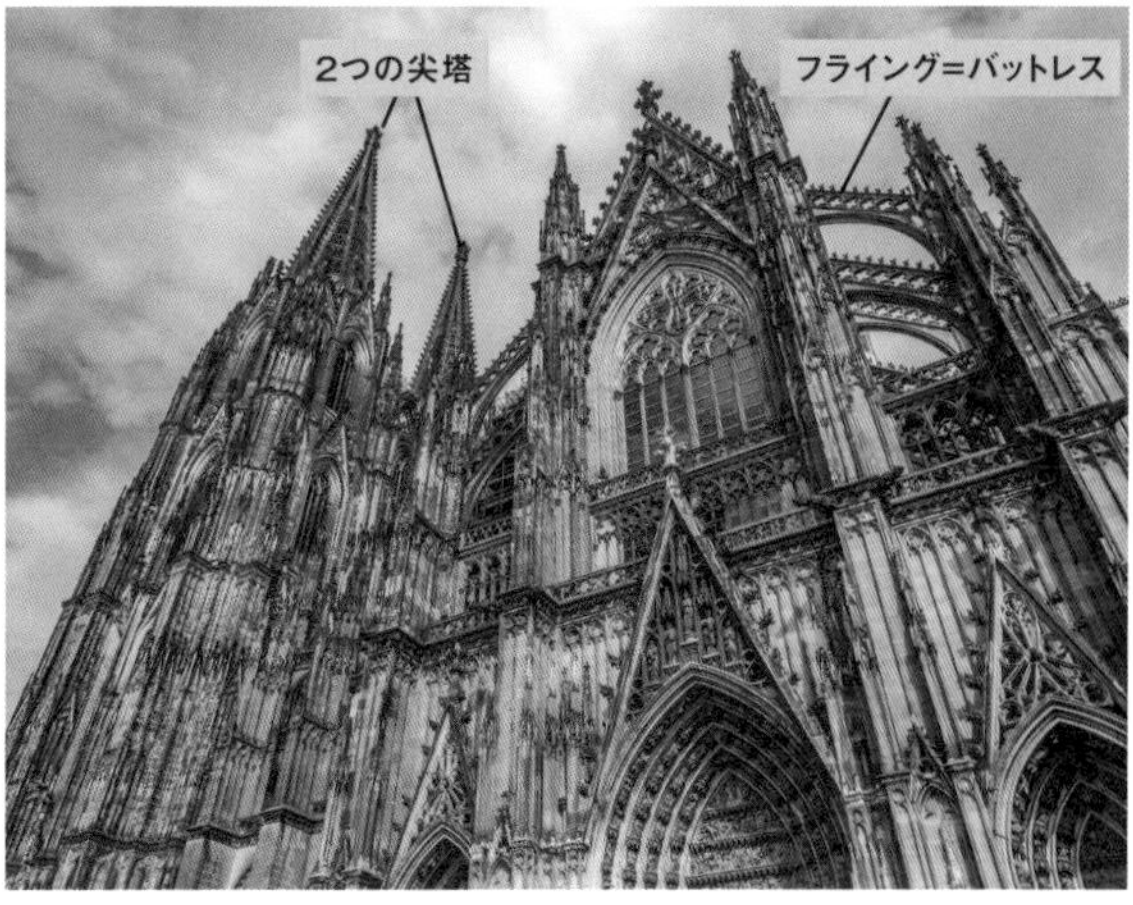

キリスト教

ルターの問題提起が長い宗教戦争を起こした

ポイント
ルターの宗教改革をきっかけに諸侯の独立性が高まり、しだいに神聖ローマ皇帝の権力はドイツ内では弱体化を見た

16世紀前半〜

なにが起きた？

ルターがローマ教会を批判

16世紀初頭、**「買えば罪が赦される」との謳い文句で「贖宥状《しょくゆうじょう》（免罪符）」が販売されました。**売り出したのはローマ教会です。この頃、教会には金満体質がはびこっており、豪華な教会の建築や教皇の贅沢三昧などに不満を持つ人々も現れました。

その代表的存在がドイツのルターです。彼は「九十五カ条の論題」という文書を発表し、**「現世の罪が赦される贖宥状は、金で買えるものではない」とローマ教会を批判。**そこにはローマ教会ではなく『聖書』を重んじる姿勢が明確に打ち出されていました。ローマ教会はルターを破門しますが、この文書は大量に印刷され、影響を受けた人々が宗教改革を広めていきます。

ルターが批判した贖宥状販売

贖宥状を買い求めて並ぶ人々
ローマ教皇レオ10世は、サン＝ピエトロ大聖堂の改築資金集めのため、贖宥状の大量販売を進めた。贖宥状を買えば魂が救済されるとして、人々は盛んに購入。特に教会に従順なドイツで販売され、「ドイツはローマの牝牛《めうし》」と揶揄された。

マルティン＝ルター
『聖書』に書かれていることを民衆に伝えるべく『新約聖書』のドイツ語訳に励んだ。当時完成した活版印刷技術によりルターのドイツ語訳が出版され、広く普及した。

こう変わった！

ドイツで宗教戦争が勃発

ルターの起こした改革を認めなかった神聖ローマ皇帝カール5世に対し、ルター支持者は激しく抵抗（プロテスタント）。これを由来に**新たなキリスト教派は「プロテスタント」と呼ばれるようになりました**。当時の神聖ローマ帝国は数々の諸侯により形成され、その結合は緩いものでした。それゆえ、皇帝が否定したとしても諸侯の中にはルターに賛同する者も出ました。その一人、ザクセン侯はルターを保護し『聖書』のドイツ語訳を支援します。おかげでドイツの人々も『聖書』を読めるようになりました。そうした中で農民や没落した騎士たちの不満が高まり、一揆が各地で起こりました（ドイツ農民戦争）。これ以降、宗教的対立が続き、16世紀半ばにルター派諸侯とカトリック勢力との間で内戦が起こります。両者はアウクスブルクの和議で和解。カトリックか、ルター派をとるかは各諸侯に委ねられ、それぞれの宗教支配権が認められたのです。このため神聖ローマ皇帝の各諸侯への影響力や帝国の統一性は弱まることになりました。

ルターを保護してかくまった

ザクセン選帝侯フリードリヒ３世

教皇と皇帝、両者に追われたルターを救ったのは、ザクセン選帝侯のフリードリヒ３世でした。彼はルターを自分の城にかくまいます。ルターはそこで『新約聖書』のドイツ語訳に専念。当時グーテンベルクが発明した活版印刷技術で、ルターのドイツ語訳は広く普及しました。多くの人々に読まれた結果、近代ドイツ語の形成にも大きな影響を与えました。

フリードリヒ3世の居城ヴァルトブルク城のルターの部屋。

ドイツ国内の対立

ルター派

ザクセン選帝侯フリードリヒ３世

シュマルカルデン同盟

プロテスタントを支持する7諸侯と11都市で結成

対立

カトリック

レオ10世

カトリック諸侯や都市

神聖ローマ皇帝カール５世が教皇レオ10世と同盟。シュマルカルデン同盟に宣戦布告し、同盟を解体させた

カール5世

キリスト教

王の離婚騒動で生まれたイギリス国教会

ポイント
イギリスはカトリックを離脱しイギリス国教会を成立。後に名誉革命で国教会を柱とする立憲君主制が確立した

1534年

なにが起きた？

イギリス国教会ができる

1534年、イギリスは国王ヘンリ8世の離婚問題を契機に、ローマ教会から離脱します。王妃との間に男子が生まれず離婚を希望したヘンリ8世ですが、カトリックでは離婚するためにはローマ教皇の許しが必要でした。離婚が認められなかったヘンリ8世は、カトリックと決別。**国王至上法を発布してイギリス国王を首長とするイギリス国教会をつくりました。**

しかし、この決定は宗教的混乱を招きます。ヘンリ8世の後に即位した娘のメアリ1世は熱心なカトリック信者だったため、イギリス国教会の信者を激しく弾圧したのです。しかし次の女王エリザベス1世のもとで、国教会の教義や礼拝制度は確立されました。

【妃を6人も迎えたヘンリ8世】

ヘンリ8世の離婚

最初の妃キャサリンと離婚するためカトリックを離脱。2番目の妃アン＝ブーリンも男子を産まないため罪を着せて処刑した。結局ヘンリ8世は、生涯で6回も結婚した。

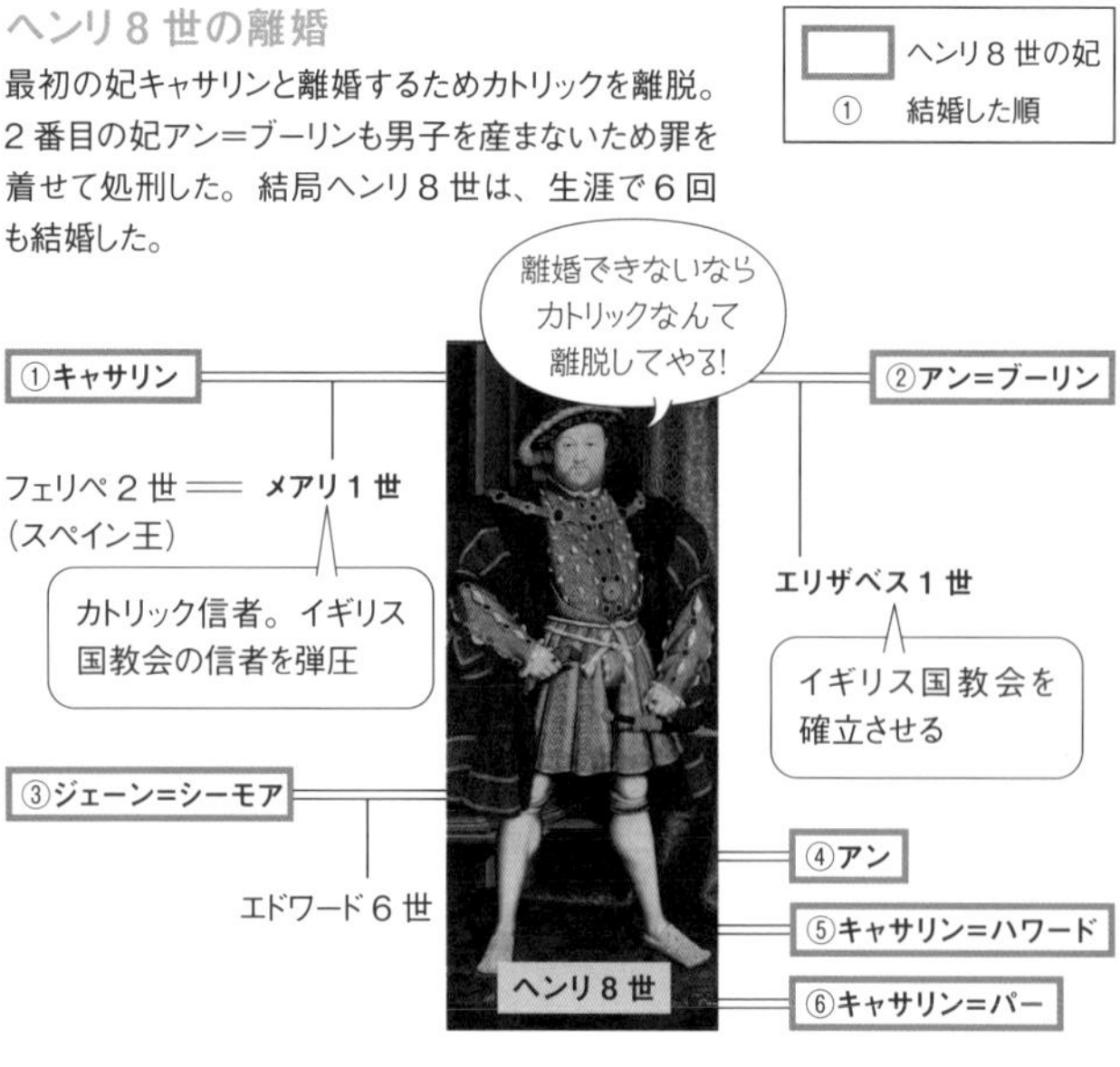

こう変わった！

イギリス国教会を柱とした立憲君主制に

メアリ1世の治世に国外に移住したプロテスタント勢力は、エリザベス1世の治世で帰国。カルヴァン派の影響を受けた彼らは、その厳格な宗教的態度から清教徒（ピューリタン）と呼ばれました。その中から頭角を現した反絶対王政派の国会議員がクロムウェルでした。彼は国教会と結託した絶対王政の打倒を訴え、「鉄騎隊」を率いて清教徒革命を起こします。王党派を打倒して時の国王チャールズ1世を公開処刑すると、**イギリス史上初の共和政を成立させました。**

しかしクロムウェルは民衆の期待に反して独裁政治を行ったため、人々は再び王政を支持します。王政復古が叶うものの、カトリックの復活を求めたジェームズ2世は議会と対立。議会は国王のカトリック政策を警戒して、**オランダから議会の優位を約束してくれる国王を招いて、「権利の章典」で国王の権利を制限します。**名誉革命と呼ばれるこの出来事をきっかけに、議会政治とイギリス国教会を柱とする立憲君主政治が確立しました。

王権に対して議会の優位性を求めたイギリス

チャールズ１世の処刑

クロムウェルによる清教徒革命で処刑されたチャールズ１世。これより10年間、イギリスは共和政がとられた。

血が流れなかった? 名誉革命

王政が廃止された清教徒革命でしたが、結果的に主導したクロムウェルが独裁者に。その後、王政復古で戻ってきた王も立て続けに議会を無視した政治を強行したため、人々は議会を尊重する王を求めるようになります。そうしてオランダから「議会を尊重すること」を条件に、ウィリアム３世が新しい王としてイギリスに迎えられたのです。この革命は、イギリスの政権交代については血が流れない政変だったことで「名誉革命」と呼ばれますが、由来は歴史家トレヴェリアンが著した『イギリス史』のイギリス絶賛史観によるもの。実際はアイルランドでの戦いで血が流れています。

キリスト教

カルヴァンの教義が資本主義の精神につながった

ポイント

カルヴァンが提唱した「予定説」は、商工業者の経済活動を後押しし、資本主義の精神を育んだ

1533年頃〜

なにが起きた？

カルヴァンが教会を批判

宗教改革はヨーロッパ各地で沸き起こりました。スイスのジュネーブでは**フランス人の改革派カルヴァンが登場**し、政治と一体化した宗教改革となりました。

カルヴァンもルター同様『聖書』を重視し、人間の善行・悪行に関わらず、**魂の救済の有無は神があらかじめ定めているとする「予定説」**を提唱しました。彼の主張は『キリスト教綱要』にまとめられています。

カルヴァン自身の指導の下、教会の規則が定められ、選挙で信徒の代表（長老）を選ぶ長老制が導入されます。市民の信仰の手引もつくられました。改革は多方面に及び、政治経済面の大改革で市民生活は大きく変化していくことになったのです。

【カルヴァン派の成立】

『キリスト教綱要』

カルヴァンの主著。魂の救済はあらかじめ決められているという「予定説」を主張した。複数回にわたり増補改訂がされており、プロテスタント神学の基本的な体系になる。ラテン語とフランス語で書かれる。

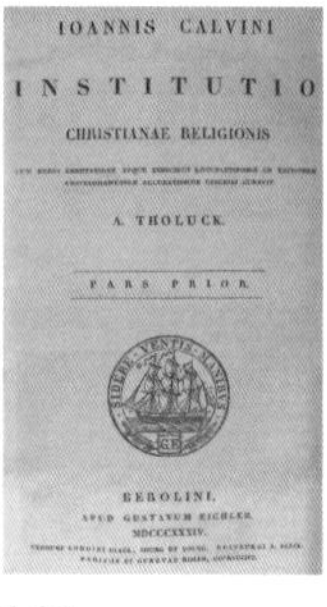

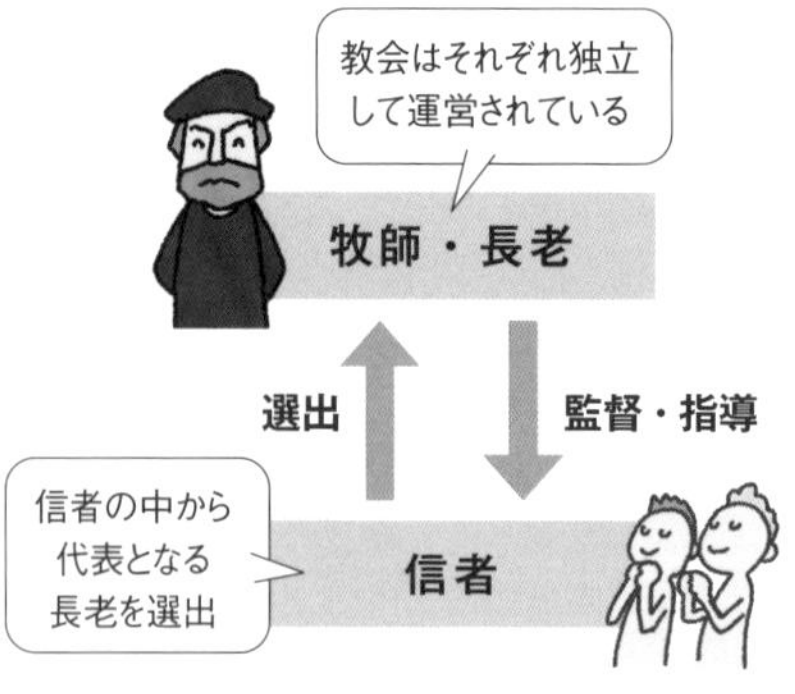

長老制

信者の中から選出された長老が牧師と協力して教会を運営するシステム。長老はあくまで信者の代表であり、上下関係を持たないのが特徴。またカルヴァン派の教会はそれぞれ独立して運営される。

こう変わった！

資本主義の精神に影響する

「予定説」では人間の職業は神に与えられたものとされ、「天職」と呼ばれました。それゆえ勤勉により得られた富や成功にも肯定的でした。この「予定説」の考え方が資本主義の精神につながったという主張は、社会学者ウェーバーの著書『プロテスタンティズムの倫理と資本主義の精神』でも知られています。

従来のカトリック教義では、利益の追求は卑賤であるとして否定的だったため、カルヴァンが商業、特に利子の獲得も認めたことは**富裕な商工業者層の精神的支柱になった**のです。市民層が心置きなく経済活動にまい進すると私財は蓄積され、資本となっていきます。こうしてジュネーブのほかオランダやイギリスなどプロテスタント派の国で金融業が興隆しました。

17世紀、ヨーロッパは凶作や疫病に襲われ、「17世紀の危機」と呼ばれる状況に陥ります。そんな中、オランダは国際交易を展開し成功。イギリスも17世紀後半にピューリタン革命が起こり、以降、世界各地に植民地を展開していきます。

「予定説」が資本主義の精神に影響を与える

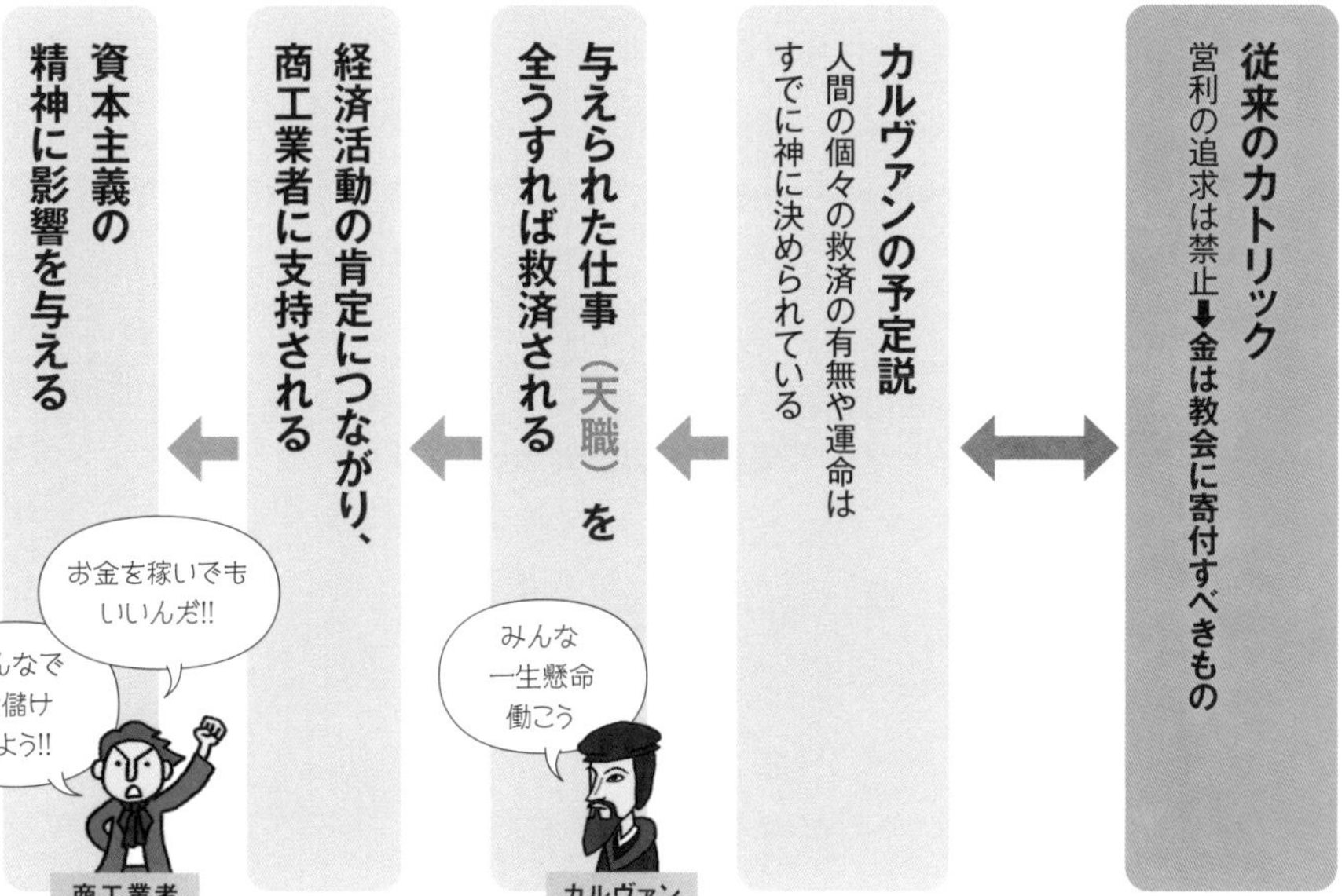
みんなで金儲けしよう!!
商工業者

キリスト教

プロテスタントの暴動がオランダ独立をうながした

ポイント
スペイン領ネーデルラントはカトリックの強制に反発。分裂後、独立したオランダは17世紀の覇権国家となる

16世紀頃〜
なにが起きた？

スペインでカトリック化政策が進む

スペイン王国は、15世紀末にイスラーム勢力からイベリア半島を取り戻して建国されたカトリック国です。アメリカ大陸やアジアの植民地との貿易で栄え、フェリペ２世の代に黄金期を迎えます。またレパントの海戦でオスマン帝国の地中海進出を阻止。スペインの繁栄は、「太陽の沈まぬ国」と称されました。

ところが**フェリペ２世はカトリック政策を強化して、プロテスタントの弾圧に徹しました。**領有地の一つネーデルラント（現オランダ・ベルギー）はカルヴァン派などが多い商業都市。商工業者は当然反発し、カトリックの強制と重税で領民を抑圧した結果、この地で宗教対立を招いてしまいます。

カトリックの強制で分裂したネーデルラント

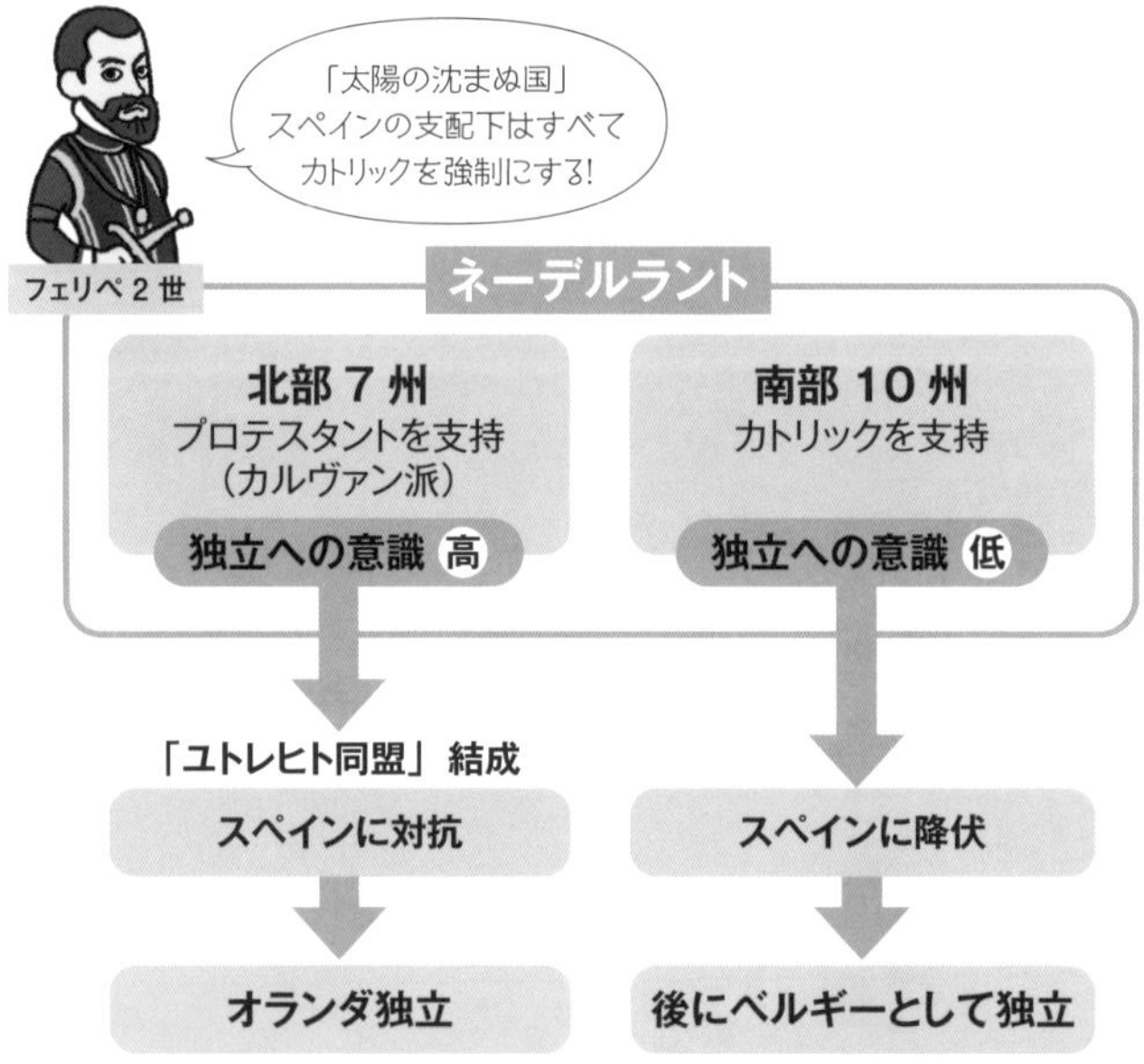

こう変わった！

ネーデルラントがスペインから独立

フェリペ2世のカトリック信仰の強要を機に、1568年**ネーデルラント独立戦争が開始**。北部の7州は結束を固め（ユトレヒト同盟）、1581年ネーデルラント連邦共和国（オランダ）の独立を宣言します。

この間にオランダは、史上初の株式会社となった東インド会社を設立し、海上貿易に打って出ます。インドや東南アジアではスペイン勢力圏の拠点都市を次々と占領。独立戦争はオランダの商業勢力圏の獲得戦争となっていき、そして1609年にスペインとの休戦条約で事実上独立を勝ち取りました。

一方、スペインは長引く戦費負担に苦しみ、自慢の無敵艦隊も新教国のイギリスに敗れる始末。最後には**オランダの独立を承認し、世界の経済大国の地位から転落**します。一方、オランダは優れた造船技術を生かして外洋へ打って出ます。ポルトガルとの戦いに勝ち制海権を奪うとアメリカ大陸やアジア、ブラジルへも進出。海洋貿易により経済を成長させスペインから覇権を奪うことになるのです。

【スペインに代わって覇権国家となったオランダ】

スペインを降したオランダは世界に進出し、各国で貿易を行った。

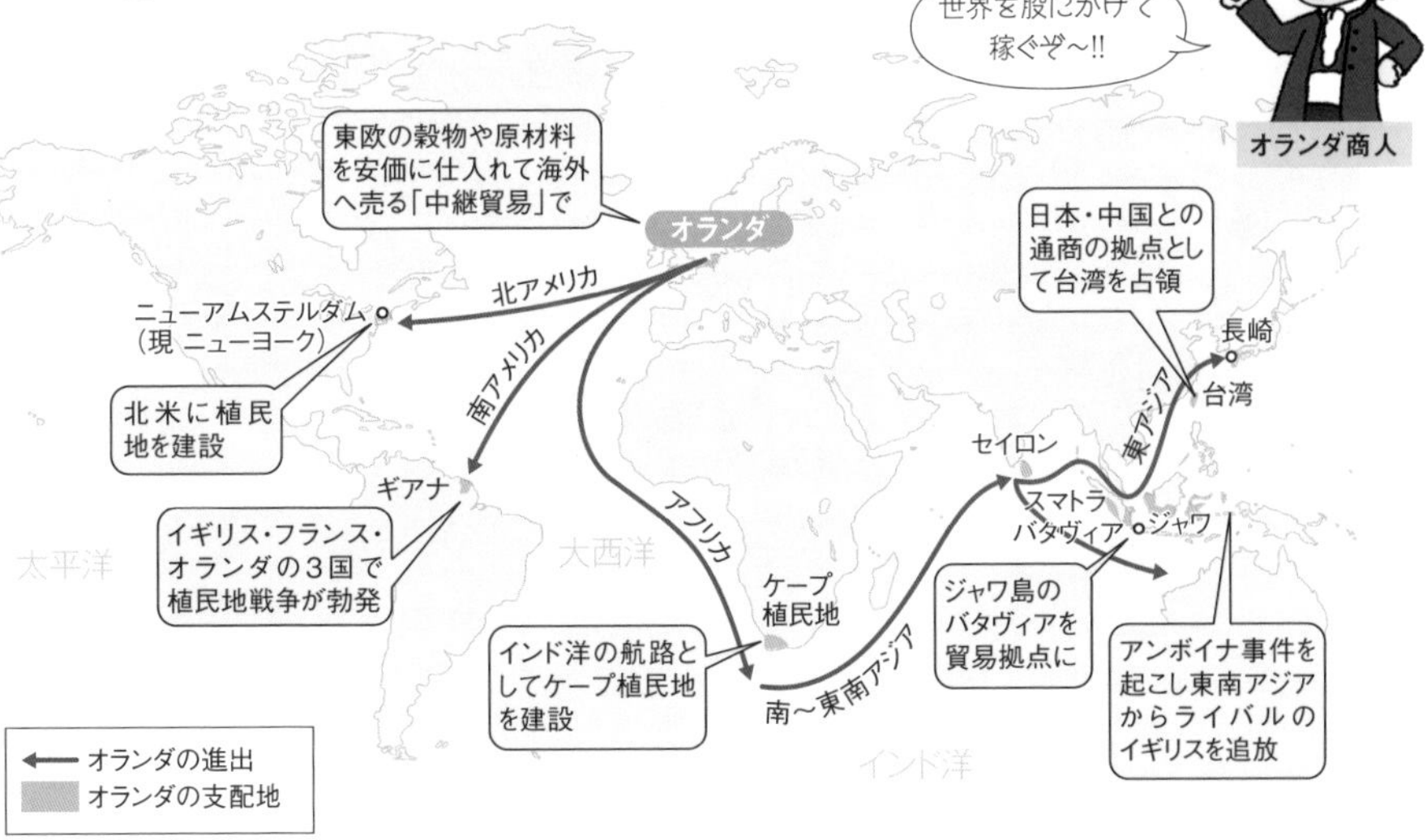
世界を股にかけて稼ぐぞ～!!

キリスト教

宗教戦争が各地で起きてヨーロッパで何が変わった？

ポイント

ヨーロッパ各地で宗教戦争が勃発すると、君主の主権が強まり、領地内で国を運営していく「主権国家」が成立した

16〜17世紀頃

なにが起きた？

各地で宗教戦争が起きる

宗教改革によって対立したカトリックとプロテスタントは、各地で戦争を開始。代表的な宗教戦争として、フランスのユグノー戦争や、オランダ独立戦争、三十年戦争が挙げられます。

ユグノー戦争では、ユグノー（フランスのカルヴァン派）が虐殺される事件が発生するなど混乱を極めます。オランダ独立戦争はカトリック国のスペインからゴイセン（オランダのカルヴァン派）が独立を望んだことで勃発。三十年戦争はドイツ国内における宗教対立が原因で引き起こされましたが、**近隣諸国の介入でヨーロッパ全土にわたる大戦争に。**宗教から端を発したこれらの戦争は、甚大な被害をもたらしました。

ヨーロッパで繰り広げられた宗教戦争

サンバルテルミの虐殺

16世紀後半のフランスでは、ユグノーが拡大したことでカトリックとの対立が激化し、1562年にユグノー戦争が始まった。その戦いの最中、カトリック側がユグノー側を無差別に殺害するサンバルテルミの虐殺事件が発生した。

私はユグノーですが、カトリックに改宗して調和を図りました
アンリ4世

こう変わった！

主権国家が生まれる

これらの宗教戦争のきっかけは、**カトリック派の君主による、プロテスタントの弾圧**でした。そんな中で、「宗教問題よりも国家の統一を優先せねばならない」と考える君主も現れます。

その代表例がフランスのアンリ4世です。彼はユグノーでしたが、泥沼化した宗教対立を収めるべく、自らカトリックに改宗し、信教の自由を認めた「ナントの勅令」を出します。そうしてユグノー戦争を終わらせました。さらに三十年戦争の講和条約「ウェストファリア条約」では、カルヴァン派を含め、新教派とカトリックは同等とされました。

また各国では長期化する戦争で勝ち残るため常備軍を設置。これを養うための税制が整えられるなど、君主を頂点に、領地内で国を運営していくシステムが築かれていきます。このようなシステムを持つ国を「主権国家」と言います。そして、**「主権国家同士は対等の関係である」という原則**もできました。この原則は現代の国際社会では当たり前の考えです。

主権国家誕生のきっかけとなった三十年戦争

三十年戦争で戦った

傭兵

14世紀頃より、ヨーロッパでは金銭で雇われた傭兵が戦争で活躍した。なかでも三十年戦争は多数の傭兵が投入されたことでよく知られる。しかし、傭兵は資金や物資の補給が停滞すると略奪行為を働くなど、デメリットがあり、三十年戦争以降は常備軍や徴兵制による国民軍が主流となっていった。

規範を守らなかった傭兵が処刑される様子を描いた絵画

三十年戦争の講和条約であるウェストファリア条約では、スイスやオランダなどの独立が定められた。

- **スウェーデンは西ポンメルン・ブレーメン大司教領などを獲得**
- **フランスはロレーヌ地方の3つの司教領とアルザスのハプスブルク家領を獲得**
- **ブランデンブルク（神聖ローマ帝国支配下のドイツ諸侯の1つ）は東ポンメルン・マクデブルク家領を獲得**
- **スイスとオランダ（ネーデルラント連邦共和国）の独立を承認**
- **ドイツ諸侯のほぼ完全な主権を認める=ドイツの分立主義が確定**
- **カルヴァン派を公認**

キリスト教

ジャガイモは宣教師が世界に広めた

ポイント
カトリックの宣教師が世界中に布教を行うと同時に、交易で様々な作物がヨーロッパにもたらされた

16~17世紀頃

なにが起きた？

カトリックの宣教師が世界へ渡る

プロテスタントの拡大に対して、ローマ教皇パウルス3世はカトリックの「対抗宗教改革」を始めます。その一環で、**プロテスタントへの再布教や植民地への布教も企図**。そのために「イエズス会」という修道会が結成されました。イエズス会は教皇への忠誠を誓い、世界への宣教を目標に掲げます。

イエズス会は中国やインドなどの東方方面への布教に尽力し、中心人物の一人であったフランシスコ＝ザビエルは日本でも活動しました。イエズス会のほかにもフランシスコ会やドミニコ会といった修道会がアフリカ、中南米など**世界中にカトリックを布教**していきました。

世界中に広がったイエズス会と作物

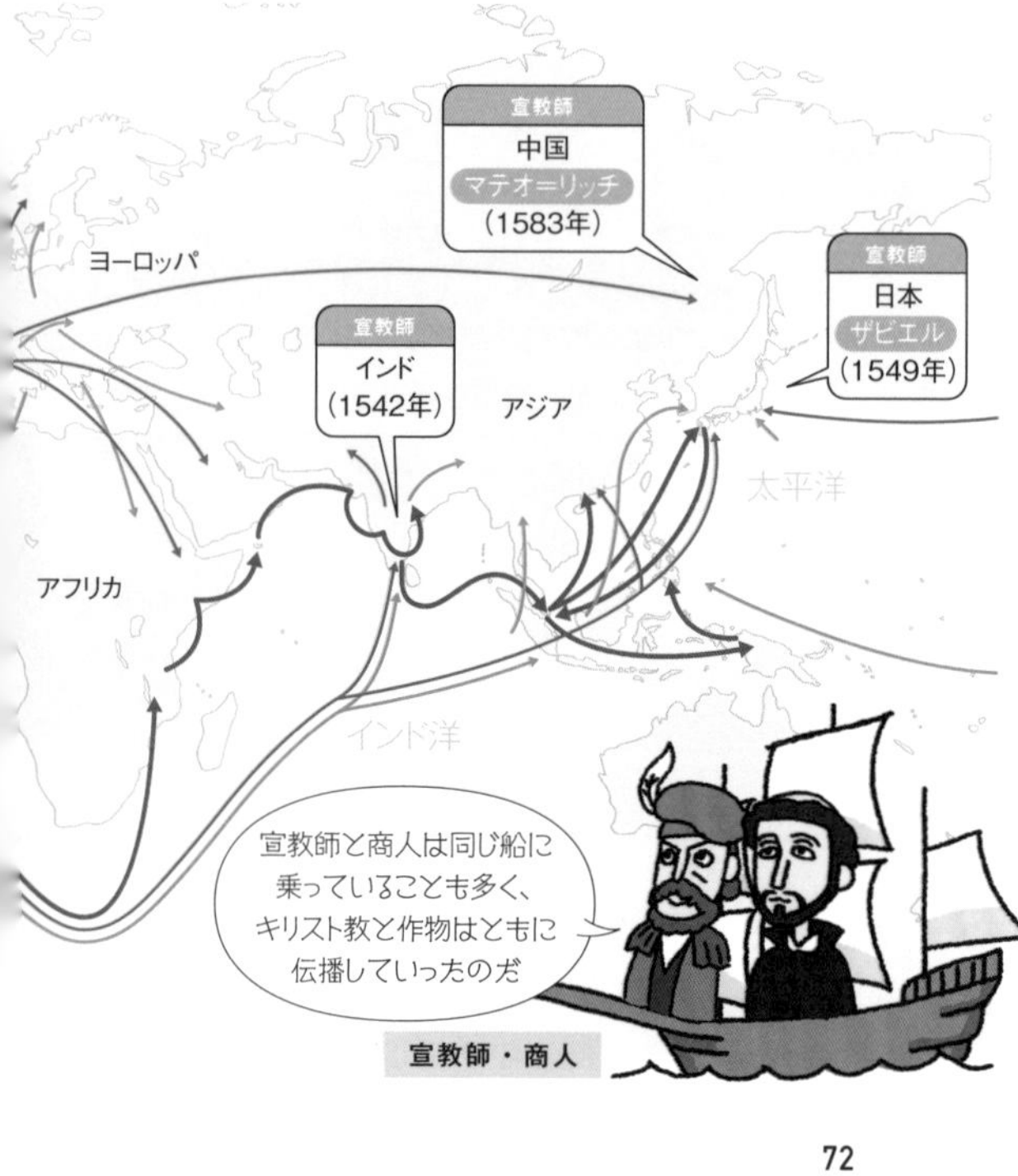

こう変わった!

ジャガイモが各国に伝来する

プロテスタントの世界的拡大を阻止すべくいち早く海を渡った宣教師たちの活躍によりカトリックは世界に信者を広げました。一方、**宣教師は各地の文化・風俗の知識も持ち帰り、ヨーロッパの人々の興味を惹きつけ、交易意欲を刺激**しました。こうして16〜17世紀頃は世界中で交易が活発になりました。

この時代に各地に広まったものの一つがジャガイモです。南アメリカ大陸アンデス高地原産のジャガイモは、スペイン人が持ち帰って16世紀頃にヨーロッパに広がったとされています。日本には、17世紀にフィリピンから伝わります。その他にトウモロコシやトマト、サツマイモやトウガラシも、アメリカ大陸を原産とする作物として有名です。**交易で様々な作物がもたらされ、ヨーロッパの食卓に生活革命が起こりました。**ドイツのジャガイモ料理や、イタリアのトマト料理がよく知られます。しかし大交易時代は、中国の清王朝への交代や日本の鎖国政策により、次第に下火になっていきました。

食卓を変えた作物

ドイツのジャガイモ料理

フリードリヒ大王がジャガイモの栽培を強制して、本格的にドイツで普及

イタリアのトマト料理

最初は観賞用とされていたが、ナポリの屋台で普及し、イタリア料理で欠かせない存在となった

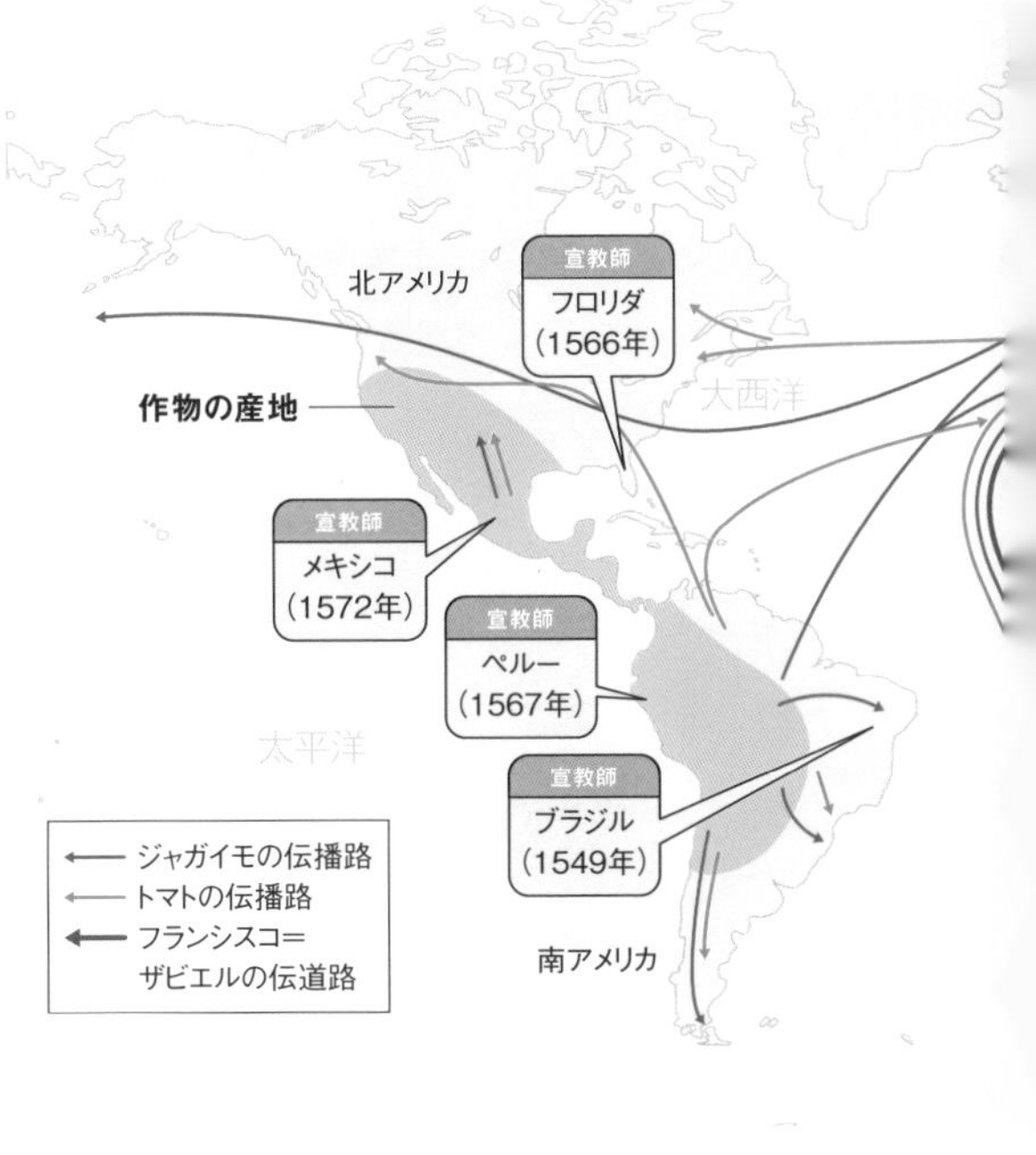

キリスト教

王権神授説を唱えた結果、王は国民に倒された

17世紀頃〜

なにが起きた？

国王が王権神授説を唱える

宗教戦争を通じて、西ヨーロッパでは「主権国家」が確立。主権国家とは主権・領土・国民の三つの要素を持つ近代国家の形態です。主権は領土を統治する最高権力のこと。その所在が君主にあれば君主主権国家、国民にあれば国民主権国家となります。中世ではローマ教皇の権威が絶大でしたが、**主権国家では王自身が主権を握り、教会でも干渉できなくなりました。**

この主権を持った王の中でも、イギリスのジェームズ1世やフランスのルイ14世は**「王権神授説（王権は神から与えられたものであり誰も侵せないという考え）」を説き、**議会を無視したり、独善的な政策を進めたりと、圧倒的な権力を誇りました。

ポイント

王権神授説は絶対王政の根拠となるが、市民と国王の対立は激化。市民革命のきっかけとなる

王権神授説と身分制度

フランスにおける階級差別　アンシャン＝レジーム（旧制度）

フランス革命前夜の絶対王政期の政治・社会制度。国王を頂点に、三つの身分に分けられ、国民の大多数を占める第三身分は税の負担で苦しい生活を送っていた。

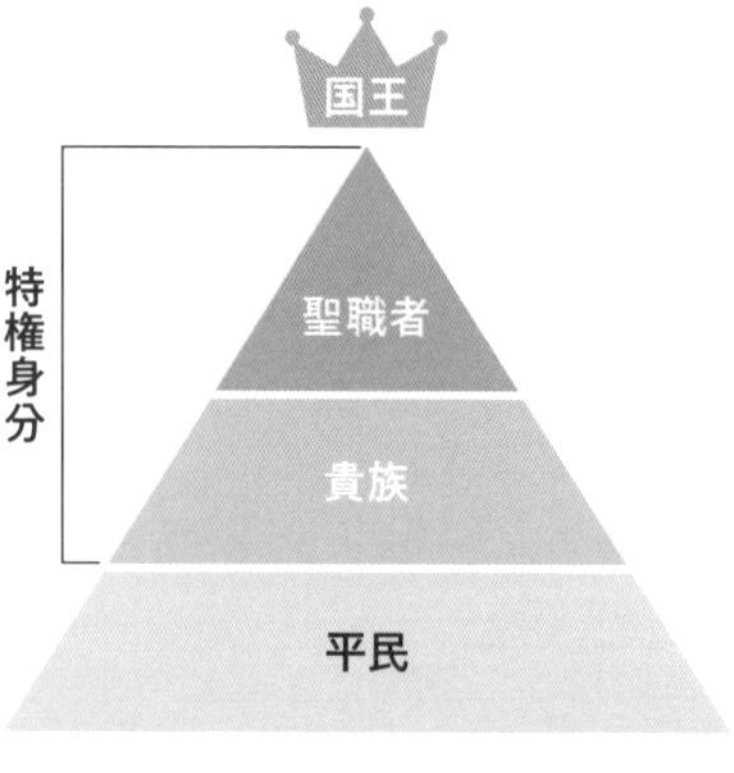

こう変わった！

市民革命が起こる

この**絶対王政により今度は市民（国民）と国王が対立**。やがて**市民の声を反映する形で新たな国家体制の実現**を目指す市民革命が起こります。

最初に市民革命が始まったのはイギリスです。国王が市民にイギリス国教会への信仰を強制し、清教徒革命が勃発。最終的に、市民は議会の権限を王権よりも優位にすることを条件にオランダから新しい王を招きます。この名誉革命によって、主権が王から議会に移り、憲法が定められ立憲体制が確立したのです。

18世紀末、イギリスの支配からアメリカが独立した独立革命では、「人はみな自由で平等である」と書かれた独立宣言が起草されました。

王を頂点とする身分制アンシャン＝レジーム（旧制度）が強固だったフランスでは生活苦から第三身分（市民階層）の不満が爆発し、フランス革命が勃発。最終的に王が処刑され、王政は廃止となります。

これらの市民革命は、人間の自由や平等を前提に国民が主権を持つ「近代国家」を生み出しました。

近代国家を形成した三つの市民革命

絶対王政への批判から、近代国家を目指す市民革命が起こった。

フランス革命	アメリカ独立革命	イギリス革命
革命時期 ブルボン朝	革命時期 （英）ハノーヴァー朝	革命時期 ステュアート朝
1789年 バスティーユ牢獄襲撃 ～ 1799年 ナポレオン統領政府の樹立	1775年 レキシントンの戦い ～ 1783年 パリ条約	1642年 ピューリタン革命 ～ 1688年 名誉革命
特徴	特徴	特徴
ラ＝ファイエットの起草で基本的人権、国民主権などを謳う「人権宣言」が出される	トマス＝ジェファソンの起草で「独立宣言」が出され、革命の大義と正当性を主張	国王による議会を無視した政治が続いた結果、「権利の章典」が発布される。議会の立場が王権に対して優位となる
意義	意義	意義
・これまでの絶対王政が崩れ、国民国家の理念が誕生。近代の国民国家形成の基盤となる ・人権が明確に規定される ・絶対王政や封建的身分制が一掃	・アメリカ合衆国憲法が採択され、人民主権にもとづいた共和政国家であることが制定される ・フランス革命やラテンアメリカの独立（大西洋革命）の始まりとなる	・議会の主権と立憲体制が確立 ・国王による経済的規制を排除したことで自由な経済活動が可能に ➡資本主義・産業革命の基盤に

キリスト教

宗教改革でキリスト教的価値観が衰退し科学革命へ

ポイント
キリスト教から神学が発展した結果、神がつくった世界の法則を解き明かそうと科学革命が起きた

16世紀頃〜

なにが起きた？

中世のキリスト教的価値観が衰退

中世ヨーロッパ社会では、**人々はキリスト教会を頂点とするキリスト教的価値観を持っていました**。これは『聖書』の記述の通り、世界は神が創造したものであると考え、何事も神を中心に置いた価値観です。

しかし**この価値観はルネサンスと宗教改革によって崩れていきます**。ルネサンスはキリスト教的価値観が定着する以前の古代ギリシア・ローマの文化を復興させる動きのこと。宗教改革はカトリック教会への批判から、信仰のあり方は人それぞれで、教会が指定するものではないという思想を誕生させます。

このカトリック教会が築いた権威の低下を背景に、ヨーロッパでは近代科学が発展していきます。

【科学革命が起こるまで】

中世の価値観
キリスト教的価値観にもとづく「神中心」の世界観が重視された

↓ 中世の価値観の否定

ルネサンスと宗教改革
ルネサンスで神中心の芸術から、人間を中心とした芸術作品が盛んにつくられるように。
また宗教改革で、カトリック教会の腐敗を背景にプロテスタントが生まれる

神から人間中心の世界に

神がつくった世界の法則を解き明かす

こう変わった！

ヨーロッパで科学革命が起こる

そもそもヨーロッパでは、古代ギリシアの時代には科学が大いに発展していました。しかしその後キリスト教が広まりキリスト教的価値観が定着。世界の仕組みは「神がつくった」で説明がつくようになり、**本来世界の仕組みを解き明かす学問である科学の重要性が低下**したのです。

それが近世に入ると、ルネサンスで科学が発展し、望遠鏡を用いた天文学などの実験が行われるようになります。また宗教改革によって信仰と科学的探究心を分けて考える学者たちも登場。**実験にもとづいて判明した学説が『聖書』の記述と異なった場合、敬虔なキリスト教徒でもそれを受容**するようになったのです。

そして1687年、ニュートンが著書『プリンキピア』であらゆる物理法則を発表。17世紀は戦争が相次ぎ、科学技術開発が急がれたこともあり、科学革命が発生。以降ヨーロッパでは国を挙げて科学を奨励し、物理学、生物学といった具合で、より専門性の高い学問が起こるのでした。

影響

ベーコン
帰納法
実験や観察の結果から一般的な理論を導く

デカルト
演繹法
人間の理性を重視し、普遍的な法則から結論を導く

私が遠くを見ることができたのは、巨人たちの肩に乗っていたからです

ニュートン
じつは熱心なキリスト教徒。『プリンキピア』で運動の法則や万有引力の法則を論じる

近代科学の成立

ラヴォワジェ（1743~1794）
フランスの科学者。燃焼が酸素との結合であることを解明し、質量保存の法則を発見

ワット（1736~1819）
スコットランドの技術者。蒸気機関を改良し、イギリスの産業革命に大きな影響を与えた

ジェンナー（1749~1823）
イギリスの医師。種痘法によって免疫法を確立し、天然痘のワクチンを開発した

ダーウィン（1809~1882）
イギリスの自然科学者。『種の起原』で「人間も他の生物と同じく進化論の中にいる」と提唱。人間は神から生まれたとするキリスト教世界からは激しく批判されたものの、迫害を受けることはなかった。この時代には近代科学が受け入れられていたことがわかる

キリスト教

クリミア戦争の大義名分に使われたギリシア正教

ポイント

「ローマ帝国の継承者」を自任しているロシアは、ギリシア正教の保護を口実にクリミア戦争を引き起こした

15世紀頃

なにが起きた？

ロシアがギリシア正教徒の保護者に？

ロシアで広く信仰されている東方教会の起源は、4世紀のローマ帝国時代のコンスタンティノープル教会までさかのぼります。この教会はローマ帝国の分裂後、ビザンツ（東ローマ）帝国の下で発展しました。10世紀末になると、**キエフ公国のウラディミル1世がギリシア正教を受容**。

そしてモンゴルのキプチャク＝ハン国に臣従して誕生したモスクワ大公国では、15世紀後半、イヴァン3世は最後のビザンツ皇帝の姪と結婚。ツァーリ（皇帝）の称号を用いて、ビザンツ帝国の後継者となって、**モスクワ大公国をローマ帝国、ビザンツ帝国に続く「第三のローマ」であると自任**しました。

ロシアにおけるギリシア正教の浸透

ローマ教会とコンスタンティノープル教会が分裂

ローマ＝カトリック　｜　ギリシア正教

ウラディミル1世

キエフ公国

ウラディミル1世がギリシア正教に改宗
➡**ロシアにおけるキリスト教の始まり**

モスクワ大公国

イヴァン3世がビザンツ帝国の後継者を自任
ロシア皇帝がローマ皇帝の継承者であり、
ギリシア正教の保護者となる。
モスクワは「第三のローマ」を自任
➡**ロシア正教会がギリシア正教のリーダーに**

ローマ皇帝を継承したのだ

イヴァン3世

こう変わった！

クリミア戦争を起こしたロシア

18世紀後半のロシア皇帝エカチェリーナ2世は、オスマン帝国の支配下にあったクリミア半島に侵攻します。エカチェリーナ2世は領土を拡張し、国際政治で有利な局面をつくるために侵略の限りを尽くします。ロシア正教会は、ギリシア正教を継承した宗派です。ロシアは、この立場を利用して、**オスマン帝国領内のギリシア正教徒の保護権**を手にします。

後に続くロシア皇帝たちも**クリミアを拠点に不凍港獲得を目指して南下政策を取ります**。しかし、ロシアの地中海進出を許さないイギリス・フランスがオスマン帝国側に立ち、クリミア戦争に発展しました。

ニコライ1世の指揮で開始され長期にわたったクリミア戦争でしたが、結果としてロシアは苦い敗北と多大な損害を負うことに。一方で敗北の原因を近代化の遅れにあるとし、西欧に大きく遅れを取っていた工業育成に切り替えていきます。急成長した工業力を背景に、極東からの南下政策を企図したシベリア鉄道の建設も行われました。

【クリミア戦争で南下政策に失敗したロシア】

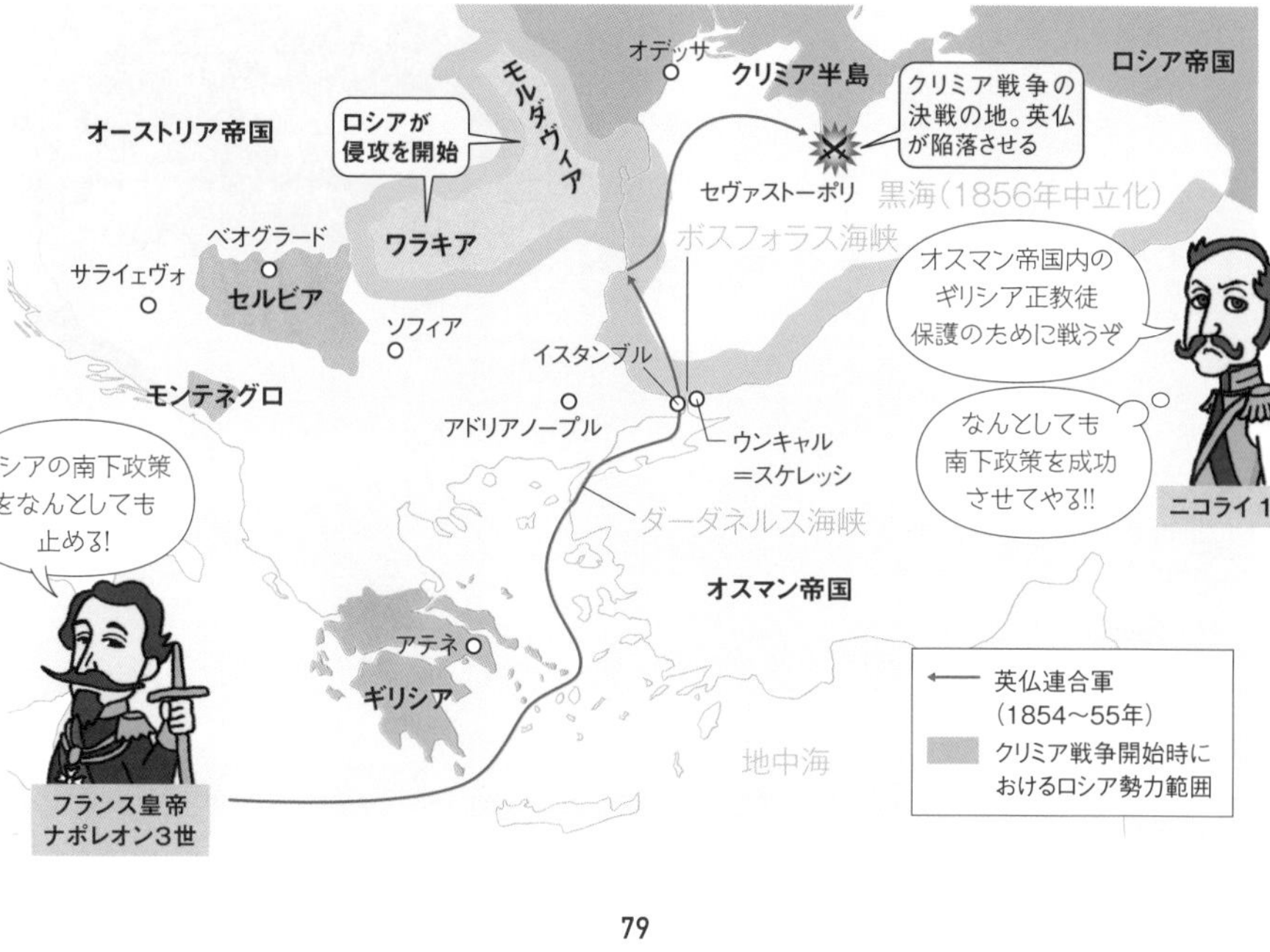

FEATURE

キリスト教絵画に見るヨーロッパ美術の変遷

キリスト教成立期より描かれ始めたキリスト教絵画。技法の発展により、その作風も大きく変化していった

ビザンティン（5世紀頃〜）

ビザンツ帝国で発展した様式。東方正教会の聖像画「イコン」と、豪華なモザイクに代表される

アヤ＝ソフィアにある
イエスと皇帝夫妻のモザイク

（世紀）
9 8 7 6 5 4 3 2 1

ロマネスク・ゴシック（10世紀頃〜）

キリスト教絵画がもっともつくられた中世に発展。ロマネスクは平面的な画風で、12世紀にゴシック美術が興ると徐々に写実的になっていく

チマブーエ「荘厳の聖母」（ルーヴル美術館蔵）

キリスト教は根本的に偶像崇拝には否定的でした。しかし、民衆からの耳目をひき、わかりやすい布教を進めるうえで絵画の有用性が説かれ、『聖書』の場面などを描いたキリスト教絵画がつくられていくようになったのです。

とくにキリスト教絵画が発展したのは、ローマ帝国の滅亡後の中世。各地に教会が建てられ、その装飾にモザイク（石の欠片を壁に貼り付けて描く絵画）や祭壇画がつくられました。

14世紀頃に、人間を軸とする古代ギリシア文化の精神とローマ文化の復興を求めるルネサンスが始まります。ルネサンスでは「遠近法」や、写実によってよりリアルな表現が発展し、その技法がキリスト教絵画にも反映されました。

近代以降のキリスト教絵画

芸術家のパトロンが教会から王侯貴族・民衆に移り変わっていき、絵画の主題もキリスト教から肖像画や風俗画へと変化。布教ツールとしてのキリスト教絵画の需要は少なくなり、モチーフの一つとなっていった

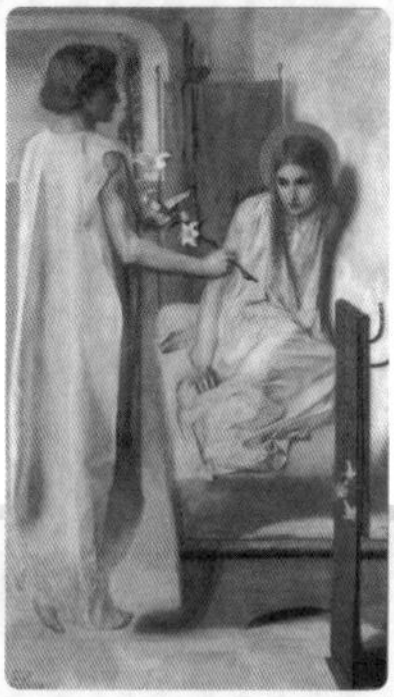

19世紀イギリスで活躍したラファエル前派の画家ロセッティが描いた「受胎告知」(テート美術館蔵)

21 20 19 18 17 16 15 14 13 12 11 10

バロック
(16世紀頃〜)

宗教改革が起こり、カトリック国では信者獲得のためによりドラマティックなキリスト教絵画が描かれるように。プロテスタントは偶像崇拝を批判し、キリスト教絵画の数は減っていく

ルーベンス「キリストの昇架」(聖母大聖堂蔵)

カラヴァッジョ「キリストの捕縛」
(アイルランド国立美術館蔵)

ルネサンス
(14世紀頃〜)

イタリアを起点に始まる。遠近法が発見され、人物も写実的に。ドイツなどの北方では油彩技法が開発される

ラファエロ
「大公の聖母」
(パラティーナ美術館蔵)

デューラー
「四人の使徒(部分)」
(アルテ=ピナテコーク蔵)

世界遺産ガイド

～ヨーロッパ編～

ヨーロッパには美しい教会建築の世界遺産が数多く残っています。地域や時代によって、その外観も様々です。

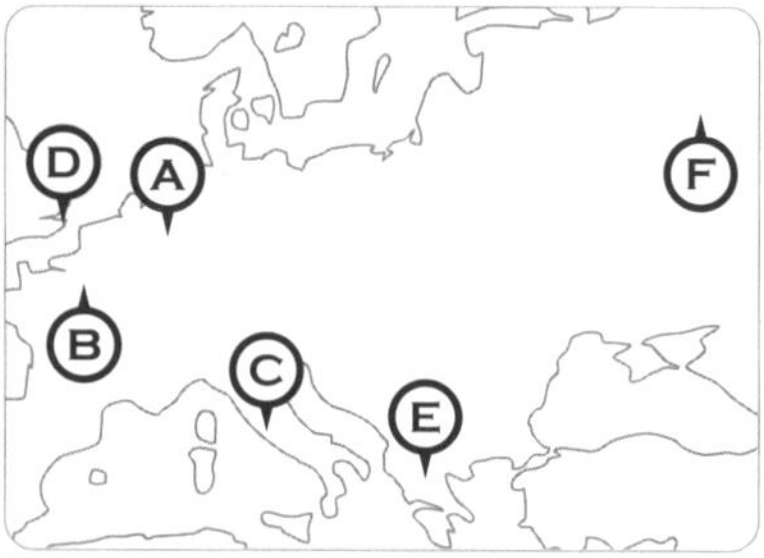

Ⓐ ドイツ ケルン大聖堂

登録年：1996年

ゴシック建築では世界最大とされる、ローマ＝カトリック教会の大聖堂。600年以上もかけて建設されました。

Ⓑ フランス ノートルダム大聖堂

登録年：1991年

パリに立つローマ＝カトリックの大聖堂。2019年の火災により現在修復工事が行われています。

Ⓒ バチカン市国 バチカン市国

登録年：1984年

ローマに位置するカトリックの総本山。世界最小の国で、国そのものが世界遺産となっています。

Ⓓ イギリス カンタベリー大聖堂

登録年：1988年

ゴシック様式でつくられている大聖堂。イギリス国教会の総本山となっています。

Ⓔ ギリシア メテオラ

登録年：1988年

奇形の岩の上に立ち並ぶギリシア正教の修道院群。奇岩群と修道院を併せた複合遺産です。

Ⓕ ロシア 聖ワシリイ大聖堂

登録年：1990年

「モスクワのクレムリンと赤の広場」に含まれるロシア正教会の大聖堂。カラフルな外観が特徴です。

第 3 章

中東

7世紀頃、メッカでムハンマドがイスラーム教を創始しました。
以来、中東ではイスラーム勢力が台頭し、
その範囲はイベリア半島、アフリカ、インド、
東南アジアにまで広がりました。
3章では、そんなイスラーム勢力の歴史を追っていきます。

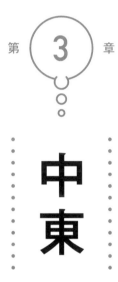

第3章

Middle East Religious History

中東の宗教史年表

イスラーム教の誕生と分派

610頃 **神の啓示を受けたムハンマドがイスラーム教を創始**

622 ムハンマドがメッカからメディナに移住（聖遷）

632 正統カリフ時代が始まる

イスラーム教徒が各地で聖戦を行う

650頃 『コーラン』が成立する

661 **イスラーム教がシーア派とスンナ派に分離**

661 ムアーウィヤがウマイヤ朝を成立

750 **アッバース朝が成立**

751 タラス河畔の戦いでアッバース朝が唐に勝利

製紙法が伝来

786〜 **ハールーン＝アッラシードの治世にアッバース朝が最盛期を迎える**

POINT 1

ムハンマドがイスラーム教を創始

ムハンマドは唯一神アッラーの啓示を聞き、イスラーム教を創始。ムハンマドの生誕地メッカはイスラーム教最大の聖地とされ、ムスリムたちはカーバ神殿に向かって毎日礼拝をする

POINT 2

ムスリムがスンナ派とシーア派に分裂

ムハンマドの後継体制の正統カリフ時代が終わると、イスラーム教はアリーの子孫のみ指導者として認めるシーア派と、多数派のスンナ派に分裂した。ウマイヤ朝はスンナ派となる

イスラーム帝国の拡大

909 シーア派の王朝ファーティマ朝が成立

932 シーア派の王朝ブワイフ朝が成立

1038 トルコ系の王朝セルジューク朝が成立

1056 **ベルベル人の王朝ムラービト朝が成立**

1099 第1回十字軍が聖地イェルサレムを占領し、イェルサレム王国を建設

1187 サラディン（サラーフ=アッディーン）が十字軍に勝利 イェルサレムを奪還

オスマン帝国の成立

1299 オスマン帝国が成立する

1453 **オスマン帝国がビザンツ帝国を滅亡させる**

1498 ヴァスコ=ダ=ガマが喜望峰を経由してインドのカリカットへ到達

1501 シーア派の王朝サファヴィー朝が成立

1526 インドにムガル帝国が成立する

1538 オスマン帝国がスペイン・ヴェネツィア・ローマ教皇連合軍を撃破 地中海制海権を握る

POINT 3

イスラーム帝国の勢力拡大

アッバース朝はタラス河畔の戦いで唐に勝利すると、中央アジアの覇権を握り、ユーラシア大陸の交易路を獲得。首都バグダードは大いに繁栄した

中央アジアを手中に収めたぞ
アッバース朝

POINT 4

イスラーム帝国のアフリカ進出

7世紀前半からアフリカにも勢力を広げたイスラーム教。11世紀に成立したベルベル人によるイスラーム王朝ムラービト朝はモロッコのマラケシュを首都とした

POINT 5

オスマン帝国によりビザンツ帝国が滅亡

オスマン帝国によりコンスタンティノープルが陥落。ビザンツ建築の傑作アヤ=ソフィア聖堂は、イスラーム教のモスクとなった（のち一時博物館化、現在またモスクに）

イスラーム教

「聖戦（ジハード）」で拡大したイスラーム教の版図

ポイント
ムハンマドにより創始されたイスラーム教は各地で戦いを繰り広げ、その版図を世界に広げていった

610年　なにが起きた？

ムハンマドがイスラーム教を創始

イスラーム教はアラビア半島の都市**メッカの商人だったムハンマドが創始**しました。彼が唯一神アッラーの啓示を聞き、人々に伝える預言者として活動を始めたのは40歳過ぎの頃。同地には多神教が根付いており、イスラーム教は迫害されたため、ムハンマドは教徒を連れてメディナに逃れます。この出来事は聖遷《せいせん》（ヒジュラ）と呼ばれ、ムハンマドはそこで「ウンマ」とよばれるイスラーム教徒の共同体を築きました。

メディナでユダヤ教徒ら他勢力との抗争も制し、イスラーム教徒たちはメッカの征服を果たします。この**ムハンマドとメッカの異教徒の戦いを「聖戦（ジハード＝アラビア語で「努力する」）」**と呼びます。

イスラーム教の信仰と教義

六信　教徒が信じるべきこと

アッラー　万物の創造者で、絶対唯一の神

啓典　最重要な啓典は『コーラン』

預言者　ムハンマド、イエス、ダヴィデ、モーセなどの人間と神をつなぐ使者

天使　アッラーと地上をつなぐ存在

来世　生前の行いで天国と地獄に分岐

天命　人間の行為は全て神の創造物

五行　教徒が行うべきこと

信仰告白　「アッラーの他に神なし。ムハンマドはその使徒」と唱える

礼拝　一日5回メッカに向かって礼拝

喜捨　貧しい人に施しを与える

断食　イスラーム暦の9月は毎日日の出から日没まで断食を行う

巡礼　一生に一度は、イスラーム暦の12月にメッカのカーバ神殿に巡礼する

こう変わった！

聖戦でイスラーム教の版図が拡大

ムハンマドの死後、**イスラーム教徒は各地で聖戦という名の侵略戦争を繰り広げます**。東方ではササン朝ペルシアを滅亡に追い込み、西方ではビザンツ帝国（東ローマ帝国）領のシリアやエジプトを奪って危機に追いやりました。そして、5代目カリフ（イスラーム教の指導者）ムアーウィヤがウマイヤ朝を打ち立てます。ウマイヤ朝は、西ゴート王国を滅ぼしてイベリア半島を征服。東はインダス川流域まで支配を広げ、8世紀中頃まで続きました。

征服された地では、**「啓典の民（イスラーム教で、ユダヤ教徒やキリスト教徒のことを指す）」は地租（ハラージュ）と人頭税（ジズヤ）を納めれば、生命・財産・信仰が保護**されました。イスラーム教が版図を広げた一因には、その寛容さがありました。ジハードは自分の内面での「奮闘努力」、つまり信仰心を高めることを意味します。しかしムハンマドがメッカを制圧したようにジハードは神の大義の下で「侵略戦争」となって発展し、世界各地へ影響を及ぼしました。

【イスラーム世界の拡大】

ムハンマドの死後、カリフ（指導者）の下で聖戦が繰り返された。なお、4代カリフのアリーまでの時代を「正統カリフ時代」という。

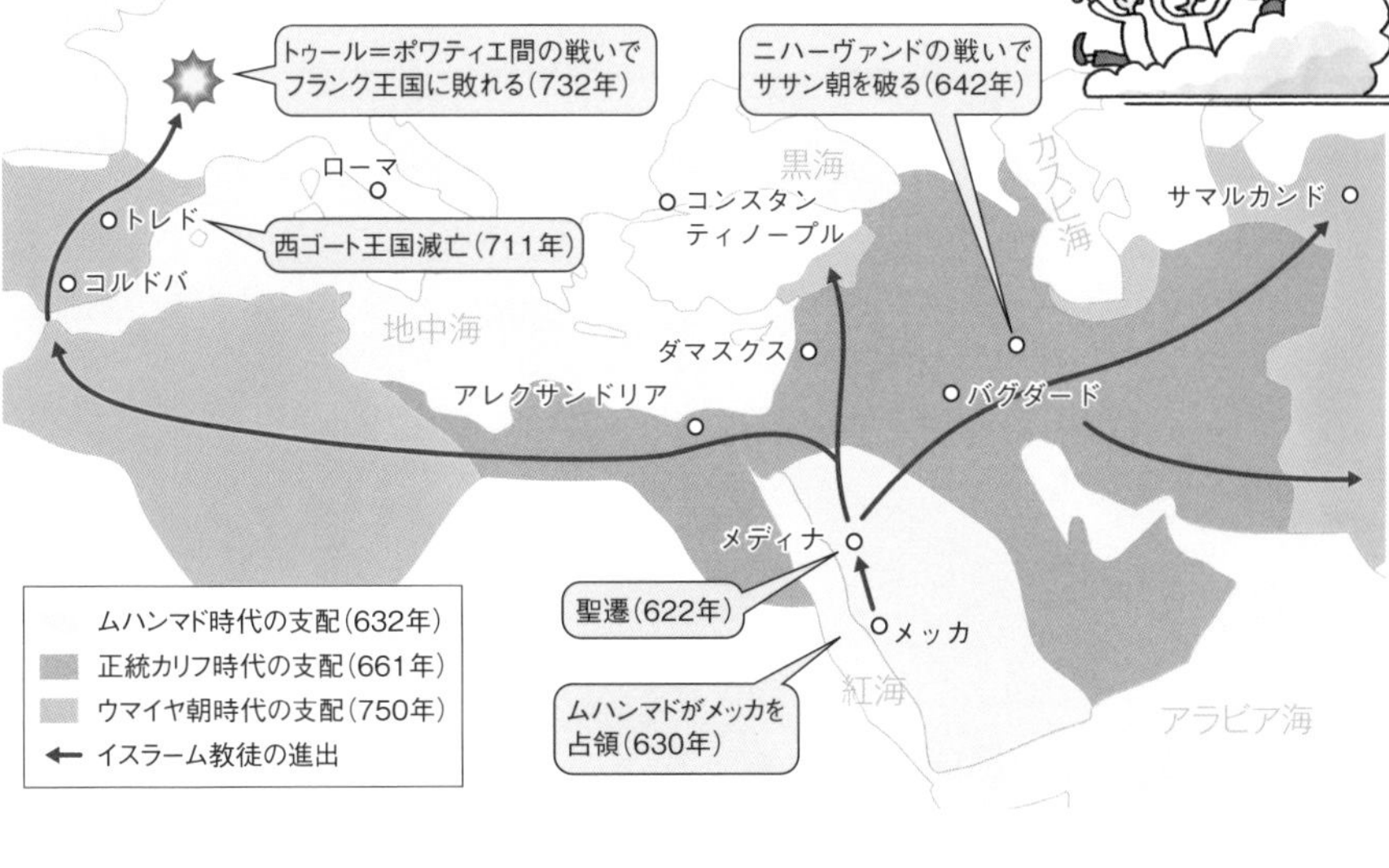

イスラーム教

ムハンマドの後継者争いが今も続くイスラーム教の分裂に発展

ポイント

後継者争いで宗派が分かれたイスラーム教。宗派の違いによる対立は、今でも中東情勢に多大な影響を与えている

7世紀頃

なにが起きた？

イスラーム教がシーア派とスンナ派に分裂

ムハンマド亡き後、「カリフ」と呼ばれるイスラーム共同社会の指導者（正統カリフ）が選挙で決められました。ところが、4代カリフ・アリーが暗殺されると、**ウマイヤ家のムアーウィヤがカリフの世襲制をとった**のです。

これに対し、「アリーとその子孫」にカリフの資格を認める少数派グループが誕生。この一群が**現在のイラン、イラクに広がったシーア派**です。

一方、ムアーウィヤが開いたウマイヤ朝をはじめ、多数派はスンナ派とよばれるようになります。スンナ派は啓典『コーラン』とともに開祖ムハンマドの言動集『ハディース』を重視します。

【シーア派とスンナ派の違い】

シーア派
シーアとは「党派」の意味 「シーア＝アリー」に由来する
イスラーム教徒の約1割のみ 少数派
イマームの霊廟が存在する
イランなどが中心

↔

スンナ派
スンナとはムハンマドが行った「慣行」の意味
イスラーム教徒の約9割を占める多数派
偶像崇拝禁止 シーア派の霊廟を批判
イスラーム諸国の大半

シーア派
スンナ派
イスラームの信仰は
アフリカやインドネシアにまで
広がっているんだ
イスラーム教徒

こう変わった！

イランとサウジアラビアの対立が激化

スンナ派とシーア派の対立は現在も続いています。その最たる例が**イランとサウジアラビアの対立**です。イランとサウジアラビアはペルシア湾を挟んだ大国ですが、イランはシーア派、サウジアラビアはスンナ派国家です。この2国は政治、経済面でもライバル関係にありますが、２０１６年、サウジアラビアがシーア派指導者を処刑したため両国は国交を断絶。関係改善はいまだ道半ばです。

　スンナ派とシーア派の緊張関係が続く国としてレバノンも挙げられます。多数の宗派を内包する同国では首相はスンナ派、議長はシーア派、大統領はキリスト教マロン派から選ぶことで各派に配慮してきました。しかし、**国内のシーア派は親シリア・イランに傾き、スンナ派は親サウジアラビア寄り**。各派の対立は治安悪化を招いています。サウジアラビアの隣国イエメンでは15年にスンナ派政府とシーア派系のホーシー派の紛争が激化。このように、宗派問題は中東情勢を理解する上でも重要なのです。

【カリフの系図】

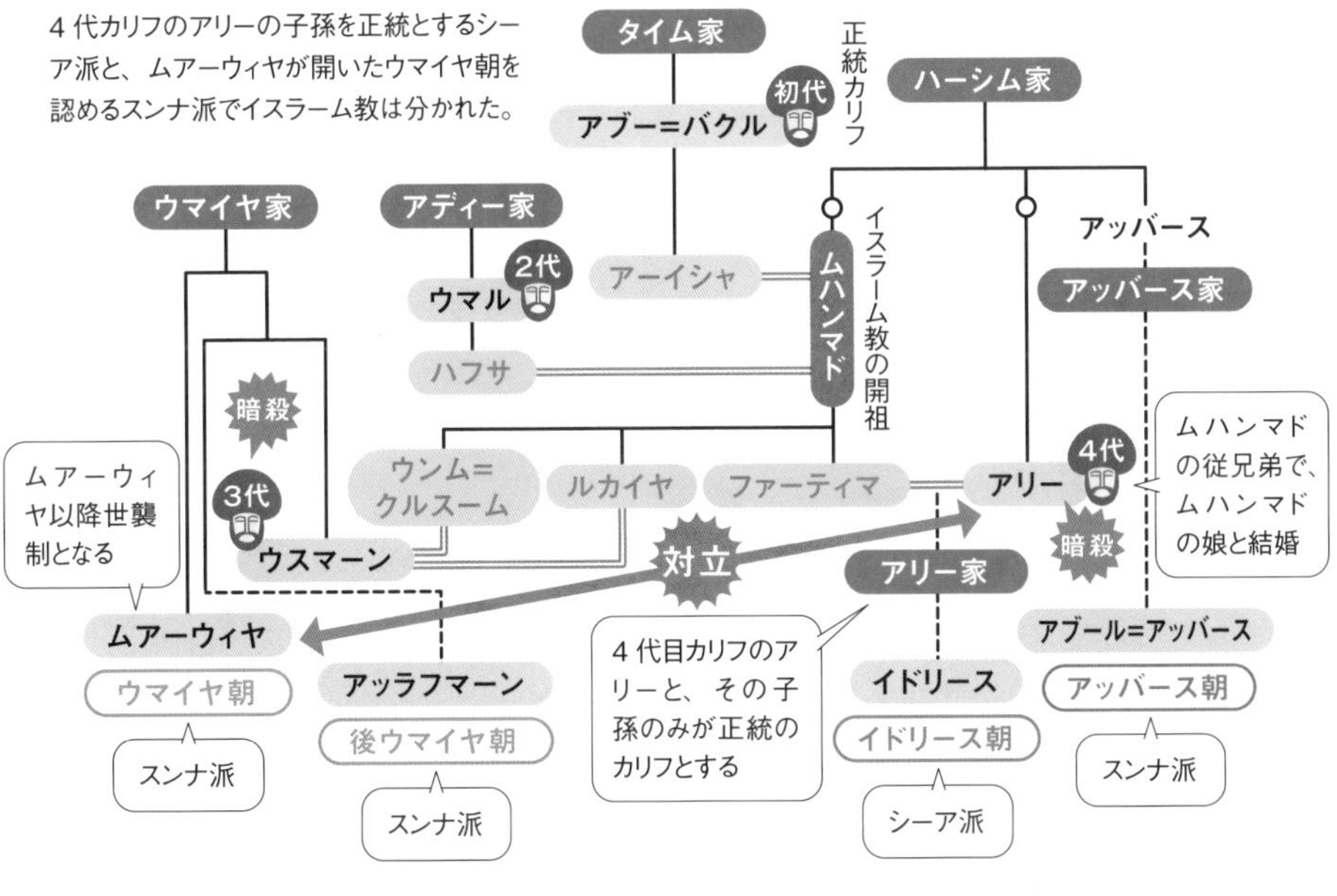

4代カリフのアリーの子孫を正統とするシーア派と、ムアーウィヤが開いたウマイヤ朝を認めるスンナ派でイスラーム教は分かれた。

イスラーム教

「イスラーム教徒は平等」がアッバース朝の繁栄を導いた

ポイント

アラブ人以外でもイスラーム教徒であれば優遇したアッバース朝は、イスラーム教への改宗者を増加させ巨大帝国となる

750～1258年

なにが起きた？

アッバース朝がイスラーム教徒を優遇

ムアーウィヤが起こしたウマイヤ朝はイベリア半島からインダス川までを領域として繁栄しましたが、8世紀半ばにアッバース朝に敗れました。

滅亡の要因はアラブ人優遇策への不満でした。ウマイヤ朝の支配者層であるアラブ人は免税ですが、**イスラーム教に改宗しても、非アラブ人は、地租（ハラージュ）と人頭税（ジズヤ）の両方を負担させられた**のです。これは神の前での平等という『コーラン』の教えに反します。不満を持った非アラブ人により**ウマイヤ朝は倒れました。**そして後を継いだアッバース朝ではアラブ人の特権はなくなり、イスラーム教徒であれば、人種や民族に関係なく、人頭税は免除とされました。

イスラーム教徒を平等に優遇したアッバース朝

	ウマイヤ朝（アラブ帝国）	
	人頭税	地租
アラブ人のイスラーム教徒	納税義務なし	納税義務なし
アラブ人以外のイスラーム教徒	納税義務あり	納税義務あり
非イスラーム教徒	納税義務あり	納税義務あり

イスラーム教徒の不平等

↓

	アッバース朝（イスラーム帝国）	
	人頭税	地租
アラブ人のイスラーム教徒	納税義務なし	納税義務あり
アラブ人以外のイスラーム教徒	納税義務なし	納税義務あり
非イスラーム教徒	納税義務あり	納税義務あり

イスラーム教徒の平等を実現

こう変わった！

アッバース朝が繁栄する

ウマイヤ朝はアラブ帝国、アッバース朝はイスラーム帝国と呼ぶことがあります。**イスラーム教徒全てを平等に扱ったアッバース朝はイスラーム教による多民族統治を実現した王朝**となったのです。

アッバース朝のイスラーム教徒優遇により各地で改宗者が増加し、帝国は巨大化していきました。首都バグダードは最盛期に150万人もの人口を誇ったといわれます。

8世紀後半に登場したカリフであるハールーン＝アッラシードは、巨大化した帝国が瓦解していくのを防ぐため、地方の有力者が各地を治めることを認めました。

その結果、中央アジアのサーマーン朝やエジプトのトゥールーン朝（わずか37年で滅亡）など、帝国内に事実上の独立王朝が築かれます。これらの地方王朝はアッバース朝の権威を尊重していましたが、帝国の統治は緩やかなものへと変化していきました。それはアッバース朝弱体化への始まりでもありました。

【イスラーム帝国を築いたアッバース朝】

巨大化したアッバース朝だが、後ウマイヤ朝とファーティマ朝の指導者も我こそがカリフ（最高指導者）だと称し、3カリフ時代に突入。アッバース朝は地方政権の自立などで財政困難になり、次第に弱体化した。

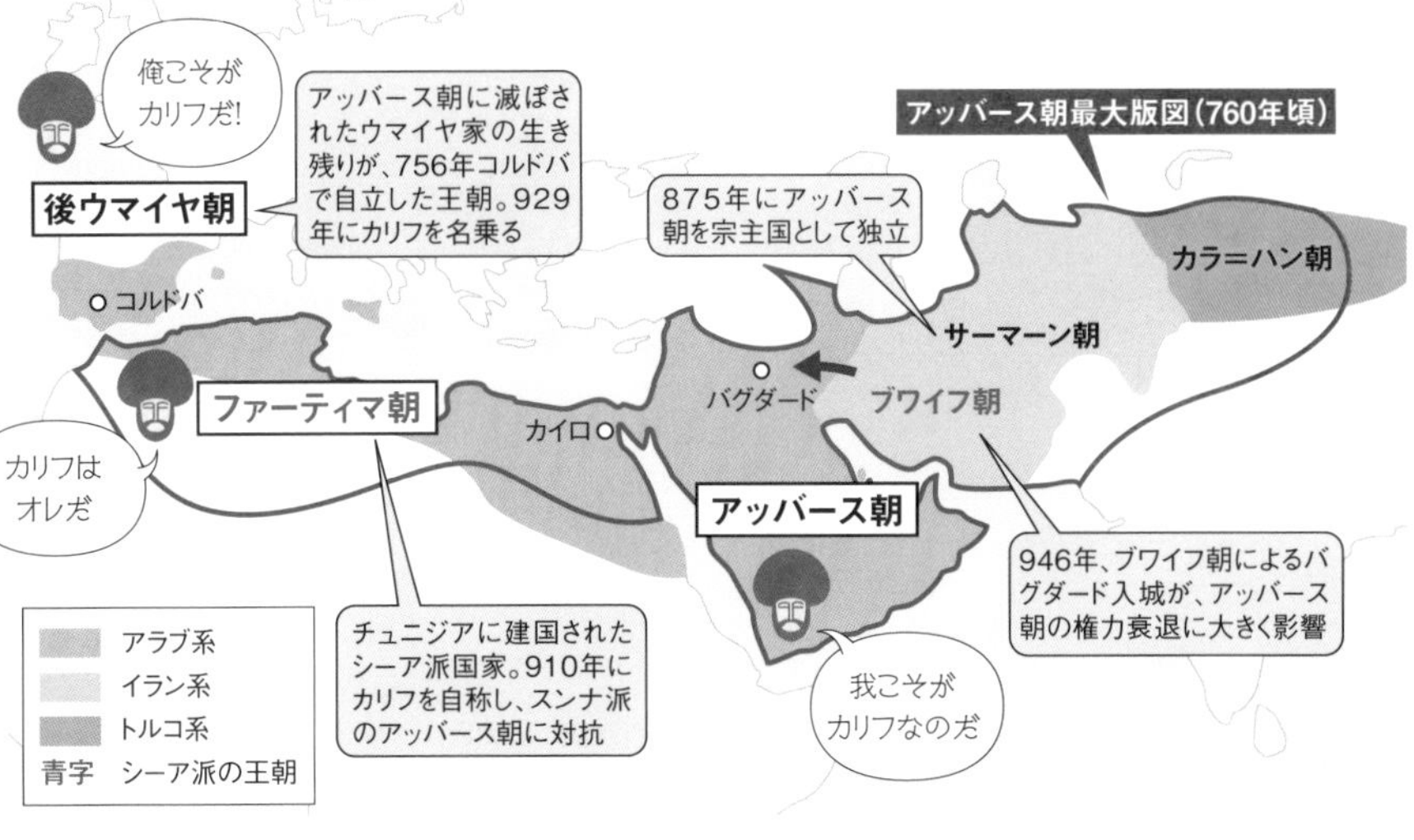

俺こそがカリフだ!
後ウマイヤ朝
アッバース朝に滅ぼされたウマイヤ家の生き残りが、756年コルドバで自立した王朝。929年にカリフを名乗る
アッバース朝最大版図(760年頃)
875年にアッバース朝を宗主国として独立
カラ＝ハン朝
コルドバ
サーマーン朝
バグダード
ブワイフ朝
ファーティマ朝
カイロ
カリフはオレだ
アッバース朝
946年、ブワイフ朝によるバグダード入城が、アッバース朝の権力衰退に大きく影響
アラブ系
イラン系
トルコ系
青字　シーア派の王朝
チュニジアに建国されたシーア派国家。910年にカリフを自称し、スンナ派のアッバース朝に対抗
我こそがカリフなのだ

イスラーム教

唐とイスラーム帝国の戦いから製紙技術が世界に広まった

ポイント

中央アジアの支配をめぐってアッバース朝が唐と対立。タラス河畔の戦いで唐を打ち負かすと、唐から製紙技術が伝わった

750～1258年

なにが起きた？

アッバース朝がイスラーム帝国を拡大

アッバース朝が成立した翌751年、**シルクロードの要衝とされた中央アジアで、唐とアッバース朝が衝突しました。**これをタラス河畔の戦いといいます。唐軍の犠牲者は5万人以上ともいわれる激戦の末にアッバース朝に軍配が上がります。

こうして**アッバース朝は中央アジアの覇者**となり、イスラーム勢力がユーラシア大陸の交易路を手中に収めたのです。アッバース朝の都市バグダードと各地を結ぶ交易ルートは、イスラーム教徒の商人によって発展し、インドやイランなど諸地域の文化がアッバース朝に流入しました。そして交易路は同時にメッカ巡礼の道ともなりました。

【タラス河畔の戦いによる影響】

アッバース朝と唐には、互いに中央アジアの支配権をねらう思惑があった。唐からの進軍を受け、タラス河畔の戦いが勃発。アッバース朝の勝利となった。

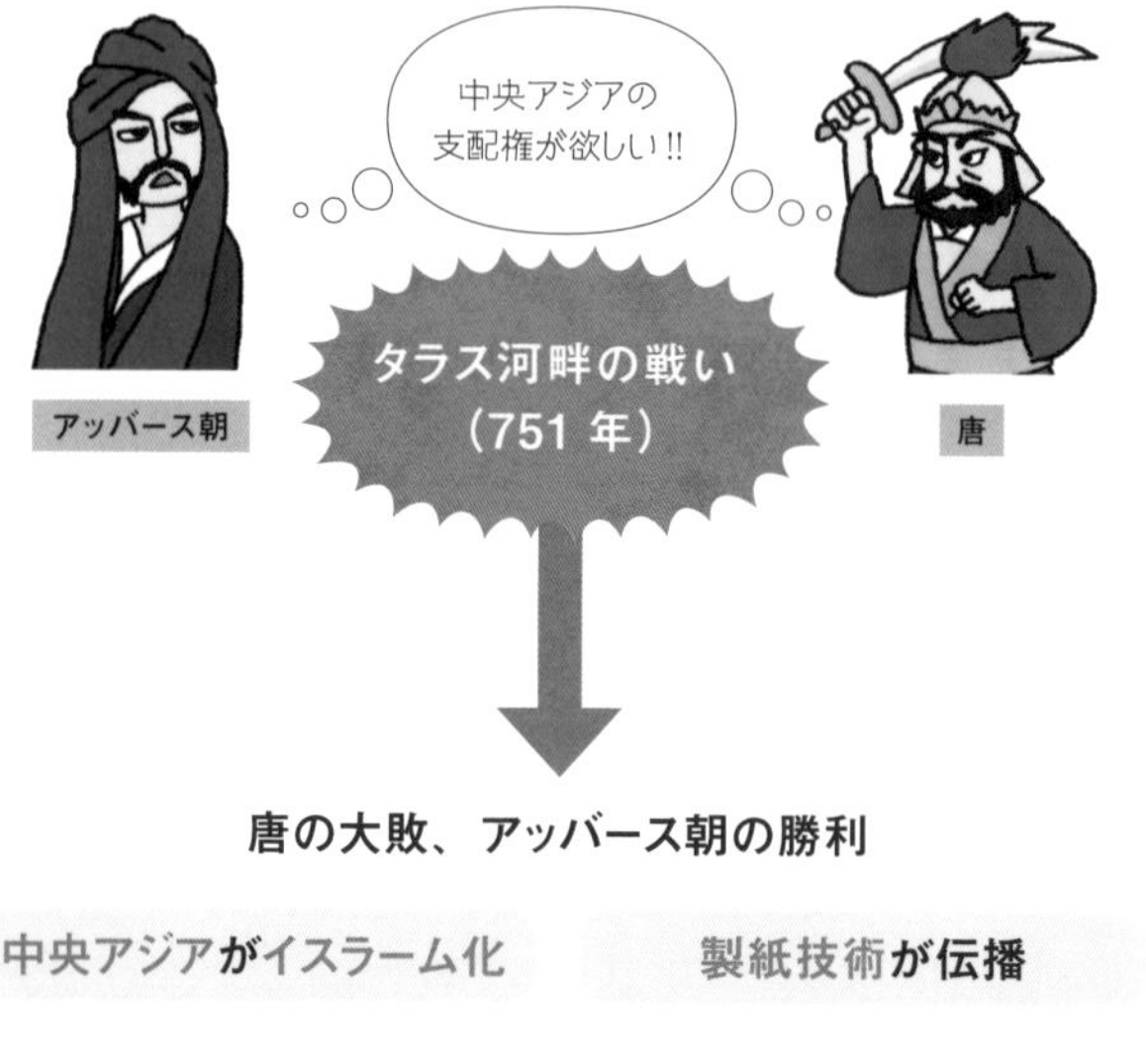

こう変わった！

製紙技術が世界に広まる

タラス河畔の戦いでアッバース朝は唐の軍兵を多数捕虜にしたといいます。その中には**製紙技術者が含まれており、彼らによってイスラーム世界に紙がもたらされました。**最初はサマルカンドに製紙工場が建てられました。

中国でつくられていた紙は、西方世界で使われていたパピルスや羊皮紙と違い、軽量かつ安価で、書きやすさの面でも優れていました。紙はやがてバグダードなどイスラーム世界の各都市に普及し、12世紀にはアフリカ大陸のモロッコにも伝わりました。

紙はイスラーム世界から、さらにヨーロッパへもたらされました。12世紀半ばにモロッコからイベリア半島へ伝播したのがヨーロッパへの伝播ルートの一つ。

もう一つはシチリア島を経て、イタリアへ伝わったルートです。15世紀にドイツやイギリスで活版印刷が発明されて紙が生産されるようになるまでは、イタリアがヨーロッパの紙生産を担い、ヨーロッパ文化の成熟を支えていました。

唐から伝わった製紙法

唐から伝わった製紙工程

唐から伝わった紙は、従来の羊皮紙やパピルスに比べて軽量で安価な優れものだった。紙のおかげで書物も普及していった。

❶ 麻や布などの材料を茹でる　❷ 石臼で潰した材料を液状に

❸ 網を張った木枠ですくう　❹ 乾いたら剥がして完成

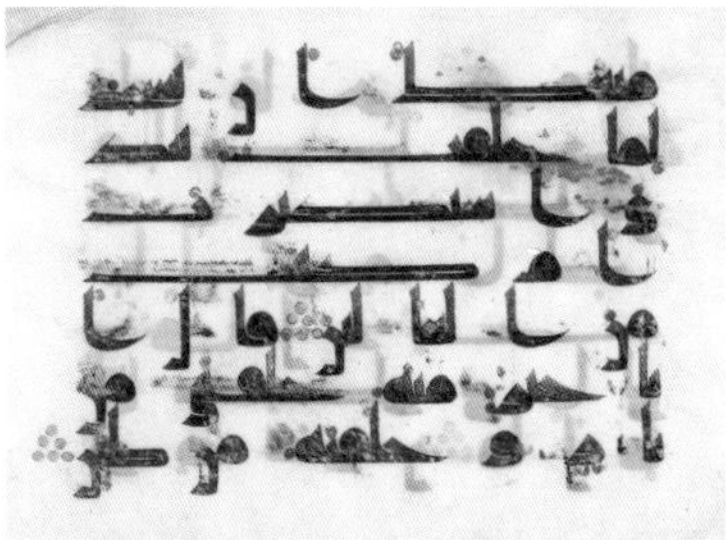

羊皮紙に書かれたコーラン

アッバース朝時代（8世紀中頃）、エジプトでつくられたと推定される羊皮紙に書かれたコーラン。製紙法が普及するまでは傷つきやすいパピルスや、希少で高価な羊皮紙に記されていた

イスラーム教

イスラーム帝国はアフリカに進出し ギリシアの文化を吸収した

ポイント
アフリカでも影響力を持ったイスラーム教は、アフリカに浸透していたギリシアの文化などを取り入れていった

7世紀頃

なにが起きた？

イスラーム教勢力がアフリカに進出

勢力を増したイスラーム教勢力は、**正統カリフ時代に本格化する聖戦でアフリカにもその支配を広げていきます**。10世紀になると、シーア派のイスマーイール派が北アフリカ西部に住んでいたベルベル人を率い、チュニジアでファーティマ朝を開きました。その後、11世紀にモロッコのマラケシュを首都としてベルベル人による王朝ムラービト朝が成立。12世紀にムワッヒド朝（ムラービト朝に代わって成立した王朝）が衰え、キリスト教勢力が侵入するまでは、**イベリア半島にまでイスラームの支配が及んでいました**。

そして、13世紀になるとアフリカ内陸部にもマリ王国などのイスラーム教国が建国されていきます。

【 11世紀頃のイスラーム世界 】

イスラーム勢力はアフリカにも進出。各王朝の都は大いに発展した。

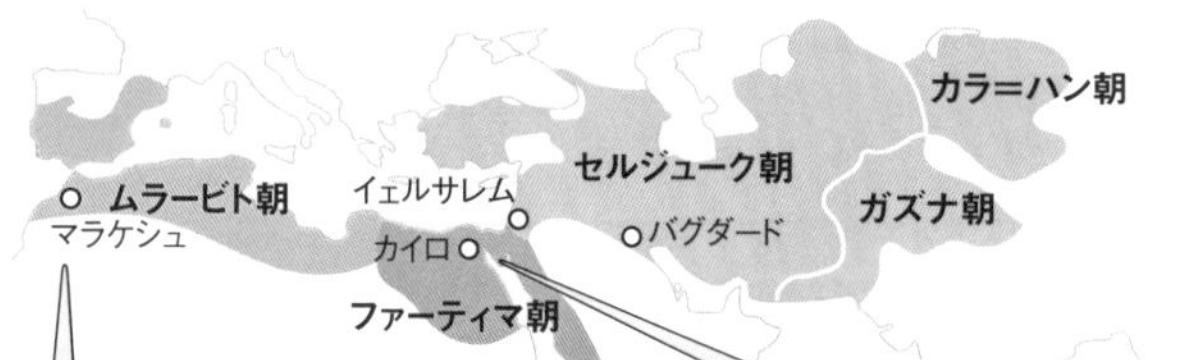

モロッコのマラケシュ
ベルベル人たちが建てたムラービト朝、ムワッヒド朝の首都。これらの王朝はイベリア半島にまで進出した

マラケシュ旧市街

エジプトのカイロ
カリフを宣言したファーティマ朝は、エジプトのカイロにアズハル学院を建設。シーア派の学問の中心地となった

アズハル学院

こう変わった！

ギリシア・ローマの文化が中東に影響

イスラーム勢力が支配した地中海沿岸の征服地では、**古代オリエントやギリシア・ローマの諸文明に起源を持つ学問が脈々と受け継がれていました**。イランにあったササン朝ペルシアの学問の中心地ジュンディーシャープールでは、ビザンツ帝国（東ローマ帝国）から追放された学者たちが様々な研究活動を続けていました。その後この地がアッバース朝の支配下に入ると、**カリフ首都バグダードに「知恵の館」を設立し学問研究の伝統を継承**していきます。

征服地の北アフリカには、カイロ以前のエジプトの中心都市アレクサンドリアがありました。同地はアレクサンドロス大王が建設したギリシア風の都市で、数学者アルキメデスら古代ギリシアの名だたる学者が活躍した街です。そうした風土にあって、イスラームの学者たちは古典の学問を吸収していきました。

十字軍運動の時代には、シチリア島やイベリア半島で、ギリシア語文献やアラビア語の科学書などがラテン語に翻訳され、ヨーロッパに紹介されます。

イスラーム文化の成立

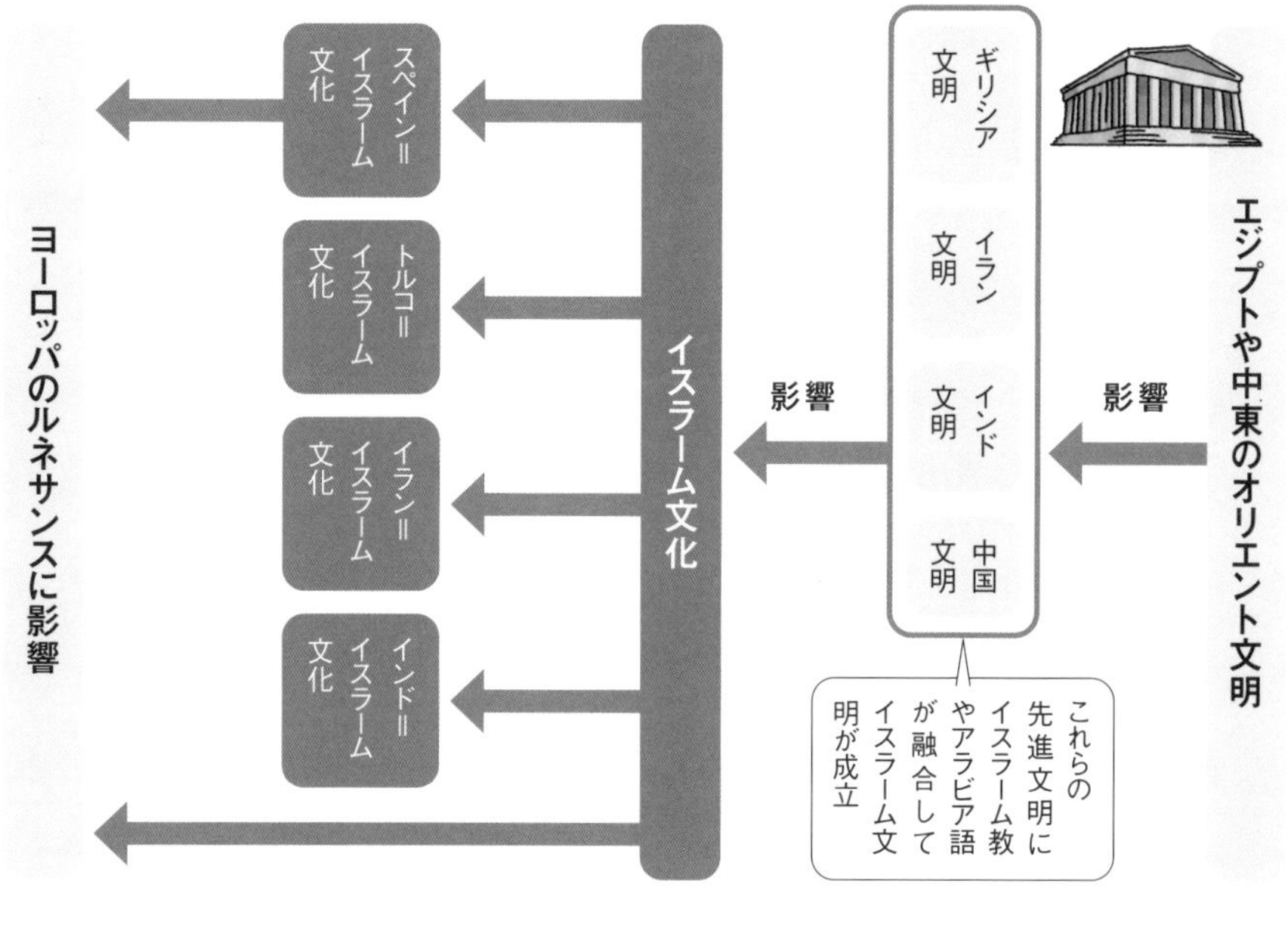

イスラーム教

イスラーム商人の活躍で アラビア語が英語に影響を与えた

ポイント
イスラーム商人の活躍で、イスラーム文明はギリシアなどの他文明と融合。11世紀において最高レベルの文明となった

8世紀頃

なにが起きた？

イスラーム商人が商業活動を行う

商業都市メッカから興ったイスラーム教は、キリスト教（カトリック）などと違い**商業により利益を得ることを卑しいと捉える考えはありません**でした。そのため代々の**カリフが帝国の版図を広げ、交易路の治安も安定させて商業的利益も高まっていきました**。海のルートは地中海から紅海を通りインド洋へ、陸のルートは中央アジアを通り中国まで発達し、その中心の都市バグダードには莫大な富がもたらされました。

イスラーム商人の影響は富や交易品だけではありません。彼らはまた学問を求める研究者でもあったのです。彼らは中国やインドからも学問を帝国に持ち帰りました。

【イスラーム商人のネットワーク】

8世紀以降、アッバース朝のバグダードと唐の長安を中心に東西交易が盛んに。ダウ船に乗ったイスラーム商人が交易に従事した。

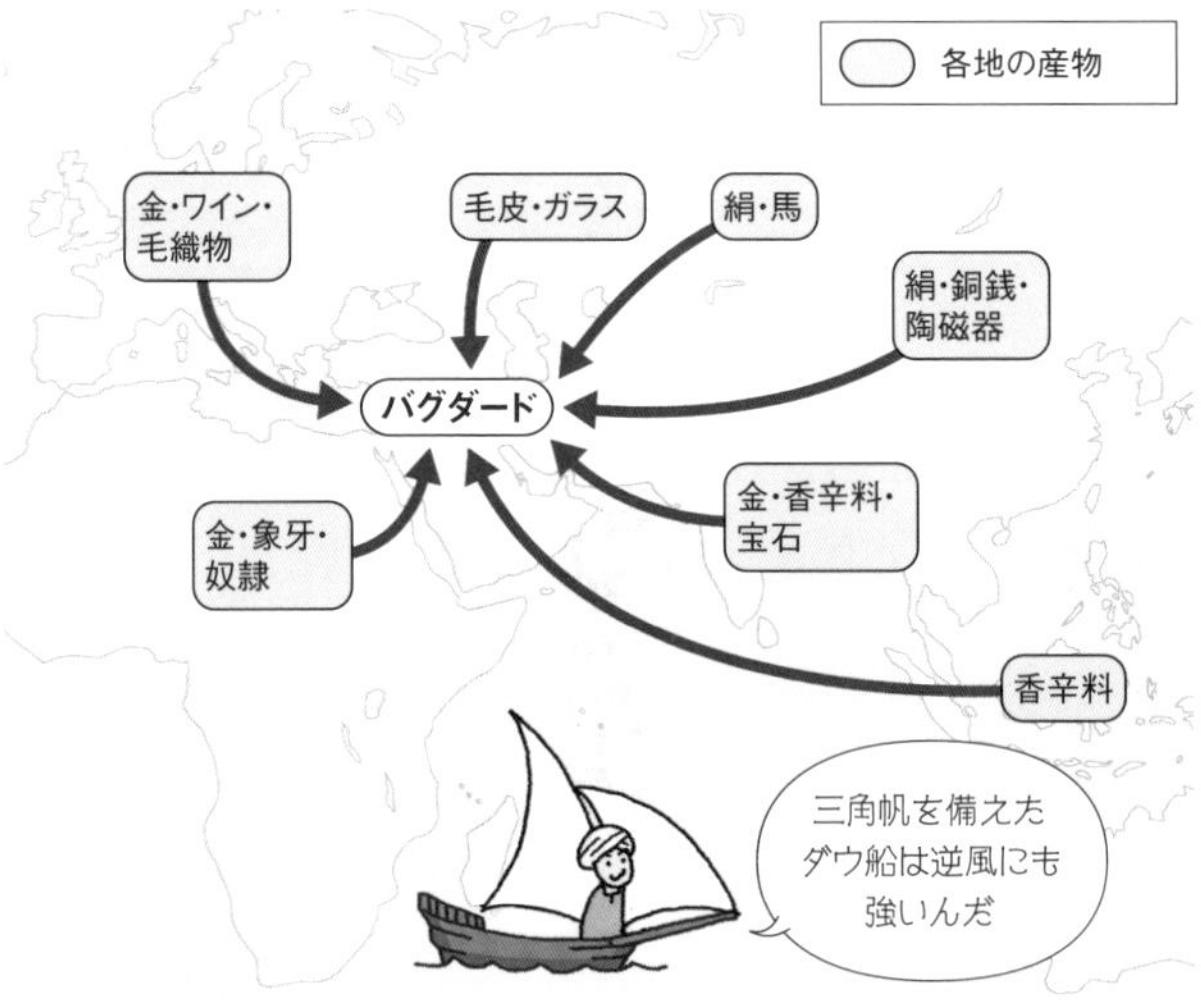

こう変わった!

アラビア語が英語に影響

イスラーム商人が持ち帰った各地の学問は、帝国内に息づいていたギリシア・ローマ文明と融合し、世界史上でもまれな発展を見せました。

当時イスラーム世界が最高水準を誇ったのは、数学や天文学です。背景には十進法やゼロの概念など、インドから吸収した数学の知識がありました。これらにギリシアの幾何学、アラビア数字が融合して代数学が発展していきました。化学の分野でもイスラーム世界が果たした役割は大きなものでした。9世紀、化学物質の蒸留に使われる蒸留器(アランビック)がイスラーム世界で発明され、古代のエジプト、ギリシアで進展した錬金術は、イスラーム世界を経由して、ヨーロッパに紹介されます。「アルコール」や「アルカリ」など、**英語においてアラビア語の定冠詞alを名称に持つ言葉の多さからもその影響力がうかがえます。**

アラビア語起源の英語は他にも「シュガー(砂糖)」「ソーダ」など日常的に使う言葉に加えて、「アルタイル」など星の名前にも残っています。

【イスラーム世界で発展した学問】

アラビア語から英語へ

英語の中にはアラビア語を語源とする単語が多数あるが、主に化学や天体分野の単語でその傾向が多く見受けられる。

アラビア語	→ 英語
al-kuhl	alcohol(アルコール)
al-qily	alkali(アルカリ)
suwwadah	soda(ソーダ)
qutun	cotton(コットン)
sukkar	sugar(シュガー)
qandy	candy(キャンディ)
sifr	zero(ゼロ)
at-ta:il	altair(アルタイル)
an-nasr	vega(ベガ)
dhanab	deneb(デネブ)

天文学

天文台の様子。商人たちは航海のために天体の位置を正確に知る必要があった。

錬金術

錬金術を行う様子。物質を完全なものに精錬する技術が研究された。

イスラーム教

ポルトガルがオスマン帝国に対抗して、大航海時代が始まった

ポイント

15世紀にオスマン帝国が地中海の覇権を握る。対抗したポルトガルが喜望峰をまわってインド洋への航路を開いた

16世紀頃

なにが起きた？

オスマン帝国が地中海を制覇

アナトリア（現在のトルコ）の北西部に興ったイスラーム系のオスマン朝は、セルビアやハンガリーなどの勢力と争いながら発展します。そして１４５３年、ついに**ビザンツ帝国の首都コンスタンティノープルを陥落**させました。その地はイスタンブルと改名され、オスマン朝の首都となります。

このトルコ系イスラームの帝国は「オスマン帝国」と呼ばれ、宗教面での寛容さやイスラーム法による統治で繁栄。16世紀にはプレヴェザの海戦で、スペイン連合軍側を破ると、オスマン帝国は**地中海の制海権を握り**、ヨーロッパとアジア圏を結ぶ首都イスタンブルを要にして発展します。

オスマン帝国発展の歴史

	オスマン１世	1299 年	小アジア（アナトリア）西北部で建国
帝国の発展期	バヤジット１世	1396 年	ニコポリスの戦いでブルガリア併合
		1402 年	アンカラの戦いで敗北　帝国建設一時中断
	メフメト２世	**1453 年**	**ビザンツ帝国を滅ぼし、コンスタンティノープル（イスタンブル）へ遷都**
帝国の最盛期	セリム１世	1517 年	マムルーク朝を滅ぼす ➡シリア・エジプト支配　聖地メッカ・メディナの庇護者に
	スレイマン１世	1526 年	モハーチの戦いで勝利しハンガリー征服
		1529 年	ウィーン包囲
		1538 年	**プレヴェザの海戦で勝利** （スペイン・ヴェネツィア・ローマ教皇の連合軍を撃破） **地中海の制海権を獲得**

こう変わった！

ヨーロッパで大航海時代が始まる

オスマン帝国が地中海を支配したことで困ったのは、インド進出を目指していたヨーロッパ諸国です。そんな中で**活発に航路を開拓したのがポルトガル**でした。

12世紀、スペインやポルトガルは「レコンキスタ（国土回復運動）」を起こし、イスラーム勢力をイベリア半島から追い出すことに成功。しかしイベリア半島の多くはスペイン領となりました。そこで、ポルトガルはインド洋への航路を開拓し、貿易の利益を得ようとしたのです。しかし、地中海から紅海を通るルートはオスマン帝国の領土内。そこで、ポルトガル船はアフリカ大陸の西側を回り、喜望峰を通ってインド洋へ抜ける航路を切り開きました。こうして**ヨーロッパ諸国のアジア進出が可能になり、大航海時代を迎えました。**

17世紀になると、海洋交易路はイスラーム商人、ポルトガル・スペイン商人、東インド会社を設立したオランダ商人、イギリス商人などが行き交い、国際色豊かに。しかしこうした繁栄は、各国の植民地政策の対立にもつながっていくことになりました。

【大航海時代でポルトガルが開いた航路】

ポルトガルは大西洋からインドに出る航路を開拓。大航海時代のきっかけとなる。この時ポルトガルは船の帆にキリスト教のシンボルである十字架を掲げ、イスラーム勢力への対抗精神を表した。

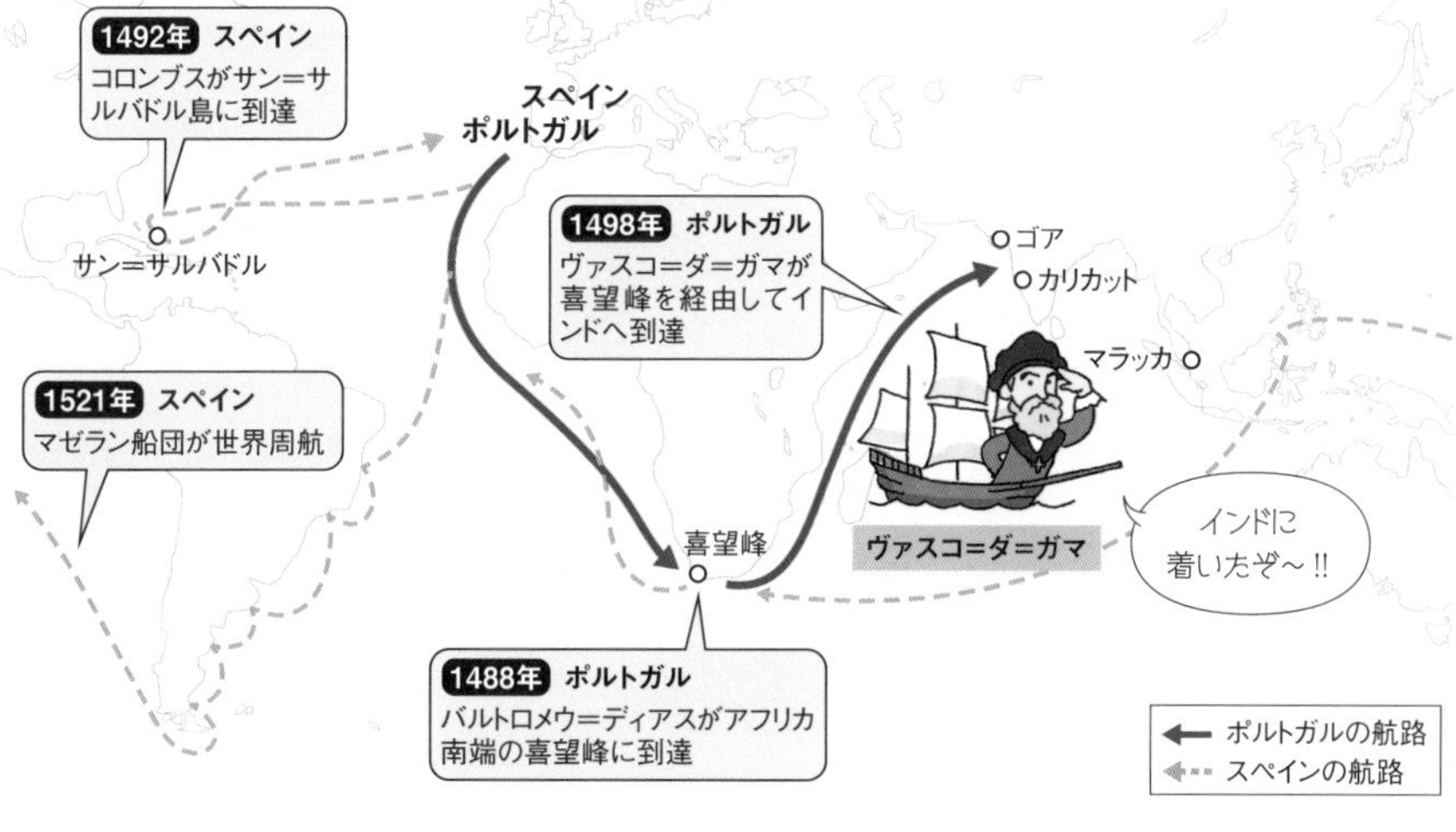

1492年 スペイン
コロンブスがサン＝サルバドル島に到達
スペイン
ポルトガル
サン＝サルバドル
1498年 ポルトガル
ヴァスコ＝ダ＝ガマが喜望峰を経由してインドへ到達
ゴア
カリカット
マラッカ
1521年 スペイン
マゼラン船団が世界周航
喜望峰
ヴァスコ＝ダ＝ガマ
インドに着いたぞ～!!
1488年 ポルトガル
バルトロメウ＝ディアスがアフリカ南端の喜望峰に到達
ポルトガルの航路
スペインの航路

FEATURE

世界中に建てられた美しきイスラーム建築

イスラーム教圏ではドームやアーチ、幾何学的な文様を特徴とする美しいイスラーム建築がつくられた

岩のドーム（イェルサレム）

三大一神教の聖地イェルサレムにある聖堂。ムハンマドが昇天したとされる岩があるためその名がついた。7世紀に建てられたが、黄金色のドームは11世紀に再建されたもの

預言者のモスク（サウジアラビア）

イスラーム教の3大聖地の一つ、メディナに所在。預言者とはムハンマドのことで、彼の霊廟もある。白い大理石でつくられ、100万人を収容できる超大規模のモスク

偶像崇拝が禁じられたイスラーム教では、キリスト教や仏教のような神・聖人をモチーフにした絵画・彫刻はつくられませんでした。一方で、イスラーム教圏では建築技術が発展し、宮殿やモスクなどの美しいイスラーム建築が、世界各地でつくられました。

イスラーム建築の特徴はドーム（半円型の屋根）とアーチです。両方ともビザンツ帝国の様式を真似したものですが、7世紀に岩のドームがつくられて以来、継承されています。

また偶像崇拝が禁じられているため、建物の装飾には幾何学的な文様があしらわれました。文様と同じくアラビア語の文字装飾も発展し、『コーラン』の言葉が壁に刻まれることもあります。

イマーム=モスク
（イラン）

イランにシーア派の帝国を築いたサファヴィー朝のモスク。青色の壁には植物模様とアラビア文字が装飾されている

ウマイヤ=モスク
（シリア）

ウマイヤ朝時代に建設された世界最古のモスク。ギリシア正教の教会を転用しており、壁にはモザイクがあしらわれている

メスキータ
（スペイン）

スペインに建つ後ウマイヤ朝のモスク。元はキリスト教の聖堂だったが、モスクに改築された。幾重にも連なる円柱が特徴で、「円柱の森」とも呼ばれる

スルタン=ハサン=モスク
（エジプト）

14世紀に竣工したモスクで、教育施設も付随。中には教室や宿舎、沐浴用の泉を完備している。ドーム部分は墓廟になっている

シェイク=ザイード=グランド=モスク
（アラブ首長国連邦）

2007年に竣工した巨大モスク。様々な建築様式を取り入れており、ペルシア絨毯にドイツ製シャンデリアと内装も豪華

スルタンアフメト=モスク
（トルコ）

オスマン帝国時代に建てられた、通称「ブルーモスク」。細長い塔はミナレット（尖塔の意）。この上から礼拝の始まりを告知する

世界遺産ガイド

～中東編～

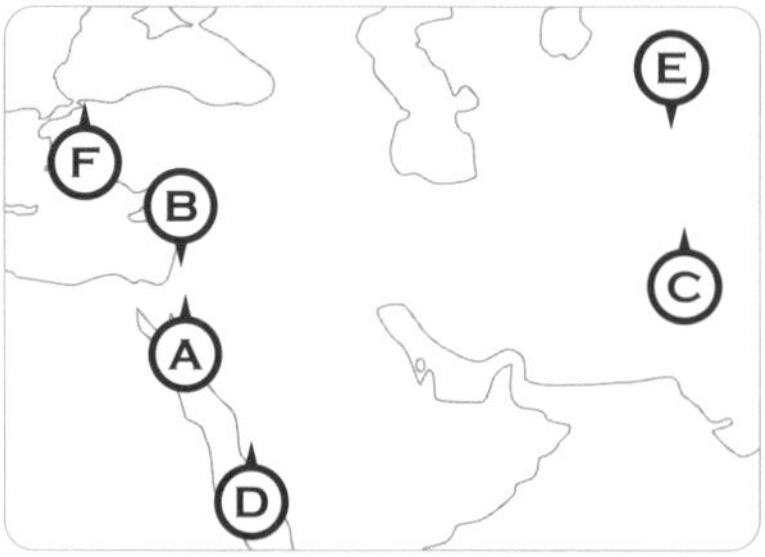

中東では土着の神々を祀る神殿や、イスラーム教のモスクなど、様々な宗教施設が世界遺産に指定されています。

Ⓐ ヨルダン ペトラ遺跡

アラブの一族ナバテア人が、断崖に築いた大都市遺跡。写真はエジプトのファラオの宝物庫ともされるエル＝カズネ。

登録年：1985年

Ⓑ イスラエル イェルサレム

登録年：1981年

ユダヤ教・キリスト教・イスラーム教、それぞれの聖地。写真はユダヤ教の聖地・嘆きの壁です。

Ⓒ アフガニスタン バーミヤン石窟

登録年：2003年

5世紀造営の巨大な石仏が、2001 年にイスラーム教過激派のターリバーンに破壊されました。

Ⓓ サウジアラビア メッカ

イスラーム教を創始したムハンマドの生誕地で、イスラーム教最大の聖地。世界中のムスリムが、メッカの方角に向かって礼拝します。

登録年：2014年

Ⓔ ウズベキスタン サマルカンド

トルコ＝モンゴル系のイスラーム教国家であるティムール帝国の首都。青の都と呼ばれています。

登録年：2001年

Ⓕ トルコ アヤ＝ソフィア

登録年：1985年

元は東ローマ帝国時代のキリスト教の大聖堂。オスマン帝国が支配するとモスクに改築されました。

第4章

インド

インドでは紀元前13世紀頃にバラモン教が誕生。
その後、仏教・ジャイナ教・ヒンドゥー教など
多くの宗教・思想が発展します。
11世紀にはイスラーム勢力によるインド遠征が始まり、
インドは宗教的に多様性あふれる地域になっていきます。

インドの宗教史年表

（紀元前）	
2300頃	インダス川流域で文明が興る
13C頃	**バラモン教が成立**
1000頃	アーリヤ人がガンジス川流域へ移動し定着
700頃	ウパニシャッド哲学が成立
5C頃	**ブッダが悟りを開く**
5C頃	ジャイナ教が成立
317	チャンドラグプタがマウリヤ朝を建国
244	アショーカ王が第3回仏典結集を行う
（紀元後）	
45	クシャーナ朝が建国される
150頃	カニシカ王が第4回仏典結集を行う
320	チャンドラグプタ1世がグプタ朝を建国
4C頃〜	**ヒンドゥー教がインド社会で定着**
606	ハルシャ王がヴァルダナ朝を建国

バラモン教が成立 → 仏教が浸透する

POINT 1

バラモン教が成立し身分制ができる

インドに侵入したアーリヤ人の神への信仰がバラモン教に発展。聖典『リグ=ヴェーダ』が完成し、「ヴァルナ制」と呼ばれる身分秩序を確立する

POINT 2

ブッダが悟りを開き仏教が成立する

厳しい身分制度のあるバラモン教を批判したブッダが仏教を創始。アショーカ王が仏教をモチーフにした石柱碑を建てるなど、王侯貴族が仏教を奨励し、インドに定着

ヒンドゥー教の定着

ヒンドゥー教とイスラーム教の混在

仏教を保護する

7C頃～ 仏教が衰退しインドでヒンドゥー教が発展
ヴァルダナ朝が滅亡し分裂時代へ

11C頃～ **ガズナ朝がインドに侵入**
イスラーム教が西北インドに広がる

1206 北インドでデリー=スルタン朝が成立

16C初め ナーナクがシク教を創始する

1526 **バーブルがムガル帝国を建国**

1556 アクバルが即位。のち人頭税（ジズヤ）を廃止

1658 アウラングゼーブが即位。のち人頭税（ジズヤ）を復活

1857 インド大反乱（シパーヒーの反乱）が起こる

1858 ムガル帝国が滅亡

1877 **インド帝国（イギリス領）が成立**

1919 ガンディーが「非暴力・不服従」の独立運動を始める

1947 インドがイギリスから独立を果たす

POINT 3

ヒンドゥー教が成立する

バラモン教は民間信仰や仏教などを取り入れたヒンドゥー教として発展。破壊神シヴァなどが民衆から人気を集め、インド社会に浸透。一方仏教はインドでは衰退することになる

POINT 4

インドのイスラーム化

多神教のヒンドゥー教が信仰されるインドに、一神教のイスラーム教を信仰するイスラーム勢力が侵入。インド国内では両教が対立するようになる

POINT 5

イスラーム教とヒンドゥー教の融和

ムガル帝国のアクバルはイスラーム教とヒンドゥー教の融和を図り人頭税を廃止。平和な時代が訪れると、両教の文化が融合したインド=イスラーム文化が誕生

バラモン教　仏教

仏教の誕生は、アジア各国の国家形成に大きく影響

ポイント

バラモン教への批判からブッダが仏教を開く。仏教はアジア各地に伝播し、仏教を利用して国をまとめる国家が誕生

紀元前5世紀頃

なにが起きた？

ブッダが仏教を開く

仏教は紀元前5世紀頃インドで生まれました。それまでインドでは、バラモン教が主流。しかしバラモン教には、バラモン（司祭）を頂点とした厳しい身分制度があり、世俗社会で貴族や軍人の活躍、商工業の発達が見られると、身分制への批判が強まりました。そこでブッダ（ガウタマ＝シッダールタ、釈迦牟尼《しゃかむに》とも）が提案したのが、修行によって悟りを開き、**苦しみからの解放（涅槃《ねはん》）を目指す仏教**です（上座部仏教）。

しかし実際そう簡単に悟りは開けません。そうした中で登場したのが、**悟りを達成したブッダを最初の菩薩とする信仰です**（大乗仏教）。このシンプルな教義がアジア各地に広まり、国家と密接な関係を持ちます。

バラモン教と仏教の違い

バラモン教と仏教は同じ古代インドの宗教だが、その教義は重なる部分も、まったく異なる部分もある。とくに仏教はバラモン教の身分制を批判する。

バラモン教		仏　教
紀元前13世紀頃	成　立	紀元前5世紀頃
不明	開　祖	ブッダ（ガウタマ＝シッダールタ）
・自然崇拝から起こった多神教で、祭祀を大事にする ・その祭祀をとりしきるバラモン（司祭）を頂点とする身分制度がある（ヴァルナ制）	教　義	・ヴァルナ制度や祭祀を否定 ・涅槃を目標とし、その達成のため出家し、修行を行う ➡のちにブッダが信仰の対象となり、ブッダによる救済が説かれる

こう変わった！

アジア各地に仏教国家が誕生

アジアの諸地域ではそれまで土着の宗教が信じられていました。菩薩信仰から発展した大乗仏教は、**東アジア圏に広まると、鎮護国家思想と結びついて、政治と深く関わることに**なりました。

中国では5世紀頃、北魏《ほくぎ》の皇帝が「皇帝即如来《こうていそくにょらい》」を説きました。これは、皇帝を仏教の救世主である如来と同一視する考え方。つまり皇帝は、仏教を利用して自身を頂点とする中央集権化を目指したのです。

中国の影響を強く受けた朝鮮半島や日本では、王や天皇、豪族たちが仏教に帰依《きえ》し、国家主導で大規模な寺院・仏像の建設が行われ、仏教を軸に国をまとめあげるようになります。

東南アジアでは、都の近くに大型寺院を建設するなど、各国王が仏教を進んで保護しました。これも仏教を通じて王権を維持するためと考えられます。

このように**仏教は、アジア圏における国家形成の重要なカギ**としての役割を担い、多くの〝仏教国〟を生み出したのです。

【インドからアジア全土に広まった仏教】

インドで生まれた仏教はアジア各地に広まり、各国の政権と強く結びついた。

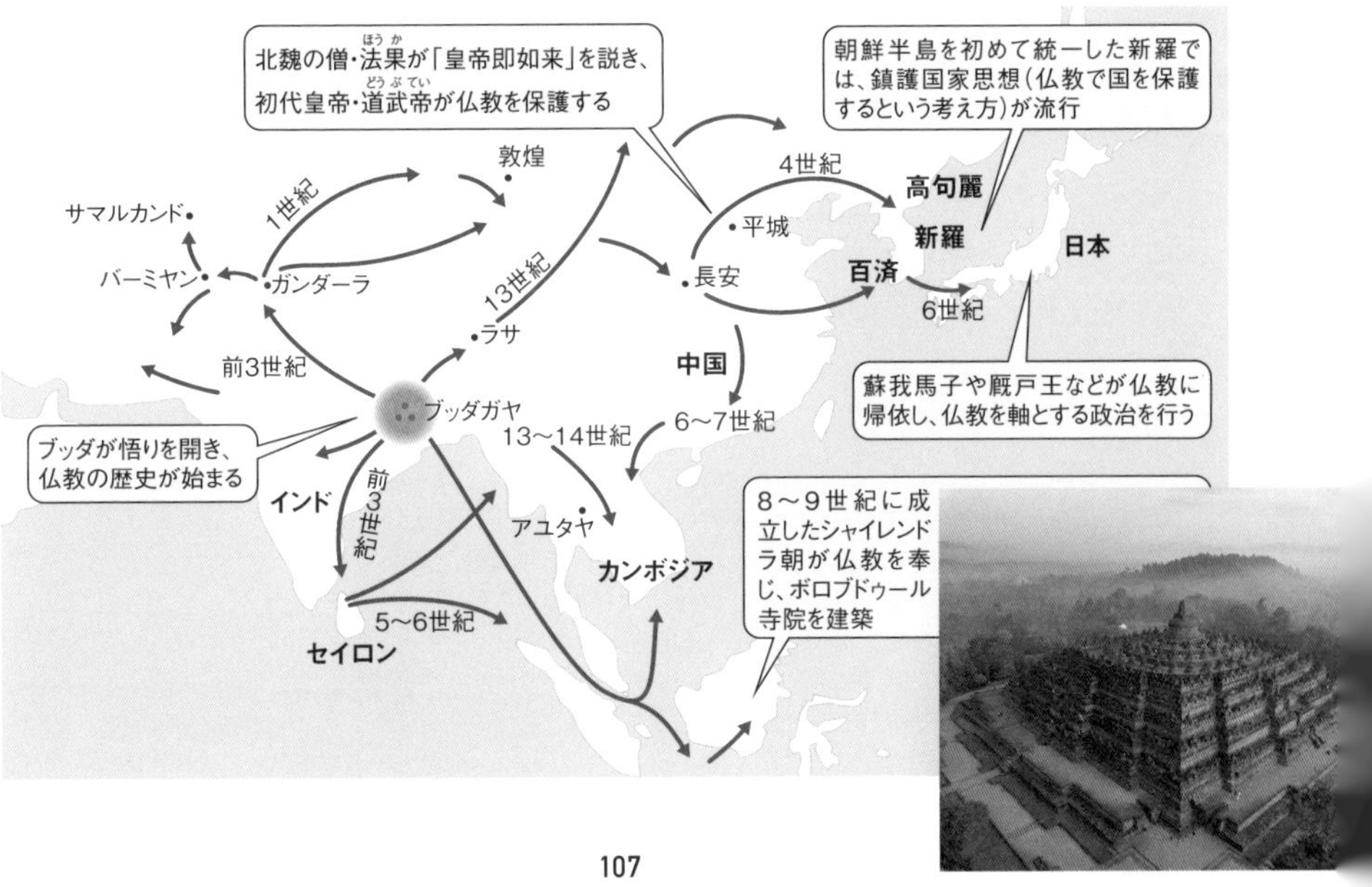

仏教　バラモン教

マウリヤ朝のアショーカ王は仏教を保護して国を統治した

ポイント
マウリヤ朝のアショーカ王は仏教を保護。しかし、バラモン層からの反発などからアショーカ王の死後マウリヤ朝は滅亡

紀元前3世紀頃

なにが起きた？

アショーカ王が仏教を保護する

前317年頃、チャンドラグプタによってマウリヤ朝が誕生しました。この王朝は、**仏教を保護した3代アショーカ王の時に全盛期を迎えます。**

アショーカ王は諸国を征服してインド史上初の大帝国を築きますが、王位継承争いや戦争で多くの人々を殺害しました。これを悔やんだ王は仏教に深く帰依し、武力ではなく、**仏教の教えを基礎とする「法（ダルマ＝守るべき社会倫理）」を統治の理想**として掲げ、仏教を手厚く保護しました。

その教えを刻んだ石柱を広大な領土の各地に建立し、仏典の結集《けつじゅう》（経典の編纂）やセイロン（スリランカ）を始め各地への布教も行いました。

アショーカ王治世のマウリヤ朝

アショーカ王の石柱碑

アショーカ王が「法」を定着させるために各地の領土に建てた石碑。法を象徴する車輪（法輪）があしらわれているものや、岩を削った磨崖碑もある。

マウリヤ朝のアショーカ王は、戦争で版図を拡大したのちに、仏教に帰依。各地に石柱碑や磨崖碑を築いた。

こう変わった！

マウリヤ朝が滅亡する

ブッダの入滅からおよそ150~250年後、アショーカ王が仏教を保護したのは、従来のように、血縁部族のまとまりを国家の基盤としていたことを変革しようとしたためです。**仏教の教えに社会集団や国家のまとまりを期待したのです**。

しかも仏教の教えは、一つの宗教を超えて、いろんな宗教にも通ずるものと思われました。ですから、仏教だけでなく、ジャイナ教も、バラモン教も対等に位置づけられました。

しかし、それでも**特権階級であったバラモン（バラモン教の司祭）層からの反発は免れませんでした**。アショーカ王の死後、マウリヤ朝は急速に衰退し、前180年頃に滅亡。その衰退の理由には、王位継承争いや財政破綻、そして地方勢力の離反が相次いだことなどが挙げられています。バラモンは各地に移住し、その地方の精神的指導者・権力者となっていました。地方勢力の離反には、バラモンの影響もあったとも言われています。

統一王朝に利用された仏教

アショーカ王の名残

インドの国旗

インドの国旗は、ヒンドゥー教を表すオレンジ、イスラーム教を表す緑、両者の和解と平和を表す白の三色旗の中央に、「法輪」と呼ばれる紋章が記されている。この法輪はアショーカ王が建立した石柱碑に彫られたもので、寛容を説く仏教の法（ダルマ）を象徴しているのだ。

中央に描かれているのが法輪。

アショーカ王は、強い権力を持つバラモンたちを牽制するために仏教を保護したともいわれる。

バラモンが強い権力を持つ

↓ 批判

身分制度を批判する仏教の成立

↓ 利用

統一王朝の仏教政策

仏教を保護する統一王朝の成立で、クシャトリヤ（貴族・軍人）など、バラモンより下の身分の権威が向上。バラモンを退けるために、マウリヤ朝やそれに続くクシャーナ朝では仏教が手厚く保護された

仏教　ヒンドゥー教

ヒンドゥー教の発展で、仏教徒がインドから消えた

ポイント
バラモン教は民間信仰と結びつき、ヒンドゥー教に。ヒンドゥー教の明快な教えが支持を集め、仏教は衰退していく

3世紀頃

なにが起きた？

ヒンドゥー教が成立する

紀元前3世紀頃から紀元後3世紀頃までのインドでは、仏教が王朝に保護され、発展していきました。厳しい身分制度を持つバラモン教は、一時期インドからほぼ消滅しかけます。しかし、完全に消えることはありませんでした。

祭祀と儀礼を独占していたバラモン（司祭）たちは、3世紀頃から**民間の中に根づいていた各地の民間信仰を取り込んでいきます。**さらに仏教やジャイナ教のよいところを積極的に取り入れ、より大衆的なインドの民族宗教として発展させていきました。

こうして**バラモン教はヒンドゥー教として再生**し、圧倒的な勢力を持つようになりました。

【バラモン教からヒンドゥー教へ】

バラモン教は民間信仰や仏教の要素を吸収し、ヒンドゥー教として生まれ変わった。

バラモン教		ヒンドゥー教
儀礼と、それを仕切るバラモン（司祭）	重要なこと	・ダルマ（社会規範）を守ること ・アルタ（利益）を求めること ・カーマ（性愛や文芸）を極めること
バラモンを頂点とするヴァルナ制	身分制	ヴァルナ制を元としたカースト制。ダルマの中に制定されている
ブラフマー、インドラ  ◀創造神ブラフマー	人気の神	ヴィシュヌ、シヴァ  ◀破壊を司るシヴァ

こう変わった！

インドから仏教が消える

シヴァ神やヴィシュヌ神を中心に据えたヒンドゥー教は、民衆の生活に浸透していきました。一方、仏教は次第に「古い教えを研究するもの」という面が強調され、民衆にとって難解なものになっていきました。また、世俗から離れた場所で修行を行う出家主義も民衆から敬遠されるようになっていました。

　こうして4世紀、グプタ朝の時代に入ると、**仏教に代わりヒンドゥー教がインド社会に広がりました。**民衆の社会生活としっかり結ばれたヒンドゥー教の思想は、身分制度「カースト」として根強く残り続けることになります。

　王権とも結びついたバラモンたちは、仏教への攻撃を強めていきました。また、5世紀の西ローマ帝国の滅亡により交易が途絶えてインド経済が衰退したため、**仏教の支持基盤である商人たちは仏教僧やその活動を支え続けることができなくなりました。**弱体化していった仏教はインドから追い出され、おもな活動場所をインドの外部に移したのでした。

古代インドの宗教の変遷

教義がわかりやすいヒンドゥー教は庶民に受容され、難しい仏教は次第にインドから消滅していった。

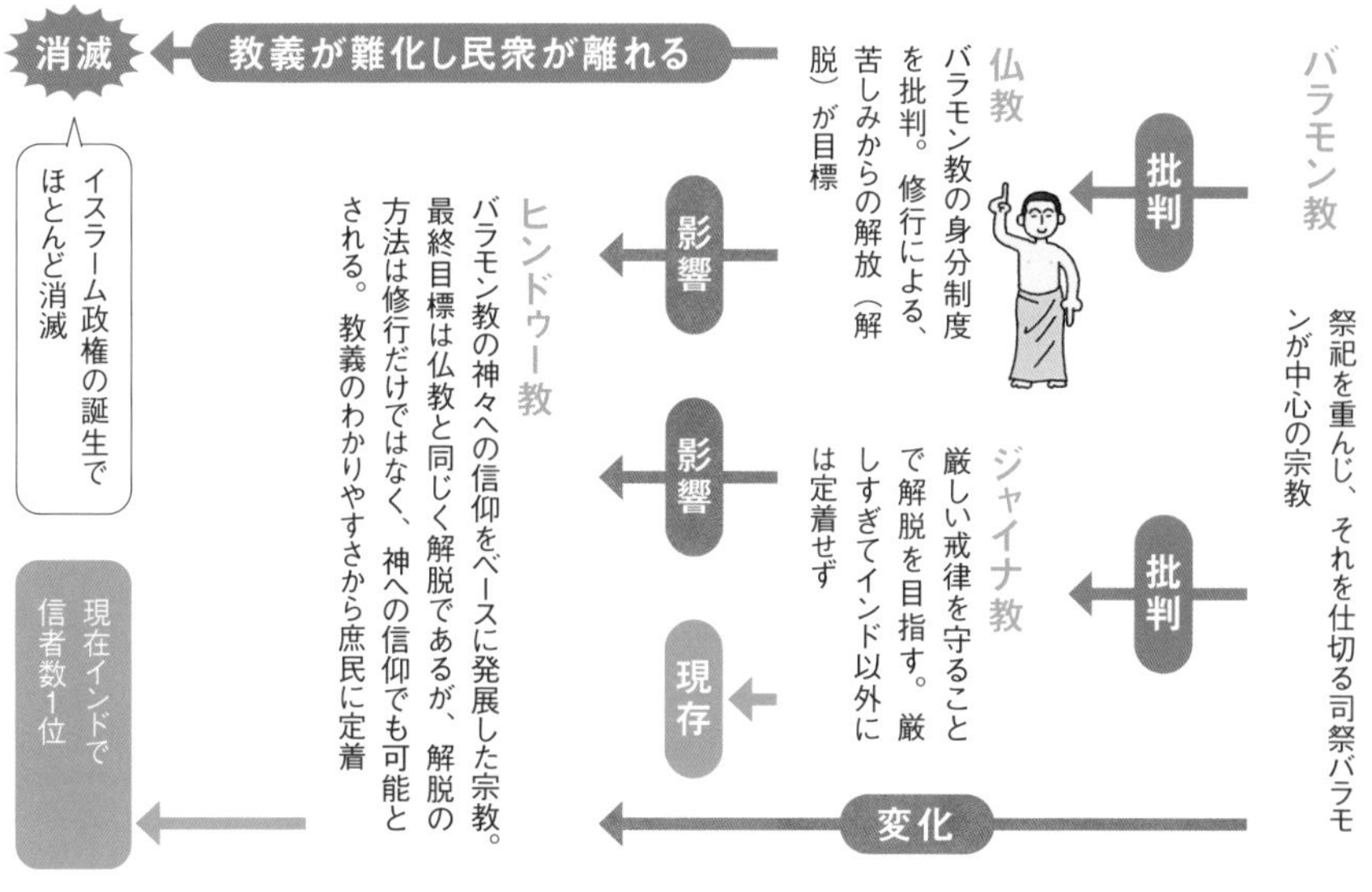

バラモン教
祭祀を重んじ、それを仕切る司祭バラモンが中心の宗教
批判
仏教
バラモン教の身分制度を批判。修行による、苦しみからの解放（解脱）が目標
批判
ジャイナ教
厳しい戒律を守ることで解脱を目指す。厳しすぎてインド以外には定着せず
影響
影響
現存
変化
ヒンドゥー教
バラモン教の神々への信仰をベースに発展した宗教。最終目標は仏教と同じく解脱であるが、解脱の方法は修行だけではなく、神への信仰でも可能とされる。教義のわかりやすさから庶民に定着
教義が難化し民衆が離れる
消滅
イスラーム政権の誕生でほとんど消滅
現在インドで信者数1位

イスラーム教　ヒンドゥー教

タージ＝マハル廟はヒンドゥー教？それともイスラーム教？

ポイント
インドにイスラーム勢力によるムガル帝国が成立。イスラーム教とヒンドゥー教が融合した新しい文化が生まれる

1526年

なにが起きた？

インドにムガル帝国が起こる

ヒンドゥー教が発展していったインドは、11世紀初頭から始まった**イスラーム勢力による組織的な征服によって大きな変化を迎えます。**1206年には、解放奴隷出身の将軍アイバクによって、インドで最初のイスラーム王朝となる奴隷王朝がデリーに開かれました。その後の約300年間、デリーには五つのイスラーム王朝が興亡し、**ヒンドゥー教とイスラーム教が混在する状況**となりました。

1526年、モンゴル帝国の末裔とされるバーブルがムガル帝国を建国。ムガル帝国は、これまで課題となっていたヒンドゥー教徒とイスラーム教徒の融和に乗り出していきます。

【インドに流入したイスラーム教】

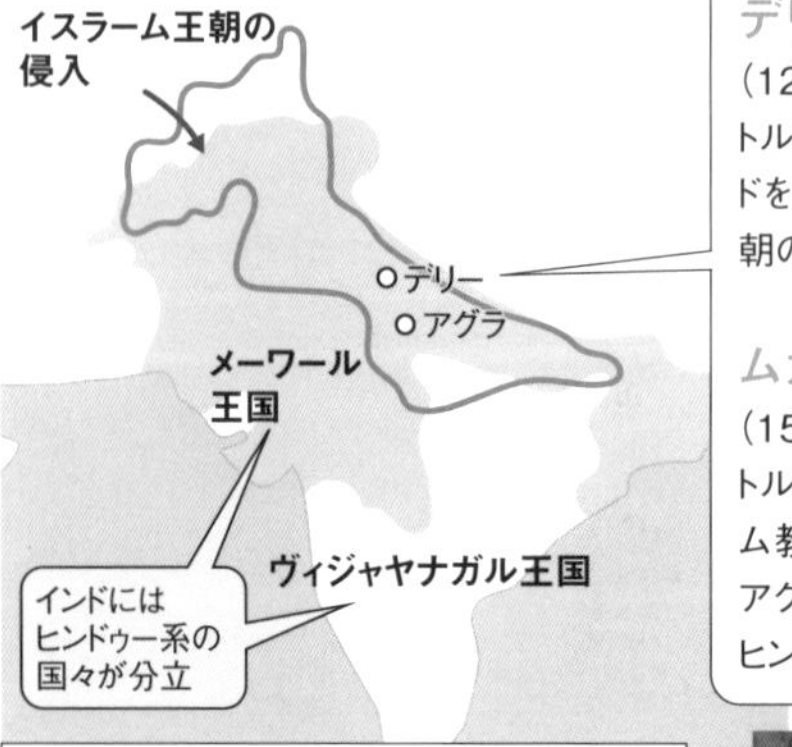

1・2代皇帝治世のムガル帝国の領土
3代アクバル帝治世のムガル帝国の領土

デリー＝スルタン朝
(1206～1526年)
トルコ系の奴隷王朝以降、北インドを支配した五つのイスラーム王朝のこと。デリーを首都とした
⬇
ムガル帝国
(1526～1858年)
トルコ人化したモンゴル系イスラーム教徒のバーブルが建国。3代アクバル帝の際にアグラに遷都し、ヒンドゥー教徒との融和を進めた

アクバル帝
ヒンドゥー教徒を懐柔し、ムガル帝国の安定化を図る。なお、この肖像画はイランの細密画（ミニアチュール）の影響を受けたムガル絵画の作品である。

こう変わった！

タージ＝マハルが建設される

支配層が信仰するイスラーム教は、一神教であり、偶像崇拝を認めません。それに対し、インドで圧倒的多数の信者をもつヒンドゥー教は多神教であり、多くの偶像がつくられていました。そのためヒンドゥー教徒は、人頭税（ジズヤ）を払うことで信仰の自由を保障されていました。

この人頭税を廃止したのが、ムガル帝国の3代皇帝アクバルです。彼はさらに**ヒンドゥー教徒を積極的に登用し、自らもヒンドゥー教徒の女性と結婚**することで、ヒンドゥー教徒とイスラーム教徒間の緊張を解くことに努めました。

異教徒への融和政策は、長期にわたる平和な時代をもたらしました。その結果、**ヒンドゥー文化とイスラーム文化が融合したインド＝イスラーム文化が誕生。**ヒンドゥー様式を取り入れたイスラーム建築として名高いタージ＝マハル廟がそうです。5代皇帝シャー＝ジャハーンが亡き王妃のために建造したもので、二つの文化が融合した代表的な建築です。

【インド=イスラーム文化の誕生】

二つの宗教が混ざった新宗教

シク教

ムガル帝国成立直前、ヒンドゥー教とイスラーム教を習合させたシク教が誕生した。開祖ナーナクは、イスラーム教の影響を受けてヒンドゥー教の改革を主導。偶像崇拝を禁止し、カースト制を否認した。このことから、すでにインドでイスラーム教の教えや風習が根づきつつあったことがうかがえる。

シク教の総本山・黄金寺院。

タージ=マハル廟

インド=イスラーム文化を代表する建築物。屋根についたドームや、四方に立つ塔（ミナレット）はイスラーム教のモスクなどに見られる特徴である。

絵画	イランの細密画の影響を受けたムガル絵画が誕生
言語	ペルシア語とヒンドゥー系の言語が融合したウルドゥー語が生まれる

イスラーム教　ヒンドゥー教

ムガル皇帝のヒンドゥー教弾圧がインドの植民地化を進めた

ポイント
ムガル帝国のイスラーム優遇政策でインドの分裂が進行。これに乗じてイギリスが進出し、インドを植民地化する

1658年～　なにが起きた？

インドで厳格なイスラーム政策が進む

ムガル帝国の3代君主アクバルの宗教融和策によって、インドではイスラーム教とそれ以外の宗教対立が収まり、帝国は全盛期を迎えました。ところがその最中、1658年に厳格なイスラーム教徒である6代君主アウラングゼーブが即位します。

アウラングゼーブはイスラーム教徒以外に課す人頭税（ジズヤ）を復活させ、ヒンドゥー教寺院をモスクに建て替えるなどしました。

この政策はヒンドゥー教徒から反発を受けました。これ以降、各地で**民衆の反乱が勃発**し、地方勢力が台頭。非イスラーム教の小国が乱立する事態となり、ムガル帝国の弱体化が始まりました。

【イスラーム優遇政策でインドに小国が分立】

アウラングゼーブ帝のヒンドゥー教弾圧は、ヒンドゥー教徒から反発を受け、ムガル帝国内に小国が乱立。列強が進出するきっかけとなる。

アウラングゼーブ帝
厳格なイスラーム教徒で、非イスラームの宗教を弾圧した。

こう変わった！

イギリスがインドを植民地化する

これに乗じて西欧列強はインド侵略を開始。インドにおける覇権を握ったイギリスは、南のマイソール王国（インド洋に面した貿易国家。宗教的には寛容）、中部のマラーター同盟（ヒンドゥー教国の共同体）、北西部のシク王国（シク教国）など、**インドの小国を次々と征服**しました。この時のムガル帝国は存続こそしていたものの、イギリス東インド会社の支配下にあり、名ばかりの存在でした。

1857年にインド大反乱が発生。きっかけとなったのは、東インド会社に雇われたインド人傭兵（シパーヒー）に支給された新式銃の弾薬包。かみ切って使用する包み紙にヒンドゥー教徒が神聖視する牛の脂や、イスラーム教徒がけがれたものとする豚の脂が含まれており、両教徒の禁忌に触れたためでした。この反乱では、ムガル帝国が反英の象徴としてかつぎ出されました。結果、反乱は失敗。以来インドは**イギリス政府の直轄下に置かれ植民地**となり、名ばかりの存在だったムガル帝国も滅亡してしまいました。

イギリスのインド支配

1707年
アウラングゼーブ帝が死去
⬇ムガル帝国の弱体化が始まる

1757年
プラッシーの戦い
⬇イギリスがフランスを後ろ盾とするベンガル太守軍に勝利

イギリスのインド植民地化が進む
・**マイソール戦争**
インド南部のマイソール王国を属国化
・**マラーター戦争**
ヒンドゥー教徒のマラーター同盟を降し、インド中部を支配
・**シク戦争**
インド北西部のシク教徒の小国、シク王国を降し支配

1857年
インド大反乱（シパーヒーの反乱）
イギリス東インド会社に怒ったシパーヒー（インド人傭兵）による反乱で、ムガル帝国が担ぎ出された
⬇イギリスに鎮圧され、翌年ムガル帝国は滅亡

1877年
インド帝国成立
⬇イギリスのインド植民地化が完了

イスラーム教　ヒンドゥー教

インド独立の父ガンディーが望んだ「ひとつのインド」とは？

ポイント
イギリスの分割支配に対し、ガンディーは宗教の垣根を越えた独立運動を提唱。しかし、宗教対立は収まらなかった

1919年

なにが起きた？

ガンディーがインド独立を提唱

イギリスの植民地支配を受けていたインドでは、イギリスの「分割統治」により**ヒンドゥー教徒とイスラーム教徒の対立が深まっていました。**第一次世界大戦が勃発すると、イギリスは戦後の自治を約束することでインド人の協力を得ようとしました。ところが戦後、形式的な自治しか与えられなかったため、インドでは独立を目指す民族運動が活発になります。

この時注目されたのが、「非暴力・不服従」の姿勢で民族運動を主導したガンディーでした。**ヒンドゥー教徒であるガンディーはイスラーム教徒との融和を訴え**、宗教や制度・文化の違いを超えた「ひとつのインド」を目指しました。

【ガンディーが望んだ「ひとつのインド」】

イギリスの分割統治
イギリスは、ヒンドゥー教徒とイスラーム教徒の対立を煽ることで、自分たちに不満が向かないよう分割統治を行った

←

ガンディーの理想
ガンディーは状況を打破するため、宗教の垣根を越えた独立運動を提唱するが、うまくいかなかった

イギリス
↑ 対抗
インド
・イスラーム教徒
・ヒンドゥー教徒
・その他

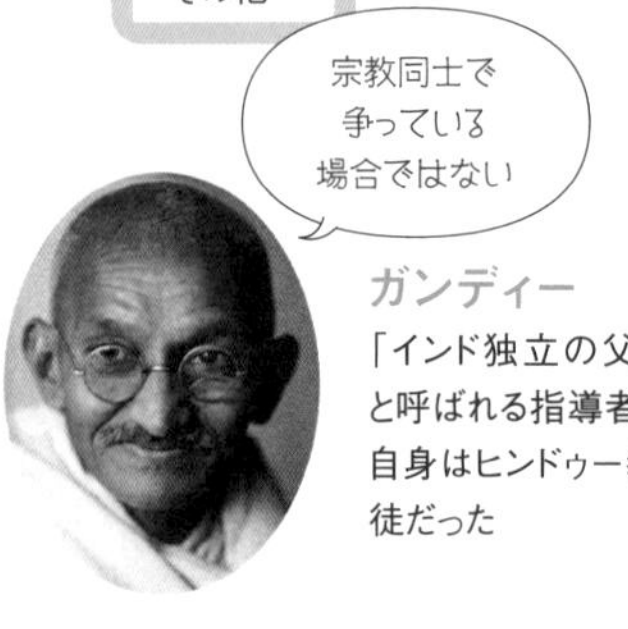

ガンディー
「インド独立の父」と呼ばれる指導者。自身はヒンドゥー教徒だった

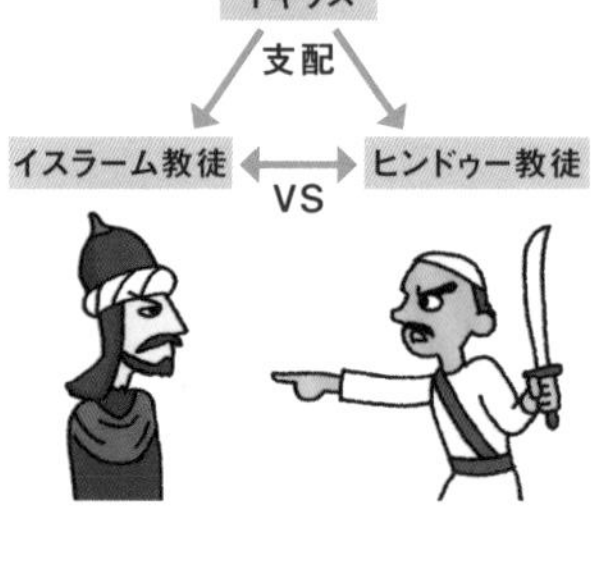

こう変わった!

インドとパキスタンの2国が別々で独立

第二次世界大戦後、戦争で疲弊したイギリスはインドの統治権を手放すことを決定。インドはついに独立を果たしますが、宗教の対立は根深いものでした。ガンディーの願いもむなしく、**ヒンドゥー教徒が多いインドと、イスラーム国家のパキスタンに分かれての独立**となったのです。

この分裂は大きな混乱を生みました。イギリス人によって引かれた国境線で分割され、インドにいたイスラーム教徒、パキスタンにいたヒンドゥー教徒は住み慣れた土地から移動しなければならなくなったのです。この時、移動する両教徒の間で衝突が起き、数十万人を超える命が失われたといいます。

両教徒の融和を訴えたガンディーは、ヒンドゥー教過激派の青年によって暗殺されてしまいます。インドとパキスタンの対立は、カシミール地方の帰属をめぐって2度の戦争に発展し、現在も解決されていません。

その他にも、南アジアは多くの宗教が混在し、現在も宗教的な対立が残っている地域もあります。

【多くの宗教が混在する南アジア】

現在の南アジアは、ヒンドゥー教、イスラーム教、仏教など、さまざまな宗教が混在している。

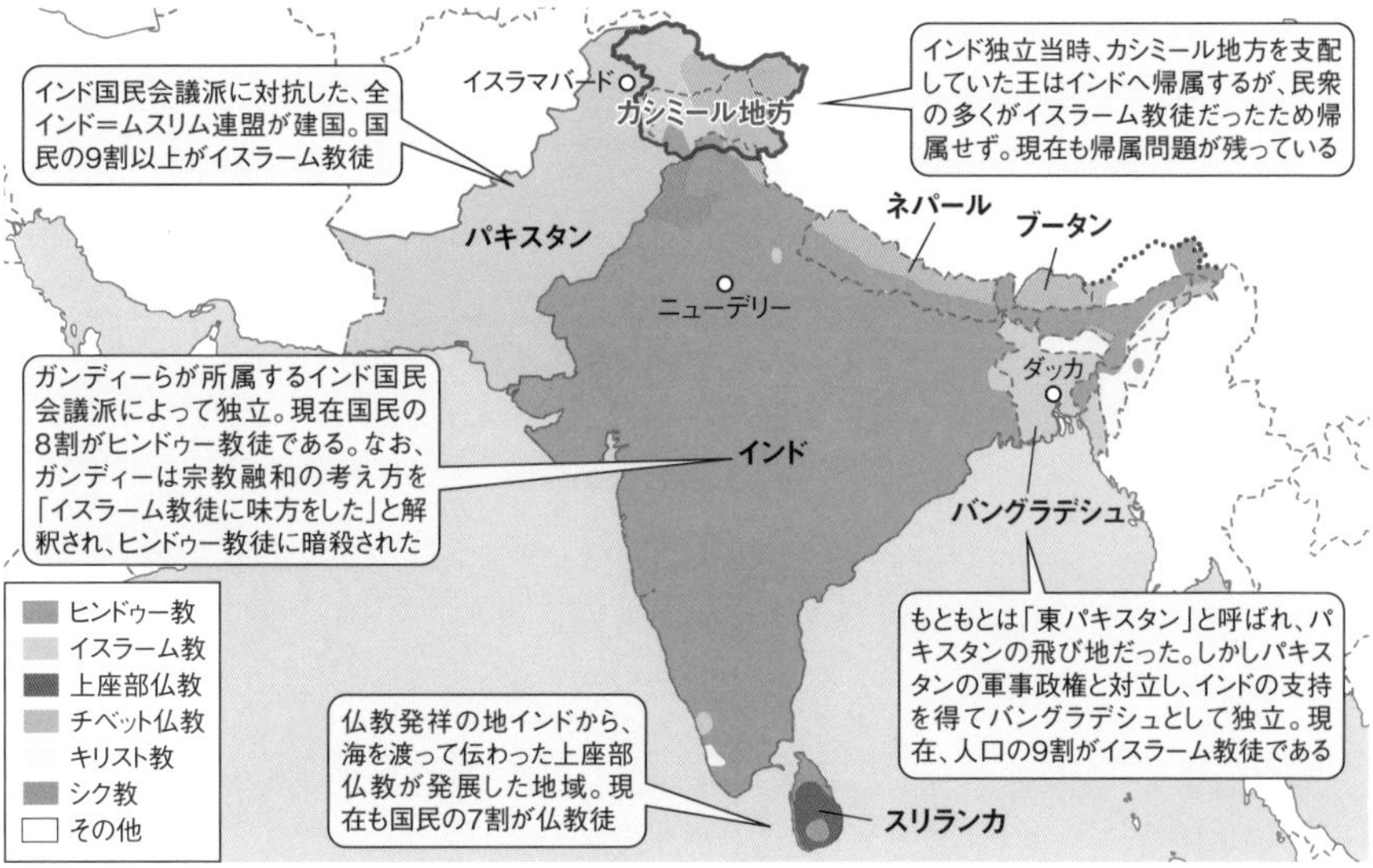

インド国民会議派に対抗した、全インド=ムスリム連盟が建国。国民の9割以上がイスラーム教徒
イスラマバード
カシミール地方
インド独立当時、カシミール地方を支配していた王はインドへ帰属するが、民衆の多くがイスラーム教徒だったため帰属せず。現在も帰属問題が残っている
パキスタン
ネパール
ブータン
ニューデリー
ダッカ
ガンディーらが所属するインド国民会議派によって独立。現在国民の8割がヒンドゥー教徒である。なお、ガンディーは宗教融和の考え方を「イスラーム教徒に味方をした」と解釈され、ヒンドゥー教徒に暗殺された
インド
バングラデシュ
もともとは「東パキスタン」と呼ばれ、パキスタンの飛び地だった。しかしパキスタンの軍事政権と対立し、インドの支持を得てバングラデシュとして独立。現在、人口の9割がイスラーム教徒である
ヒンドゥー教
イスラーム教
上座部仏教
チベット仏教
キリスト教
シク教
その他
仏教発祥の地インドから、海を渡って伝わった上座部仏教が発展した地域。現在も国民の7割が仏教徒
スリランカ

FEATURE

仏教に取り入れられたインド神話の神々

バラモン教やヒンドゥー教で祀られているインドの神々は、仏教にも取り入れられ、日本でも信仰された

帝釈天《たいしゃくてん》

➡元はインドラ

日本では柴又帝釈天（東京都）でおなじみ。インド神話では戦闘神で、戦勝祈願の神だった。仏教では護法神（守護神）とされており、梵天とセットで祀られ、ゾウに乗っていることが多い

「帝釈天立像」（東京国立博物館蔵）

梵天《ぼんてん》

➡元はブラフマー

インド神話では「梵（ブラフマン、宇宙の原理）」を司る神で、創造神。仏教の経典では、悟りを開いたブッダに、布教活動を勧めたと書かれている。ガチョウに乗った姿が特徴

「梵天坐像」（東京国立博物館蔵）

古代インドの宗教バラモン教。その特徴の一つに、自然などを司る神々を祀ることが挙げられます。そんなバラモン教が定着した後、バラモン教への批判から新しい宗教・仏教が起こります。

仏教の開祖ブッダの死後、弟子たちは、ブッダの言葉や教え、伝説をテキスト化した「経典」の作成を開始。その経典には、「インド土着の神々が仏教に帰依した」という物語も記載されました。これは新宗教の仏教が、バラモン教やその影響を受けてできたヒンドゥー教より上位の存在であるという権威づけをしたかったためです。

このように、仏教に取り入れられたインド土着の神々は、日本では「天（天部）」と呼ばれ、多くの仏像・仏画が作成されました。

弁財天《べんざいてん》

➡元はサラスヴァティー

インド神話では川の女神。仏教では学問や音楽などの神とされたほか、日本では海の女神と同一視され、江ノ島（神奈川）などに祀られた

「弁財天像」
（メトロポリタン美術館蔵）

韋駄天《いだてん》

➡元はスカンダ

火の神アグニまたは破壊神シヴァの子スカンダが、仏教の守護神となった姿。道教の影響も受け、中国風の甲冑をまとっているのが特徴。

「韋駄天像」
（東京国立博物館蔵）

吉祥天《きっしょうてん》

➡元はラクシュミー

インド神話では幸運や美を司る女神。仏教に取り入れられた後も美の女神とされ、美術作品では美しい女性の姿で描かれた

「吉祥天像」
（東京国立博物館蔵）

毘沙門天《びしゃもんてん》

➡元はヴァイシュラヴァナ

仏を四方から守る四天王のうち、北方の多聞天が単独で祀られた姿。戦勝祈願で戦国武将から信仰を受ける。インド神話では財宝神だった

「毘沙門天立像」
（東京国立博物館蔵）

閻魔天《えんまてん》

➡元はヤマ

インド神話で死を司る神ヤマが仏教に取り入れられ、地獄の王となる。中国で道教の影響を受けたため、日本の閻魔像は中国風の衣装を着ている

「十王像」より「閻魔王」
（東京国立博物館蔵）

阿修羅《あしゅら》

➡元はアスラ

インド神話では戦を愛する戦闘神で、神に反する悪魔の一族とされる。仏教では、ブッダの説法を受けて改心したとされ、仏教の守護神となる

下村観山「修羅道絵巻」に描かれた阿修羅
（東京国立博物館蔵）

世界遺産ガイド

～インド編～

インドは仏教やヒンドゥー教など数々の宗教の発祥の地で、寺院やモスクが世界遺産となっています。

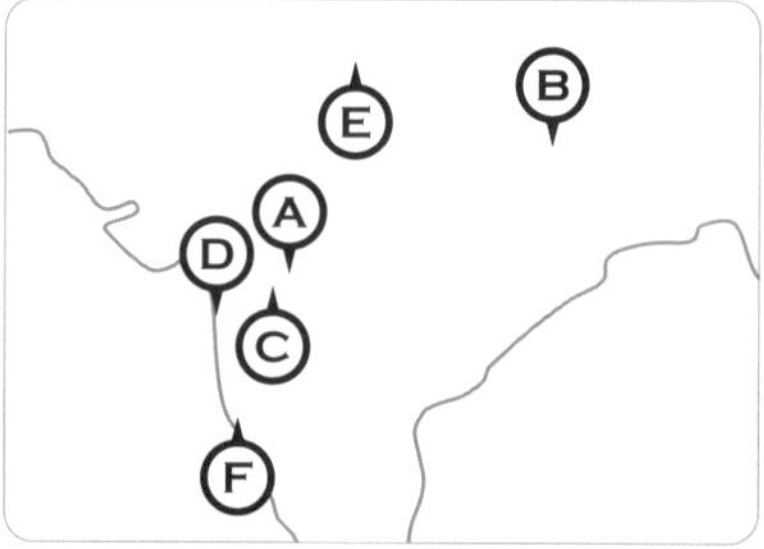

Ⓐ インド アジャンター石窟群

登録年：1983年

550 mにわたる断崖を掘ってつくられた、大小30余りの大遺跡群。インド最古の仏教石窟寺院。

Ⓑ インド ブッダガヤの大菩提寺

登録年：2002年

ブッダが悟りを開いた地に、紀元前３世紀にアショーカ王が建てた仏塔を起源とする寺院です。

Ⓒ インド エローラ石窟群

登録年：1983年

仏教・ヒンドゥー教・ジャイナ教の寺院が1カ所に集まっており、彫刻で装飾されています。

Ⓓ インド エレファンタ石窟群

登録年：1987年

岩山の頂上につくられたヒンドゥー教の石窟寺院で、破壊神シヴァを祀ります。

Ⓔ インド タージ＝マハル廟

登録年：1983年

ムガル帝国５代皇帝シャー＝ジャハーンが、王妃の死をいたんで建てた総大理石の霊廟。

Ⓕ インド ゴアの教会群

登録年：1986年

ヨーロッパ建築を伝えるキリスト教の教会と修道院群。宣教師ザビエルが眠る聖堂があります。

第5章

中国

中国では、儒教・道教・仏教の三教が共存しています。
なかでも儒教は、上下関係を重んじることから
積極的に政治に取り入れられました。
一方、道教・仏教は民衆の結束力を強め、
王朝への反乱を起こすことがありました。

第5章

中国の宗教史年表

Chinese Religious History

儒教・道教の始まり

(紀元前)

770 春秋時代が始まる

551頃 **孔子が生まれる**

諸子百家の活躍で様々な思想が発展する

213 秦の始皇帝が焚書坑儒を行う

206 秦が滅亡する

136 **前漢の武帝が儒教を官学化**

1C後半頃? 中国に仏教が伝来

(紀元後)

184 **黄巾《こうきん》の乱が起こる**

220 後漢が滅亡する

POINT 1

儒教が政治に取り入れられる

孔子が「仁（思いやり）」と「礼（礼儀）」を重んじる思想を提唱し、その教えを尊重した儒教が発展。儒教の天命思想は政治利用され、皇帝を頂点とした政治組織がつくられていく

POINT 2

道教集団 太平道が誕生

道教の指導者の元に集まった信者によって教団化が進行。後漢時代末期、張角が率いた太平道は、黄巾の乱を起こす。その反乱の鎮圧に『三国志』の英雄たちが活躍した

黄巾軍よ立ち上がれ!
黄巾軍

仏教の定着

宗教で存亡の危機を迎えた大帝国

581 楊堅が隋を建国し、のち中国を統一

科挙が開始される

635 景教（ネストリウス派キリスト教）が伝来する

7C頃 **イスラーム教とマニ教が伝来する**

チベット仏教が成立

751 唐がタラス河畔の戦いでアッバース朝に大敗

12C 南宋の朱熹が朱子学を大成

1351 **紅巾《こうきん》の乱が起きる**

1368 **朱元璋《しゅげんしょう》により明が建国される**

1644 清による中国支配が始まる

1724 雍正帝がキリスト教の布教を禁止する

1796 白蓮教徒の乱が起こり清の衰退が始まる

1840 アヘン戦争が起きる

1851 **太平天国の乱が起きる**

1912 辛亥革命が起こり、清が滅亡する

POINT 3

中国に仏教が定着する

中国と西域の仏教交流が発展し、大規模な石窟寺院の建造が進む。南北朝を統一し隋を建国した楊堅は、仏教の力を利用して政権の安定化を図った

POINT 4

朱子学が大成し各地に広まる

朱子学は儒教の教えの中でもより上下関係を重んじた。また、朝鮮王朝や日本の江戸幕府で採用され、王や将軍を頂点とする政治組織をつくるのに役立てられた

私が世界の頂点である
皇帝

POINT 5

白蓮教によって紅巾の乱が勃発

元末期、白蓮教の主導者・韓林児によって紅巾の乱が起こると、朱元璋も反乱に参加。しかし朱元璋は白蓮教を裏切って元を滅ぼし、明を建国した

反乱に乗じて皇帝にのぼりつめたぞ
朱元璋

儒教

孔子の教えが定着し〝儒教の帝国〟となった中国

ポイント

春秋時代に儒教が発展。儒教の思想が武帝に受け入れられ、以降中国では皇帝を頂点とする体制が続く

紀元前5世紀頃

なにが起きた？

孔子の教えが儒教へと発展

紀元前771年、周王朝が分裂し春秋《しゅんじゅう》時代が始まりました。政治家として腕をふるいたい人は仕えるべき主君を探し、各国へ遊説を行います。

その一人が、孔子《こうし》です。彼は春秋時代以前に統治を行っていた周《しゅう》王朝を理想とし、周のような社会をつくるために、「仁《じん》（人を思いやる心）」と「礼《れい》（祭礼を含め正しい礼儀作法）」を行うべきだと主君に説きました。

孔子の死後、彼の思想は弟子たちによって『論語《ろんご》』にまとめられます。この『論語』をベースとする思想家・儒者《じゅしゃ》が現れ、彼らによって説かれた思想が儒教を形成していくことになります。そのため儒教（儒学）は宗教というより哲学として扱われることも多いです。

【孔子が説いた儒教の教え】

孔子は「人には、君臣や親子などの上下関係がある」ということを前提に、仁と礼を重んじる儒教の基本思想を生み出した。

孝 親を大切にすること

↓ これをなすために

仁 人を愛すること
礼 上下関係を意識した作法

これらを実践するのが大事

孔子
小国・魯《ろ》に生まれ、儒教の始祖となる。

儒教の上下関係

儒教では上に立つ人間が持つ資質を「徳」と呼び、孔子は徳の最たる例が「仁」だとした。その上で、君主は最も徳が高い人がなるべきだと説いた。

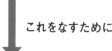

こう変わった！

2000年以上皇帝の支配が続く

その後、儒教はそれほど強い影響力を持たず、秦《しん》の時代には「焚書《ふんしょ》・坑儒《こうじゅ》」と呼ばれる厳しい弾圧もありました。そんな儒教に転機が訪れたのは前2世紀頃、前漢《ぜんかん》の7代皇帝・武帝《ぶてい》の治世でした。

武帝は、漢の版図を広めるべく異民族の土地へ侵攻を考えます。これを人々に納得させるために、**儒教の「中華思想《ちゅうかしそう》」を利用**したのです。中華思想とは、最も徳の高い天子《てんし》（皇帝）が、天から中華（天子の影響が及ぶ範囲）を任されるという考え方。そして、中華の外にいる異民族は「外夷《がいい》」とされ、中華、ひいては天子に帰属すべきものとされたのです。

これ以来、儒教は官学（国家の学問）に選ばれ、後漢時代には儒教の研究も始まりました。さらに何百年も経った隋《ずい》の時代、儒教の経典を出題範囲とする官吏採用試験・科挙《かきょ》が始まり、儒教は官吏の絶対の教義となります。こうして中国は、**儒教の「天命思想」を背景に、皇帝を頂点とした政治組織を、1912年の清《しん》の滅亡まで続けていく**ことになります。

【儒教の政治利用が始まる】

漢の武帝は儒教の力で皇帝の権威をより強める。以降中国では皇帝を頂点とする政治組織が続く。

中華思想
儒家の思想の一つ。最も徳が高い者が天から命じられ天子（皇帝）となり中華を治めるというもの。また中華に仇なす外夷も本来は天子に属すべきものとした。

春秋戦国・秦

前479年　孔子死去

前213年～　焚書・坑儒
始皇帝は儒者の政治批判を統制するため、儒教の書物を燃やし、儒者を生き埋めにした。

漢

前136年　儒教の官学化
武帝が儒家・董仲舒《とうちゅうじょ》の献策を受け、五経博士（儒教の研究・普及を行う学者）を設置。以降、漢の公認学問が儒教となる。

隋・唐

587年　科挙の始まり
儒教の経典を出題範囲とする官吏任用試験が始まる。

道教

天下を統一した秦の始皇帝 晩年は神仙思想に狂わされた

ポイント

死の恐怖にさいなまれた始皇帝は、不老不死を目指す神仙思想に傾倒した。その後、秦はわずか15年で滅亡した

紀元前5〜4世紀

なにが起きた？

不老不死を目指す神仙思想が誕生

春秋・戦国時代には、儒家以外にも様々な思想が生まれました。そのうちの一つが神仙思想《しんせんしそう》です。

神仙思想とは、この世界には不老不死の仙人が存在し、世俗を離れた山の中に住んでいるというもの。この仙人を目指している人を「方士《ほうし》」と呼び、不老不死の薬をつくって飲む練丹術《れんたんじゅつ》や、特殊な呼吸法を行うなど、日々の修行を重ねています。

中国の宗教といえば儒教の他に「道教《どうきょう》（すべての根源である道《タオ》に従い自然体でいることを大切にする）」が挙げられますが、**神仙思想はこの道教に取り込まれ、他の様々な思想とともに定着**。漢で儒教が官学化される前は、儒教よりも広く信仰されていました。

神仙思想とは何か？

不老不死の仙人になるよう修行を重ねる神仙思想が生まれた。

仙人

超人的な能力を有し、不老不死となった人間。老齢の男性のイメージが強いが女性の仙人も多い。

黄山

仙人は世俗を離れ、深山に住むとされた。黄山はその代表例で聖地となっている。

道こそこの世界の根源である
仙人

始皇帝が神仙思想に傾倒する

神仙思想が生まれた頃の中国は、いくつもの国が覇を競い合っていました。やがてその中の一国・秦が天下統一の夢を叶えます。後に始皇帝と呼ばれる秦王・政《せい》は、文字や度量衡の統一、法で民衆をまとめる法治国家の実現、さらには壮大な宮殿・阿房宮《あぼうきゅう》の建築に着手します。この**急進的な改革や、土木工事・徴税の負担に、民衆は不満を持ちました**。

さらに**始皇帝は死への恐怖から神仙思想へ傾倒し始めます**。側近に方士を置き、大陸各地に不老不死の薬を探すよう命令。一説では方士がつくった不老不死の薬として、猛毒の水銀を飲んだとも言われています。始皇帝の死後、臣下たちが彼の長男を排斥。まだ幼い末子を後継者に据え、傀儡《かいらい》政治を開始しました。腐敗政治への怒りが民衆に火をつけ、各地で反乱が勃発し再び乱世に突入します。

もし始皇帝が人心を顧み、神仙思想に傾倒せず後継者教育を行っていれば、秦朝はたった15年で滅ばずに済んだかもしれません。

【神仙思想に傾倒した始皇帝】

始皇帝の死後、秦朝は滅亡する。その原因の一つに、始皇帝が神仙思想に熱中しすぎたことが挙げられる。

始皇帝廟

兵士をかたどった精巧な人形・兵馬俑でよく知られる。歴史書『史記』には、始皇帝廟には水銀の川が流れていたという記述がある。

不老不死になるのだ！
始皇帝

始皇帝を翻弄した

徐福《じょふく》

方士・徐福は、始皇帝に近づき不老不死の薬を探してくると提案し、仙人への土産物として金銀財宝を要求する。財宝を得た徐福は船で旅立つがそのまま帰国せず、日本に逃げて定住したという伝説がある。

徐福の墓があったとされる和歌山県新宮市に立つ徐福の像。

道教

初の道教教団・太平道が『三国志』の英雄を生み出した

ポイント

道教の教団化が始まり「太平道」が成立。太平道が起こした反乱・黄巾の乱鎮圧に、のちの『三国志』の英雄たちが活躍

2世紀後半

なにが起きた？

道教の教団化が進む

中国で生まれた宗教といえば儒教と道教があります。

そのうち道教の主軸となるのは諸子百家のひとつ・道家によって生み出された老荘思想《ろうそうしそう》。教えの根本は「無《む》為《い》自《し》然《ぜん》（何もせずありのままの自然であるようにすること）」という考えです。そんな老荘思想に神仙思想、占い、医術、そして民間信仰などが取り込まれ、道教が誕生しました。

やがて**道教の指導者の元に信者が集まり、教団化が始まります**。なかでも後漢時代末期、張角《ちょうかく》が率いた道教集団・太平道《たいへいどう》は、貧しい民衆の病を治すことで、約10万人を超える多くの信者を獲得しました。この太平道がのちに乱世のきっかけをつくります。

【道教の教団化】

老荘思想に様々な要素が加わり、中国の宗教・道教は生まれた。

老荘思想　＋　神仙思想・占い・医術・民間信仰

↓

無為自然が大事
老子

道教の始まり

↓ 教団化

罪を懺悔しながら霊水を飲めば病が治るのだ
張角

太平道の成立

開祖・張角が起こした『太平清領書《たいへいせいりょうしょ》』を経典とする道教教団。張角は霊水や護符で病を治癒し信者を獲得した

こう変わった！

『三国志』の英雄たちが躍進する

当時の後漢王朝は、宦官《かんがん》（男性器を切られた皇帝の世話係）による官僚勢力への弾圧「党錮《とうこ》の禁」が繰り返され、宦官が政権をほしいままにしました。さらに同時期に寒冷化や疫病で大飢饉が起こり、庶民は明日食べるものにも困る状況に陥ります。

そんな中で、太平道は「蒼天已死《そうてんすでにしす》、黄天当立《こうてんまさにたつべし》（後漢王朝〈蒼天〉を滅ぼし、太平道〈黄天〉による国をつくろう）」というスローガンを掲げ、各地で反乱を起こし始めます。この時、**反乱軍は頭に黄色い布を巻いていたため「黄巾軍《こうきんぐん》」**と呼ばれました。

黄巾軍の勢いが都の周辺まで及んだとき、皇帝は慌てて鎮圧の兵を出します。その兵には曹操《そうそう》、孫堅《そんけん》、そして義勇兵の劉備《りゅうび》など、のちに小説にも書かれる『三国志』で活躍する英雄たちも参加します。彼らは黄巾軍を壊滅させ、黄巾の乱は終了しましたが、その戦いは続いて権力争いへと移り変わることになります。

黄巾の乱は『三国志』の英雄たちによる三つ巴の三国時代を生み出すきっかけになったのです。

【黄巾の乱と三国時代の始まり】

黄巾の乱勃発
太平道の信者が蜂起。それに貧しい庶民たちが加わり反乱が大規模化する。黄色い頭巾が特徴的だったため、黄巾の乱と呼ばれる

← 鎮圧

各地の群雄の力が強まる
群雄の助力で黄巾の乱は鎮圧されるが、群雄の間で領土争いが頻発。混乱の中で皇帝を擁立した曹操が躍進する。これに対し、劉備の軍師・諸葛亮《しょかつりょう》（孔明《こうめい》）が孫堅の子・孫権《そんけん》と同盟し、赤壁《せきへき》の戦いで曹操軍を破る

←

三国に分立
曹操の子・曹丕《そうひ》が皇帝から禅譲《ぜんじょう》（譲位）を受け魏《ぎ》の皇帝に。対抗して劉備が蜀《しょく》（蜀漢《しょくかん》）、孫権が呉《ご》の皇帝となり、三つの国ができる

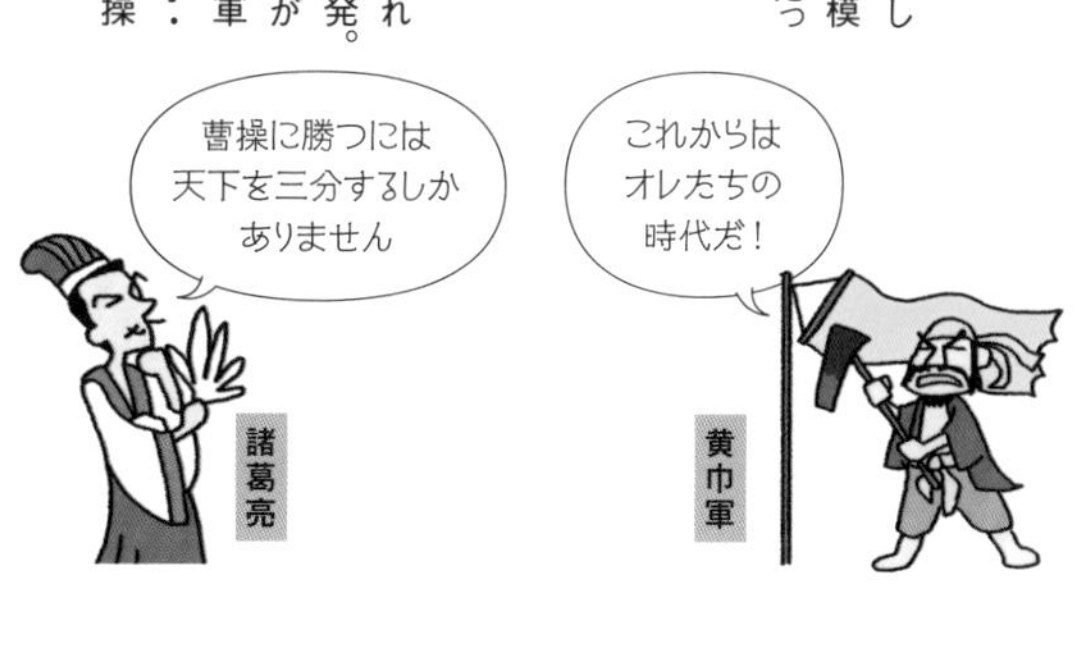
これからは
オレたちの
時代だ！
黄巾軍
曹操に勝つには
天下を三分するしか
ありません
諸葛亮

魏
蜀
呉

仏教

仏教の伝来で中国は300年ぶりに統一された

ポイント

仏教が伝来し、南北朝時代に広まる。熱心な仏教徒であった楊堅が、仏教徒の貴族たちを取り込み、隋を建国する

1世紀頃

なにが起きた？

中国に仏教が伝来する

中国に仏教が伝来したのは1世紀後半、後漢の頃です。時の皇帝が仏の夢を見たことをきっかけに、西域《さいいき》から僧侶を呼び寄せ、都に寺院をつくらせました。しかしこの頃の中国にはすでに儒教や道教が根づいていたので、すぐに仏教の教えが広がったわけではありませんでした。

中国の仏教しに転機を起こしたのは、4世紀前半、西域から招かれた僧侶・仏図澄（ブドチンガ）と、その弟子・道安でした。道安は、中国に仏教教団を起こし、初めて戒律をまとめた僧侶で、中国仏教の礎を築きました。以来、**中国では徐々に仏教が広がり、南北朝時代頃に定着**しました。

【中国への仏教伝来】

西域の僧侶たちの活躍で、仏教は徐々に中国に定着していった。

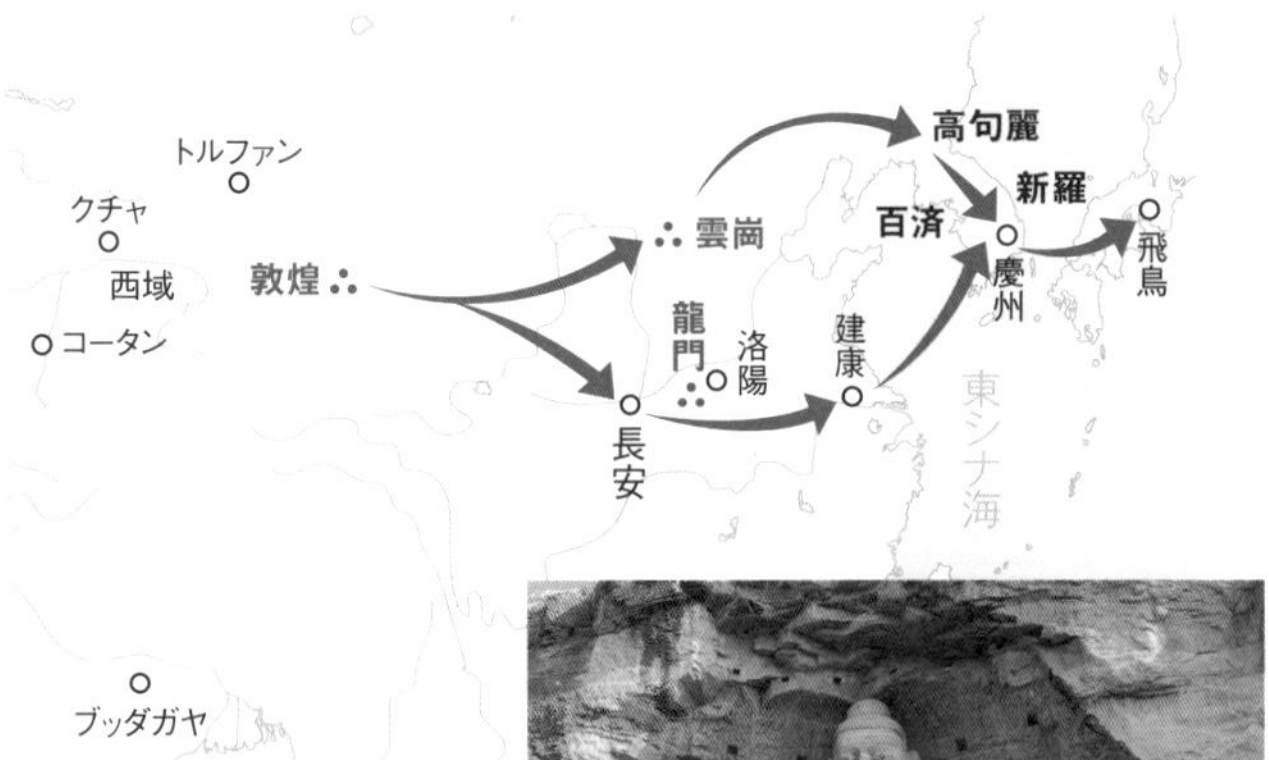

雲崗石窟《うんこうせっくつ》

386年に成立した北魏の勃興を記念してつくられた石窟寺院。インド・西域の影響を受けた高い鼻で薄手の衣装の仏像が多い。

こう変わった！

隋が中国を統一

中国を280年に統一した晋《しん》（西晋）が滅ぶと、大陸の北側は北方・西方の諸民族の王朝が、南側は晋の流れを汲む王朝が続く、南北朝時代に入ります。

先に述べた**中国と西域の仏教交流が発展していくのが南北朝時代**でした。為政者には国を仏教の力で治める「鎮護国家思想《ちんごこっかしそう》」が、庶民には仏教を信じれば幸福が訪れる「現世利益《げんぜりやく》」の思想が受け入れられたからです。とくに北朝の北魏《ほくぎ》では大規模な石窟寺院がつくられ、経典の漢訳も進みました。

そんな南北朝を統一したのが、隋《ずい》の皇帝・楊堅《ようけん》です。彼は北周《ほくしゅう》の皇帝の外戚でしたが、次第に政権を握り、北周を滅ぼします。その後、楊堅は南朝の陳《ちん》を攻め、589年に中国を統一し、隋を建国したのです。このち楊堅は北周に滅ぼされた北斉《ほくせい》の仏教徒を登用します。北周では仏教が弾圧されていましたが、**楊堅自身は仏教徒で、仏教の力で政権の安定化を図った**のです。また楊堅にとって異民族である南朝の人々を効率よく統治するのにも、仏教が役立てられました。

【中国での仏教定着と隋の成立】

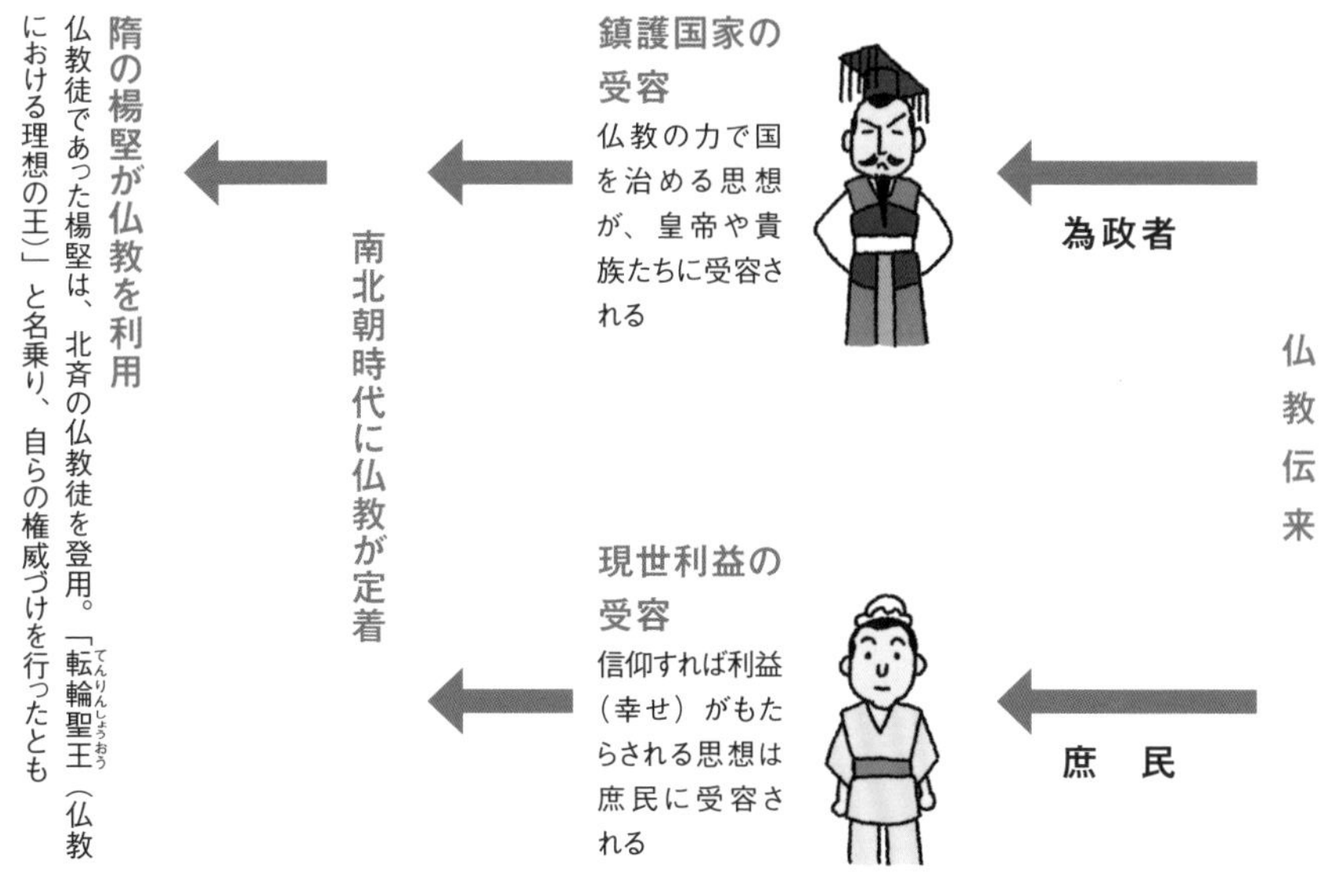
仏教伝来
為政者
庶民
鎮護国家の受容
仏教の力で国を治める思想が、皇帝や貴族たちに受容される
現世利益の受容
信仰すれば利益（幸せ）がもたらされる思想は庶民に受容される
南北朝時代に仏教が定着
隋の楊堅が仏教を利用
仏教徒であった楊堅は、北斉の仏教徒を登用。「転輪聖王《てんりんじょうおう》（仏教における理想の王）」と名乗り、自らの権威づけを行ったとも

仏教

巨大帝国・元の皇帝が傾倒したチベット仏教とは何か？

ポイント

チベットに独特の教えを持つチベット仏教が誕生。モンゴル帝国の皇帝たちもチベット仏教を受容した

11世紀頃

なにが起きた？

チベット仏教が起こる

チベットでは**いくつもの思想が絡み合う、独特の仏教が誕生**します。チベットに仏教が伝来したのは7世紀、チベットを統一したチベット王国（吐蕃《とばん》）の王ソンツェン＝ガンポの治世です。彼は唐とネパールの女性を妻に迎え、二人から仏教を教わります。それに民間信仰のボン教などの要素も加わり、複合的な仏教ができます。しかし吐蕃が滅亡すると、仏教も衰退します。

11世紀頃、インドから仏教が再び伝来します。このとき伝来した仏教は「密教（呪文によって現世利益を求める教え）」でした。こうして**既存の仏教に、インドの密教を組み入れた独特のチベット仏教**が生まれ、チベット仏教の指導者は一大勢力を築くのでした。

【チベット仏教とは？】

チベット仏教は密教やインドの民間信仰など様々な信仰が混ざった仏教である。

7世紀に伝来したインド・中国（唐）の仏教を基礎に発展

↓ 一時衰退

11世紀にインドの密教が伝来

↓

チベット仏教の成立へ

サムイェー寺院

8世紀頃に造立された仏教寺院。建物の配置で仏教の世界観を表している。

チベット仏教のラマ（高僧）は医者やカウンセラーのような役割も持ち、社会奉仕に努めたことから民衆に定着した

こう変わった！

モンゴル帝国が衰退する

13世紀、モンゴル人は世界を制覇し、モンゴル帝国を築きます。中国も取り込まれ、元が建国されました。もちろんチベットも例外ではありません。しかし**モンゴル帝国はチベット仏教を信奉し、チベットは宗教によって地位を確立する**ことができたのです。

当時、モンゴル帝国との和平交渉に参加したのは、チベット仏教の宗派の一つサキャ派の座主サキャ＝パンディタでした。交渉はうまくいき、パンディタはモンゴルにチベット仏教を伝えます。またパンディタの甥パスパは皇帝の弟フビライの教師となります。そのフビライがモンゴル帝国の皇帝に即位すると、パスパは国師となり、フビライの命令で元の公用文字となる「パスパ文字」を開発するなど、活躍しました。

フビライの死後も、**元の皇帝はチベット仏教を信仰し、手厚く保護。寺院の造営などによる浪費が原因で、宮廷の経済が回らなくなり、インフレが起こります。**これが一因で宗教反乱・紅巾《こうきん》の乱が起こり、元は中国大陸の領土を失い、衰退していくのでした。

【モンゴル帝国とチベット仏教】

チベットがモンゴル帝国に降伏すると、モンゴルはチベット仏教に帰依するようになる。

モンゴル帝国内は信教の自由を認めるが、朝廷はチベット仏教を保護するぞ
モンゴル帝国の共通文字をラマ（チベット仏教の高僧）につくらせるぞ

フビライ＝ハン

パスパ文字が刻まれた牌子《はいし》

モンゴル帝国の公用文字で、チベット文字を元につくられた。「牌子」とは、広大なモンゴル帝国を行き来するのに使う通行手形のこと。

儒教

朱子学の成立が東アジアにあらたな秩序をもたらした

ポイント

儒教を体系化し「礼」を整理した朱子学が登場。上下関係を重んじた朱子学は、朝鮮王朝や江戸幕府で受容される

12～13世紀頃

なにが起きた？

朱子学が成立する

儒教は漢の時代に官学化して以来、役人の教養として重用され続けました。そんな儒教に転機が起こったのは宋《そう》の時代のこと。学者・朱熹《しゅき》は儒教の古典を研究し「理」と「気」という考えに至りました。**秩序や礼を守ることを最善とした新しい解釈**です。両親、目上の人や君主を敬い仕えるという上下の秩序を重んじ、道徳を遵守することが大切だと彼は唱えたのです。

彼が生きている間、朱子学は偽学と蔑まれました。ただ、**中華の天子を頂点に、上下関係の秩序を明確にした朱子学**は、為政者にとって都合の良いものでした。そのため朱子学は彼の死後、国の官学として取り入れられるようになりました。

【朱子学の考え方】

朱子学はそれまでの儒教を整理したものだが、中でも皇帝を頂点とする上下関係を明確化した点が、支配者層に受容された。

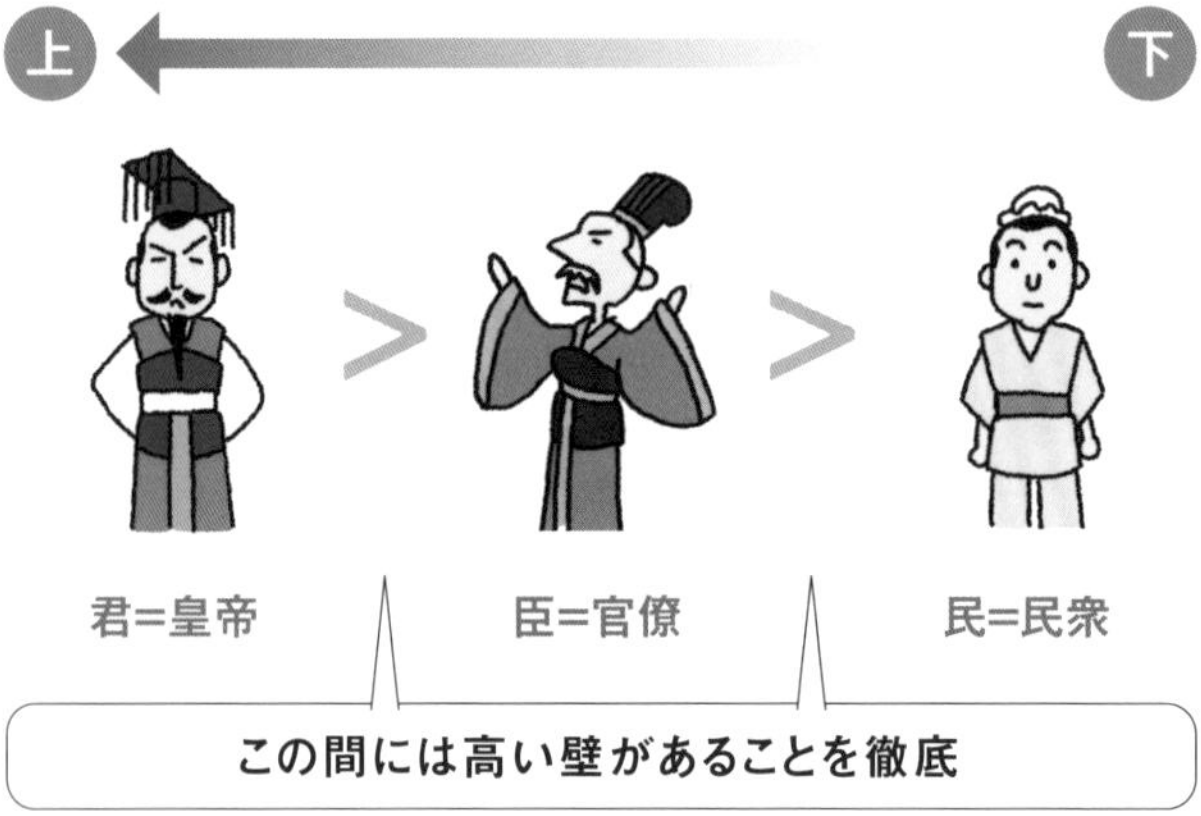

➡朱子学は皇帝や士大夫《したいふ》（科挙に合格したエリート）の間で定着

こう変わった！

朝鮮王朝や江戸幕府が朱子学を重んじる

儒教はもともと、「礼（両親や上司など目上の人に尽くす教え）」が徹底されていました。朱子学はその礼をさらに膨らませたものです。上下関係をはっきりとさせ、人々の欲望を抑え、君主を敬わせる。皇帝にとっては魅力的な考えです。そこで**各王朝は朱子学を取り入れ、官吏任用制度の科挙を導入**します。

やがて朱子学の考えは中国だけでなく、近隣国家にも広がりました。まず影響を受けたのは中国の隣、李《り》成桂《せいけい》が開いた朝鮮王朝です。「両班《ヤンバン》」と呼ばれる朝鮮の官僚たちは朱子学の「礼」を究めるようになります。それまで定着していた仏教に代わり社会にも儒学の教えが広まります。しかしそうした影響は、朝鮮半島では今も男尊女卑や年齢差による上下関係が社会的に定着しています。

日本に朱子学が入ってきたのは鎌倉時代ですが、実際に大きな発展が見られたのは江戸時代のこと。**将軍を中心にした幕府運営を目指した江戸幕府が朱子学を採用**し、朱子学は武士が学ぶべき教養になりました。

朱子学を批判した

陽明学

朱子学が流行するとそれに逆らう考えも登場した。それは王陽明《おうようめい》が唱えた陽明学。彼は秩序を守って聖人を目指す朱子学を批判し、道徳は生まれた時から自分の中に備わっており自分の心に素直に従うだけでいいと説いた。この考えは朱子学を揺るがすもので、江戸時代は幕府から弾圧された。

真に重要なのは己の心だ
王陽明

各国での朱子学の受容

朱子学の上下関係を重んじる教えは周辺国でも採用された。

朝鮮

朝鮮王朝が朱子学を導入

朝鮮王朝では、朱子学が中国の冊封下の文化として国家、社会では絶対とされた。李滉《イファン》などの朱子学者が活躍

李滉

日本

江戸幕府が朱子学を広める

江戸幕府が採用。将軍を頂点とする上下関係を徹底すべく、朱子学を武士の官学とする。林羅山《はやしらざん》を筆頭に、林家が教師を務めた

林羅山

仏教

何度も革命を起こした仏教教団・白蓮教とは？

ポイント

中国で独自の宗教教団・白蓮教が結成され、たびたび反乱を起こす。明の成立の大きなきっかけとなる

14世紀頃

なにが起きた？

仏教系新興宗教・白蓮教が成立する

かつて三国時代の始まりに黄巾の乱があったように、中国では**時代が変わる時に宗教が民衆の心をつかみ**ました。モンゴル人が支配した元王朝でも、疫病や飢饉で苦しむ人々を支えたのは「白蓮教《びゃくれんきょう》」という宗教でした。これは仏教の弥勒仏《みろくぶつ》信仰に、ゾロアスター教系の宗教であるマニ教が融合した宗教です。末世には仏が救世主となってこの世界に降り立ち、信じるものを救ってくれるという教えで、貧しい農民を中心に多くの信者を獲得しました。

しかし**元は白蓮教を邪教として弾圧**。それだけでなく、民衆に治水工事などの厳しい強制労働を課し、人々の不平不満は溜まっていくことになります。

白蓮教の教え

白蓮教は仏教の弥勒信仰とマニ教が混ざった独自の思想を持つ宗教である。

仏教の弥勒信仰

弥勒仏は釈迦の入滅から56億7000万年後に現れ人々を救うとされる

◀「菩薩半跏像」

マニ教

ササン朝ペルシアで生まれた宗教。ゾロアスター教を基本とし、キリスト教や仏教など様々な宗教の要素を持つ

白蓮教

弥勒菩薩を世界の救世主とみなす宗教結社で、本来の仏教からは「邪教」扱いされた。元の支配に苦しむ民衆から支持を得た

こう変わった！

朱元璋が明を建国する

そんな民衆の怒りに目をつけたのは白蓮教の主導者・韓山童《かんさんどう》でした。彼は黄河に石像を埋め「黄河から石像が見つかれば天下が変わる」と流布。石像が掘り起こされたことをきっかけに反乱を起こしました。乱はすぐに鎮圧されるのですが、以降も反乱が頻発します。この反乱で中核をなしたのは、白蓮教徒と食い詰めた農民たちでした。彼らは**赤い布を身につけたため「紅巾の乱」と呼ばれる**ようになります。

その中で**頭角を現したのが朱元璋《しゅげんしょう》。**のちに明《みん》の皇帝になる人物です。**彼は貧しい農家の生まれで、若くして家族と死別し白蓮教と出会い**ますが、白蓮教徒の勢力が拡大すると、白蓮教を見限り、教団の指導者を殺害。反乱を鎮圧し、元を滅ぼして明を建国しました。この「明」という国号は、一説では白蓮教の救世主を指すともいわれています。

しかし弾圧後も白蓮教は密かに生き残りました。そして清《しん》朝衰退のきっかけとなる「白蓮教徒の乱」まで反乱を続けることになります。

【明建国のきっかけとなった紅巾の乱】

白蓮教徒が起こした反乱は、信者以外の農民たちも参加したことで大規模化し、元打倒のきっかけとなった。

元が民衆を圧迫
チベット仏教寺院への寄進や支配者層の浪費で元朝の財政は悪化。さらに帝位継承争いが続き、内紛が勃発。飢饉も相まって、民衆の生活は悪化する一方だった

←

紅巾の乱（1351年）
白蓮教徒を中心にした反乱が発生。農民・朱元璋が躍進し金陵（南京）を占領

←

明の建国（1368年）
朱元璋が江南地主と協力し反乱鎮圧側へ転身。南京で即位し明朝が起こる

元を倒し
我々の国を
つくるのだ
白蓮教徒

白蓮教は
邪教として
弾圧する
朱元璋

キリスト教

新興宗教が起こした太平天国の乱が清朝の命運を決定した

ポイント
キリスト教系の新興宗教・拝上帝会が起こした反乱に、清は苦慮。なんとか鎮圧するも、清の衰退が進むきっかけに

1851年

なにが起きた？

太平天国の乱が起こる

1616年中国東北地方をまとめ上げた満州（女真）族は、清朝を建てて中国を支配してきました。ところが1842年、清はイギリスとのアヘン戦争に敗れ多額の賠償金を背負わされました。そのしわ寄せは重税という形で民衆に向かい、清の民衆は貧困に喘ぎます。

そんな中、広東省の客家出身の**洪秀全**《こうしゅうぜん》が**拝上帝会**《はいじょうていかい》を結成します。彼は自分がヤハウェ（エホバ）の子で、キリストの弟であると称しました。人間の平等を説き、儒教を批判し、偶像破壊を行いました。そしてその説教が、広西省で大きく支持されると、天王に就いた洪秀全は、清朝に対抗して、「太平天国」の建設を訴え、**1851年に挙兵**します。

洪秀全が結成した新興宗教・拝上帝会

洪秀全は科挙に落ちたコンプレックスからキリスト教に傾倒。「イエスの弟」を自称し、拝上帝会を結成した。

洪秀全

太平天国の国璽《こくじ》

洪秀全は漢民族の国家・太平天国を築く。

こう変わった!

中国分割が進み、清は滅亡へ

洪秀全は財産の共有などの目標を掲げて民衆の心を掴み、信者はさらに増加。太平天国の勢力は江南地方を圧倒し、南京を「天京」と名づけて都としました。反乱を抑えられない清は、**やむなく列強の援助を得て、民兵組織を率いて乱を鎮圧**。1864年に洪秀全が病死したこともあり、太平天国は壊滅します。

約13年間も続いたこの内乱で**清は自国の弱体化を自覚**し、西洋の軍事・工業技術を取り入れる洋務《ようむ》運動を進めます。しかし1894年の日清戦争で、同じ時期に近代化を果たした日本に敗北。この敗戦で清は高額の賠償金を科され、さらに列強による中国分割(領土の割譲)が進み、清はますます衰退していきます。

その後も清国内では、近代的な政治システムを取り入れたい革命派と保守派の対立、外国人排除をもくろむ宗教結社・義和団《ぎわだん》の反乱と、その鎮圧を名目に軍事介入を行う列強諸国、満州族と漢民族の軋轢《あつれき》などで低迷。孫文《そんぶん》ら革命家による辛亥革命《しんがいかくめい》へとつながっていき、清は滅亡を見ることになります。

【太平天国の乱が中国衰退のきっかけに】

清の衰退

太平天国の乱(1851 年)
洪秀全がつくった太平天国が反乱を起こし南京を占領。なんとか鎮圧

結果 →

洋務運動が進む
清は軍事・工業の近代化を進める。これを洋務運動という

日清戦争(1894 年)
同じく近代化を果たした日本に敗北。清は洋務運動の限界を知ることとなる

結果 →

中国分割が進む
賠償金の貸借担保として、露・仏・英・独が中国領土を分割

義和団事件(1899 年)
反外国を説く宗教教団・義和団が反乱を起こす。列強の力で鎮圧するが、その後もロシアは満州に軍を配置

結果 →

孫文

清の滅亡へ
清に代わる近代国家をつくるため革命家が登場。清は滅亡へ

FEATURE

日本美術の題材となった中国の三教の人物・神

中国で発展した三教が日本に伝来すると、中国の仙人や神、高僧が日本絵画の題材となった

中国の宗教といえば、儒教・道教・仏教の三教。儒教・道教は春秋時代に中国で基礎ができたもの、仏教はインドから伝わった外来の宗教です。三教はほとんど対立することもなく、互いに影響し合いながら発展していきました。

やがて三教は日本にも伝来。三教にまつわる人物をモチーフにしたアート作品もつくられました。たとえば、道教の仙人たち。修行の末に不老不死を得た仙人は、しばしば日本の水墨画のモチーフになっています。とくに福禄寿《ふくろくじゅ》や寿老人《じゅろうじん》は日本の民俗神・七福神のメンバーとしても有名です。また中国の高僧は、日本の僧侶にとっては崇敬の対象でもあり、彼らの姿は古くから絵画や彫刻の題材になりました。

【仏教の高僧】

達磨《だるま》

中国で禅宗を開いたインド出身の僧侶。禅宗は鎌倉時代に日本に伝来し、以降日本でも絵画のモチーフになる。現在は縁起物の「だるま」でもよく知られる

興悦「達磨図」（東京国立博物館蔵）

寒山《かんざん》・拾得《じっとく》

唐時代の伝説的な人物。国清寺《こくせいじ》から食事をもらって生活していた。その俗世から離れて気ままに生きる姿が評価され、禅宗絵画の題材に

伝周文「寒山拾得図」（東京国立博物館蔵）

【道教の仙人・神】

蝦蟇《がま》・鉄拐《てっかい》

伝説的な仙人で、基本的に2人1組で描かれる。蝦蟇はヒキガエルを用いた妖術を行い、鉄拐は口から自分の魂を飛ばせた

雪村周継「蝦蟇鉄拐図」のうち蝦蟇仙人
（東京国立博物館蔵）

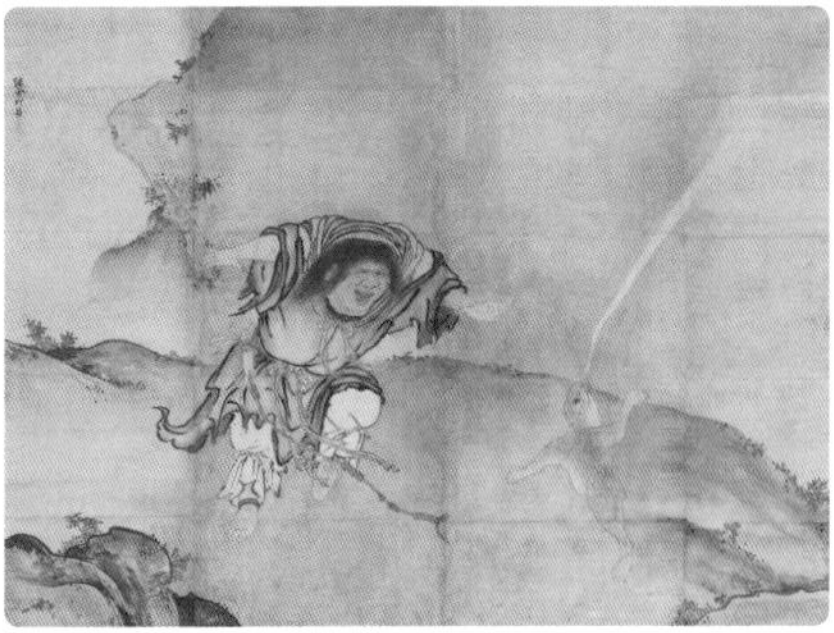

福禄寿・寿老人

長い頭が特徴の仙人で、南極星の化身とされる。日本では「七福神」で有名。なお七福神の布袋《ほてい》は中国の高僧である

歌川国貞「七福神恵方入船」
（東京都立中央図書館特別文庫室）

鍾馗《しょうき》

唐の玄宗皇帝が病に冒された時、夢に現れ病魔を調伏したという。日本でも疫病退散の神として、武装した姿で描かれた

歌川豊国「鍾馗」（東京都立中央図書館特別文庫室）

関帝《かんてい》

『三国志』に登場する実在の武将・関羽《かんう》のこと。彼の故郷・山西《さんせい》が塩の名産地だったことから塩商人の信仰を受け、商売の神となった

狩野山楽「巣父図／関羽図」（東京国立博物館蔵）

世界遺産ガイド

～中国・朝鮮半島編～

中国には独自の宗教である儒教・道教、また外来の仏教の寺院があります。中国の影響を受けた朝鮮も同じです。

Ⓐ 中国 曲阜《きょくふ》

登録年：1994年

孔子の故郷。孔子とその末裔を祀った孔子廟、邸宅の孔府、墓地の孔林があります。

Ⓑ 中国 敦煌《とんこう》の莫高窟《ばっこうくつ》

登録年：1987年

シルクロードの要衝に、千年かけて建設された石窟群。美しい壁画や像が残っています。

Ⓒ チベット自治区 ラサのポタラ宮

登録年：1994年

標高 3700m のラサのマルポリにあるチベット仏教の聖域。かつてはダライ＝ラマの宮殿でした。

Ⓓ 中国 龍門《りゅうもん》石窟

登録年：2000年

敦煌の莫高窟、大同の雲崗石窟と並ぶ中国三大石窟の一つ。北魏時代につくられました。

Ⓔ 韓国 仏国寺《ブルグクサ》

登録年：1995年

朝鮮半島を統一した新羅時代の仏教寺院。石造の多宝塔は新羅時代当時のものと推定される。

Ⓕ 韓国 海印寺《ヘインサ》

登録年：1995年

高麗時代につくられた『大蔵経』の版木が、海印寺に約 8 万枚も納められています。

第 6 章

日本

日本には古代より「八百万の神」への信仰がありました。
そこに538年、朝鮮半島から仏教が伝来。
以降、土着の神への信仰と、
仏教が混ざり合った独特の信仰形態が
発展していきました。

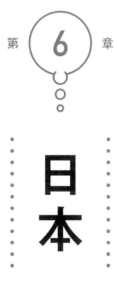

第6章

日本の宗教史年表

Japanese Religious History

仏教の伝来

- 239　邪馬台国の卑弥呼が魏に使者を派遣
- 513　五経博士が日本に儒教を伝える
- 538　**朝鮮半島の百済から日本に仏教が伝来する**
- 604　憲法十七条が制定される 仏教を中心とした政治体制に
- 710　平城京に遷都し奈良時代が始まる
- 712　『古事記』が完成する

仏教の定着

- 720　『日本書紀』が完成する
- 752　**東大寺の大仏が完成する**
- 794　平安京に遷都し平安時代が始まる
- 806　空海により真言宗が開かれる
- 985　源信が仏教書『往生要集《おうじょうようしゅう》』を完成させる
- 1053　藤原頼通が平等院鳳凰堂を開く
- 1086　白河法皇による院政が開始
- 1159　平清盛が平治の乱で勝利し、のちに太政大臣となる

POINT 1

日本に仏教が伝来する

「八百万の神」を信仰していた日本に、仏教が伝来。崇仏論争が勃発し、崇仏派の蘇我氏が勝利。蘇我氏や厩戸王は仏教を奨励し、法隆寺などの寺院が建築された

POINT 2

聖武天皇による鎮護国家

奈良時代が始まるも平穏とは言えない時代であったため、聖武天皇は仏教で世界に平和をもたらさんとする「鎮護国家政策」を推進。その一環として東大寺の大仏が造営された

キリスト教の伝来と迫害

神道の復興

1175 法然により浄土宗が開かれる

1191 栄西により臨済宗が開かれる

1224 親鸞により浄土真宗が開かれる

1227 道元により曹洞宗が開かれる

1253 日蓮により日蓮宗が開かれる

1274 一遍により時宗が開かれる

1549 **イエズス会のザビエルがキリスト教を伝える**

1587 **豊臣秀吉が禁教令を発布（バテレン追放令）**

1603 徳川家康が江戸幕府を開く

1637 島原の乱が起こる

1664 **寺請制度が始まる**

1850～ **尊王攘夷思想が広まる**

1867 江戸幕府が滅亡

1868 **明治政府により神仏分離令が発布**

廃仏毀釈《はいぶつきしゃく》運動が起こる

1945 GHQにより国家と神道の分離が進む

POINT 3

イエズス会の布教でキリスト教が伝来

宗教改革でプロテスタントに対抗するカトリックは、イエズス会を先駆けとして布教活動を活発化。布教は貿易とセットで行われ、日本で南蛮貿易が始まった

日本にキリスト教を伝えたぞ
ザビエル

POINT 4

天下人によるキリスト教禁教令

豊臣秀吉や徳川家康ら天下人は、キリスト教徒が団結し反乱を起こさぬよう、禁教令を出す。江戸時代に入ると全日本人を寺に所属させる寺請制度も開始

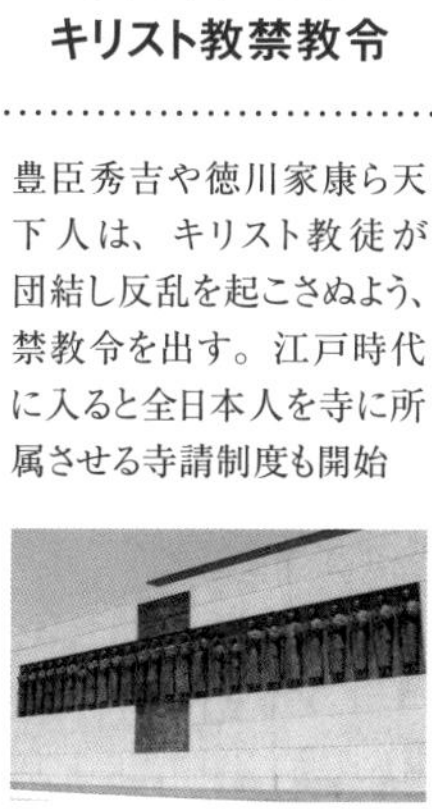

POINT 5

国学の発展が尊王攘夷思想へ

上下関係を重んじる朱子学と、日本古来の思想を研究する国学が融合し、日本史を研究する水戸学が発展。天皇を頂点とする尊王攘夷思想の基礎となる

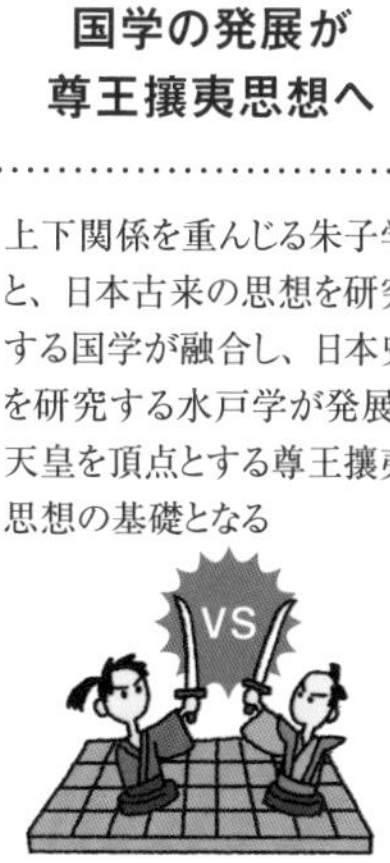
VS

仏教

一筋縄ではいかなかった日本での仏教布教

ポイント

6世紀に日本に仏教が伝来。仏教を信仰するかどうかで豪族が争い、勝利した蘇我氏が政権をにぎった

538年頃

なにが起きた？

百済から日本に仏教が伝来

古代日本には、**自然を神として崇めるアニミズムや祖先を祀る祖先崇拝**が根づいていました。これらの神々は「八百万《やおよろず》の神」と呼ばれています。

しかし**538年（または552年とも）、日本に仏教が公伝**します。朝鮮半島の一国、百済《ひゃくさい》の聖明王《せいめいおう》より欽明《きんめい》天皇に仏像や経典が贈られたのです。当時、朝鮮半島は百済・新羅《しんら》・高句麗《こうくり》の三国が戦っており、百済は日本を味方につけようと考えたのです。そのため、インドから中国を経て伝わった、新しい宗教である仏教を日本に伝えたのです。

しかしこの新しい宗教は、王朝を二分する騒動を起こすことになります。

【日本に伝来した仏教】

仏教は538年（または552年）に朝鮮半島の百済から日本に公伝した。

朝鮮半島は三国に分かれて覇権を争っていた
高句麗
半島南端にあった小国群。百済・新羅の南下により吸収される
百済
新羅
伽耶
倭
日本に仏教を伝える

朝鮮の小金銅仏

百済の使者は、経典と小金銅仏（小さな金属製の仏像）を日本に届けたという。写真は8世紀頃に新羅で制作された小金銅仏。

こう変わった！

蘇我氏が政治の中心に立つ

仏教の伝来により、仏教を推進したい蘇我馬子《そがのうまこ》（崇《すう》仏派《ぶっぱ》）と、仏教を排除すべきと唱えた物部守屋《もののべのもりや》（排仏《はいぶつ》派《は》）、**二つの豪族による対立「崇仏論争《すうぶつろんそう》」が起きた**のです。なぜ物部氏が仏教を拒否したかというと、彼が日本古来の神への祭祀を司る一族であったためです。両者とも譲らず、この戦いは泥沼化していきました。

そんな崇仏論争の最中に、崇仏派であった用明《ようめい》天皇が崩御。この後継者にだれを擁立するかで2人の関係は完全に決裂し、蘇我氏と物部氏両者ともが軍を率いた武力抗争となりました。結果、勝利を収めたのは崇仏派の蘇我氏たち。この中には用明天皇の子・厩戸王《うまやとおう》（聖徳太子）の姿もありました。

排仏派を倒した蘇我馬子は、厩戸王の叔母・推古《すいこ》天皇を即位させ、厩戸王とともに三頭政治を行います。3人は寺院を建築し仏教の教えを元にした「憲法十七条」を宣言。**仏教を中心に据えた政治体制を整え始めます。**こうして仏教は日本史を語る上で欠かせないものになったのです。

【崇仏論争と蘇我氏の台頭】

仏教を受け入れるかどうかで豪族たちが争い、崇仏派の蘇我氏が勝利。政権を掌握した。

排仏派＝物部氏

八百万の神への祭祀を司る一族

VS

崇仏派＝蘇我氏

強い権力を持つ物部氏に対抗すべく、仏教を利用。また先進的な大陸の信仰を受容することで、日本の国際的な地位向上をはかった

勝利

推古天皇・蘇我馬子・厩戸王の仏教政策が始まる

- **「憲法十七条」の制定**
  役人の心構えを示したもの。第２条に「篤く三宝（仏教・経典・僧侶）を敬え」と記載している
- **大寺院の建立**
  日本の仏教研究の中心として法隆寺を建立した

▲法隆寺（奈良県）

神道

神話から始まる歴史書『古事記』と『日本書紀』が編纂された理由とは

ポイント
日本神話をまとめた『古事記』『日本書紀』が編纂される。これらは天皇や日本の権威づけのためにつくられた

8世紀

なにが起きた？

『古事記』『日本書紀』の編纂が始まる

日本神話といえば、太陽神アマテラスの岩戸隠れや、イザナギ・イザナミ夫婦の神産み、ヤマタノオロチと戦う英雄スサノオなどがよく知られます。**これらの神話はいずれも8世紀の初め頃に編纂された『古事記《こじき》』と『日本書紀《にほんしょき》』という書物に記載されています。**

『古事記』は神話から推古天皇の時代までを描いたもので、全3巻。『日本書紀』も同じく神話から始まり、持統《じとう》天皇の時代までを描いた全30巻。どちらも天武《てんむ》天皇の命を受けて編纂が始まりました。しかしこの2冊、編纂スタートはほぼ同時期。なぜ似たような書物を同時に2冊も出す必要があったのでしょうか。それは当時の日本の立ち位置に原因がありました。

【『古事記』『日本書紀』のちがい】

『古事記』『日本書紀』は同時代につくられた歴史書だが、その意義が異なる。

『古事記』		『日本書紀』
全3巻	構成	全30巻+系図
712年	完成年	720年
天武天皇が命じ元明《げんめい》天皇の治世で完成	編纂開始と完成時の天皇	天武天皇が命じ元正《げんしょう》天皇の治世で完成
変体漢文	文字	漢文
神話～推古天皇の治世（628年頃）	期間	神話～持統天皇の治世（697年頃）
稗田阿礼《ひえだのあれ》・太安万侶《おおのやすまろ》	作者	舎人親王《とねりしんのう》ら
国内向けに天皇支配の正統性を表す	目的	国外向けに日本と天皇の歴史を示し、文明国家であることをアピール

こう変わった！

天皇を頂点とした中央集権化が進む

かねて百済と深く交流していた日本は、周辺国に攻め込まれた百済へ援軍の兵を出しました。しかし結果は散々な大敗。この負け戦によって、朝廷は国政改革の必要性を痛感することになりました。

のちに即位した天武天皇は、朝廷の力を強めるために様々な制度を考えつきます。その中の一つが前述の『古事記』『日本書紀』の編纂です。『古事記』は散逸していた伝承をまとめたもので、**国内向けに天皇と神々の結びつきを強調**したものです。これにより人々は天皇が君主たる理由を知ることとなります。

一方で『日本書紀』は**近隣国家に日本を文明国家として認めてもらうためにつくられた**もの。中国の歴史書を参考に、漢文で書かれた日本の「正史」でした。「天皇が神から日本の支配を任されている」と伝えることで、日本における天皇主権の正統性を主張したのです。

こうして日本は、天皇を頂点とする中央集権国家となり、また遣唐使《けんとうし》を通じて積極的な外交政策を始めるのでした。

皇位継承の証

三種の神器

三種の神器とは八《や》咫鏡《たのかがみ》・草薙剣《くさなぎのつるぎ》・八《や》尺瓊勾玉《さかにのまがたま》の三つを表し、これを持つものが正統な皇位継承者であるとされた。『古事記』『日本書紀』が編纂された頃よりその伝統が始まり、2019年の今上天皇の皇位継承の際にも神器の引き継ぎ式が行われた。まさに天皇家の象徴である。

神器を継承する天皇陛下。

【神々と天皇の系譜】

『古事記』『日本書紀』には、天皇は太陽神アマテラスの子孫であり、神から地上の治世を任されたと記されている。

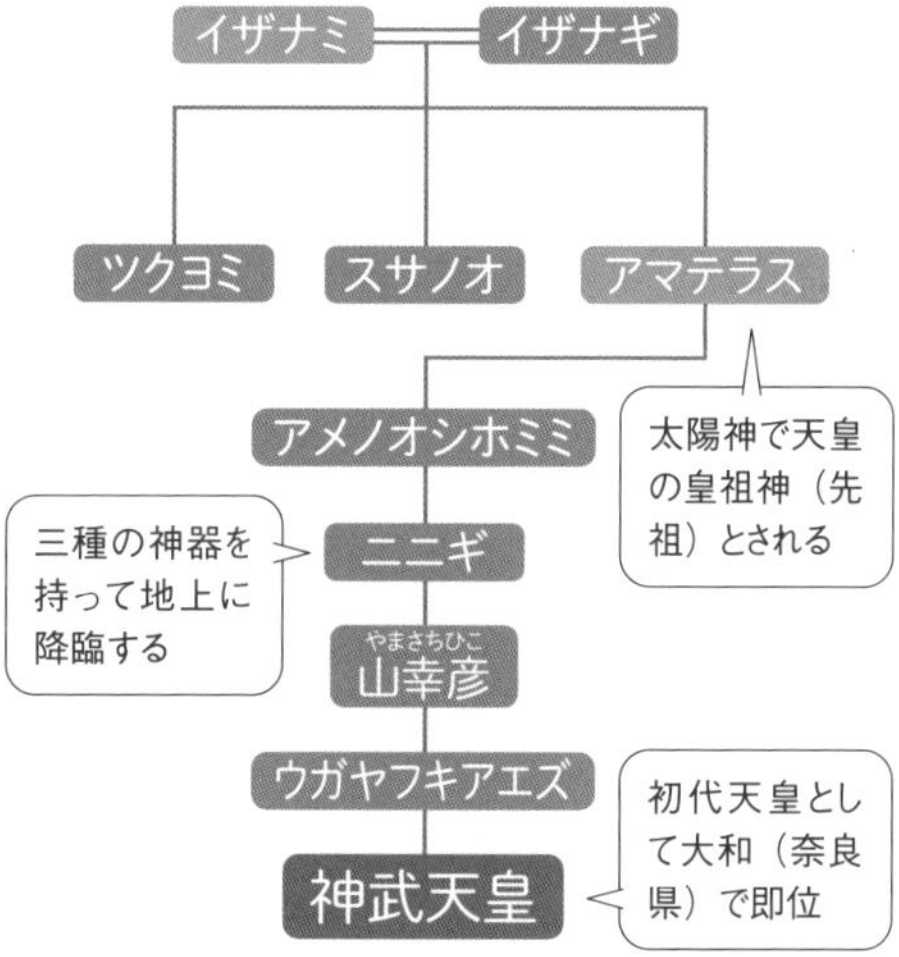

仏教

東大寺の大仏は本当に平和をもたらしたのか

ポイント

聖武天皇は鎮護国家政策を進めた。これが僧侶の増長を招き、寺院勢力を排除した平安京へ遷都することに

752年

なにが起きた？

東大寺の大仏が造立される

710年、平城京《へいじょうきょう》に遷都《せんと》し、奈良時代が始まりました。しかしその内情は、貴族の藤原《ふじわら》氏一族による権力の専横、反乱。さらに各地で疫病が蔓延するなど、決して平穏とは言い難い状況でした。そこで聖武《しょうむ》天皇は**巨大な仏像を造立し仏教の力でこの混乱を収める「鎮《ちん》護国家《ごこっか》」**を始めたのです。

聖武天皇は全国の主要都市に国分寺《こくぶんじ》・国分尼寺《こくぶんにじ》の建立を、そして奈良には東大寺《とうだいじ》の建立を命じました。また東大寺には「奈良の大仏」でおなじみ盧遮那仏《るしゃなぶつ》も造立されました。残念ながら聖武天皇は病で大仏開眼供《かいげんく》養《よう》（完成式典）には参加できませんでしたが、彼の政策のおかげで奈良時代は仏教が大いに発展します。

聖武天皇の鎮護国家政策

国分寺・国分尼寺の創建

国家鎮護と民衆への仏教浸透のため創建された寺院と尼寺。全国の主要な地に建立され、かつては69の国分寺が存在したといわれる。写真は出雲《いずも》国分寺跡（島根県）。

東大寺の大仏造立

聖武天皇が帰依した『華厳経』の中心寺院・東大寺。その東大寺につくられた盧遮那仏は、『華厳経』で世界を救う仏として伝えられている。

こう変わった！

平安京へ遷都する

しかしそんな仏教中心の政策は僧侶たちの増長を招きました。金銭を溜め込むだけでなく、政治にも介入する僧侶が出てきたのです。中でも道鏡《どうきょう》という僧侶は、聖武天皇の娘・孝謙《こうけん》天皇と親密になり、天皇の立場を乗っ取ろうと、朝廷を巻き込む事件を起こしました。道鏡の皇位簒奪《さんだつ》は未然に防がれたものの、**権力を持つ僧侶は朝廷の脅威**となりました。

　これを解決すべく立ち上がったのが桓武《かんむ》天皇です。彼は天皇を中心にした体制を取り戻そうと、**仏教勢力が強い平城京から離れ、新たな都への遷都**を考えます。まず長岡京《ながおかきょう》へ移りますが、大洪水や疫病で頓挫。その後平安京《へいあんきょう》へ遷都し、京都は政治や文化の中心として千年の都となりました。

　これまで遷都が行われる際は寺院も新しい都に移築されました。しかし奈良の寺院は桓武天皇の命令により、平安京への移築を許されませんでした。聖武天皇が祈りを込めてつくった東大寺も奈良に残され、今に至ることになります。

【寺院勢力を排除した平安京遷都】

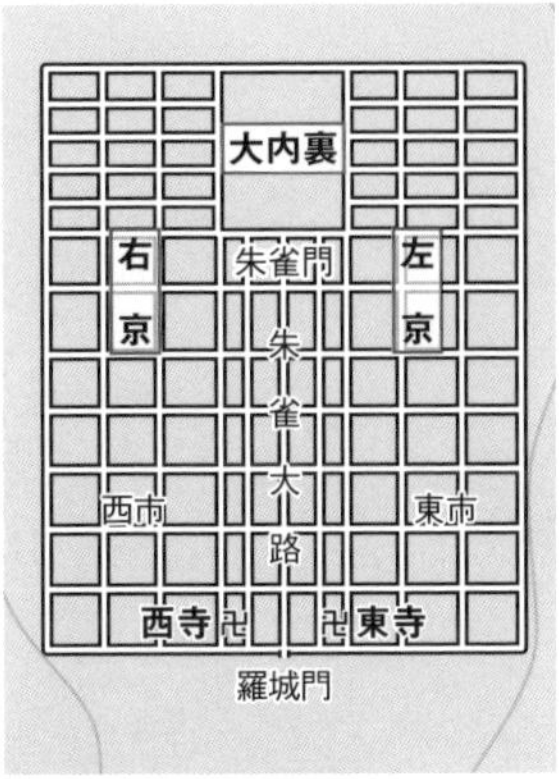

遷都

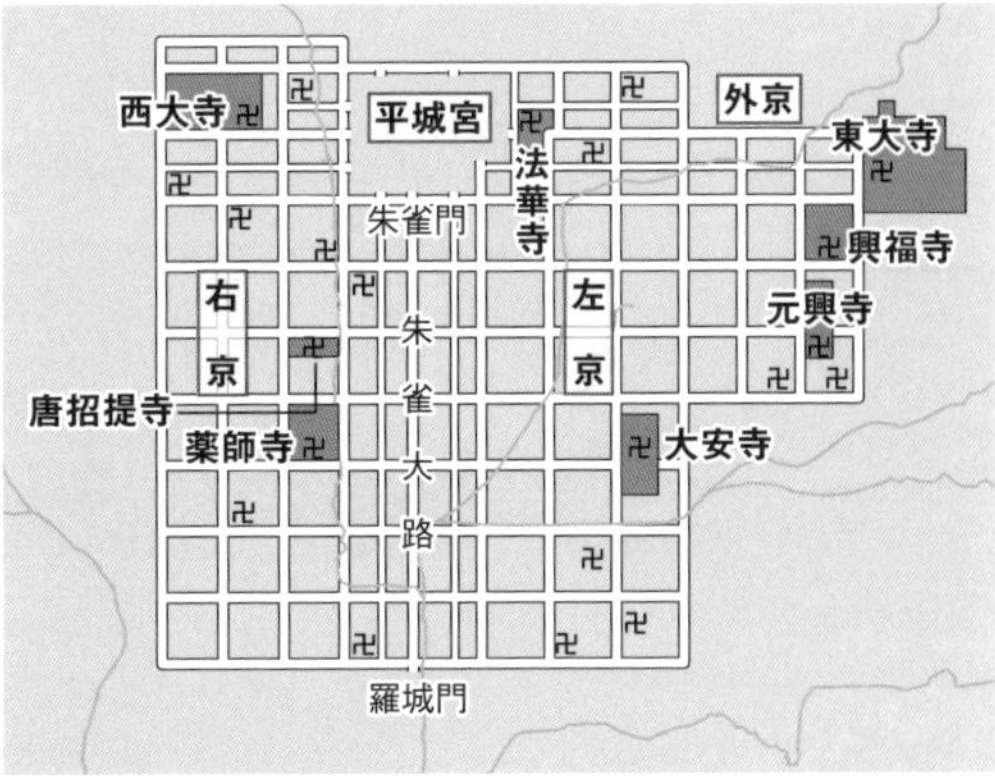

平安京（京都府）

桓武天皇が遷都した新しい都。都の領域内にある寺院は、都の入り口を守る西寺と東寺のみである。うち東寺は新たに伝来した仏教宗派・真言《しんごん》宗《しゅう》の寺院となる。

平城京（奈良県）

唐の長安城をモデルにした都市。都市の領域内に大寺院が乱立しており、仏教を国家指針にした都であることがよくわかる。

➡僧侶が皇位簒奪をたくらむ事件が発生

仏教

武士が政界に進出した理由は神仏を恐れないから

ポイント
東大寺や延暦寺の僧兵の強訴対策として上皇が武士を重用。次第に武士の権威が高まっていき、政界進出を招く

11世紀　なにが起きた？

僧兵の強訴が行われる

平安時代後期になると、上皇《じょうこう》や法皇《ほうおう》（退位した天皇）が政治を行う「院政《いんせい》」が始まりました。中でも圧倒的な権勢を誇ったのが白河《しらかわ》法皇です。しかしそんな法皇でも敵わなかったのが、**僧兵による強訴《ごうそ》**でした。

僧兵とは寺社が荘園《しょうえん》（領地）を守るために置いた兵士のことで、問題が起きた際、寺院は朝廷に僧兵を送り込み直訴しました。この時、僧兵が行ったのは神輿《みこし》や神仏の宿る白木《しらき》を担いで京に乗り込み、朝廷側が了解するまで動かず訴え続ける強訴だったのです。

信心深い法皇や貴族は、神罰に強い忌避感を持っていました。結果、**朝廷は強訴を受け入れることになり、ますます寺院は増長**していきました。

【強訴で朝廷を困らせた僧兵たち】

（滋賀県立琵琶湖文化館所蔵）

強訴する僧兵たち

武装した僧侶は「僧兵」と呼ばれ、力を持っていた。とくに興福寺や東大寺、延暦寺は「南都北嶺《なんとほくれい》」と呼ばれ、朝廷に恐れられていた。図は延暦寺の僧兵による強訴。

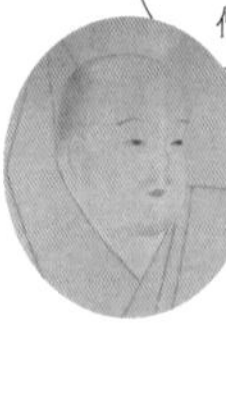
神仏に
逆らうのは
気が引ける…
僧兵め…

白河法皇

白河法皇は「賀茂川の水、双六の賽、山法師。これぞ我が心にかなわぬもの」という言葉を残した。山法師とは延暦寺の僧兵を意味する。

こう変わった！

武士が政界に進出する

僧兵の強訴に困り果てた白河法皇は、それまで地方の反乱鎮圧にあたっていた**武士を都や朝廷のボディーガードにすることを思いつきます。**皇族や貴族には信仰心が染み込んでいますが、武士にはそんなものはありません。こうして採用されたのが「北面《ほくめん》の武士」と呼ばれる警備部隊で、その中にはのちに戦を繰り広げる平氏や源氏の一族もいました。

北面の武士の効果は絶大。やがて武士は強訴や内乱を鎮圧した功績で官位を授けられるようになり、活動の幅をどんどん広げていきます。

そんな中、白河法皇のひ孫にあたる後白河法皇の治世に、法皇の側近同士の対立が戦に発展しました（平《へい》治《じ》の乱）。この時、武士の出世頭であった平氏と源氏が分かれて戦い、平氏方が勝利。結果、平氏のリーダーであった平清盛《たいらのきよもり》は、戦の功績から太政大臣《だいじょうだいじん》に就任し、娘を天皇家に嫁がせるなど、**貴族・天皇家をしのぐ絶大な権力を握ります。**これ以来、武士が歴史を動かしていくのでした。

武士の政界進出はなぜ起きた？

強訴の横行
延暦寺や興福寺の僧兵による強訴が繰り返される

← **対策**

北面の武士の設置
強訴対策のため、朝廷の警備を行う北面の武士が設置される

←

武士が内乱鎮圧で活躍
強訴だけではなく、内乱鎮圧で武士が活躍。功績のある武士に官位を授けたことで、武士が政界に進出

←

平清盛が政権を掌握
平清盛が平治の乱で勝利し、ライバルの源氏を排除。太政大臣となり政権をにぎる

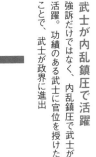

キリスト教

カトリック宣教師の来航で日本の銀が世界に流出した

ポイント

日本にキリスト教が伝来。宣教師と同船していた商人たちとの貿易が始まり、日本の銀が世界へ流出する

1549年

なにが起きた？

宣教師によってキリスト教が伝来

16世紀、キリスト教世界がカトリックとプロテスタントに二分される宗教改革が起きました。プロテスタントに対抗するカトリックは、**アジアや南米など、新天地でカトリックを布教**するため大航海時代の先頭を行くポルトガルやスペインと結び、宣教の船旅に乗り出します。この先駆けとなったのがイエズス会です。

創立メンバーの一人である宣教師フランシスコ＝ザビエルは、インドのゴアを拠点に布教活動を行っていた際、ヤジロウという日本人と出会いました。話を聞いて日本での布教を志したザビエルは、1549年には鹿児島に上陸。**キリスト教が日本に伝来**し、九州を中心に広まっていきました。

日本にキリスト教が伝来

南蛮屏風

イエズス会の宣教師や商人たちを主題にした屏風。右下の黒い服を着ているのが宣教師たち。

日本にキリスト教を伝えるぞ
ザビエル

こう変わった！

日本の銀が世界で流通する

イエズス会は布教と貿易をセットで行いました。イエズス会は資金が獲得でき、日本人は舶来品や西洋の技術が手に入ると、双方にメリットがあったため。いわゆる南蛮貿易《なんばんぼうえき》の始まりです。これにより様々な西洋の技術や科学が日本に伝わることとなります。

この時、**通貨として使われたのが国際社会のスタンダードだった銀。**大航海時代まっただ中のポルトガルやスペインなどは、日本から得た銀を中国大陸の明に運んで生糸など様々なものと交換、それをほかのアジア諸国や本国に送って利益を得る中継貿易を展開したのです。こうして**日本で採れる豊富な銀は積極的に海外に輸出**され、一説には世界の3分の1の銀を日本産が占めたといいます。

日本銀は明の徴税対策にも影響。大量に流入する銀により地税と丁税（人頭税）を銀に換算して治める一《いち》条鞭法《じょうべんぽう》です。こうして日本は銀は欧州・アジア諸国との交易を通じており、世界商業経済の活力となって広まったのです。

【日本銀が与えた世界への影響】

ヨーロッパの商人たちは、日本銀を使って中国・東南アジア・インドの文物を安く購入した。
①～④はヨーロッパの商人たちの動きを示す。

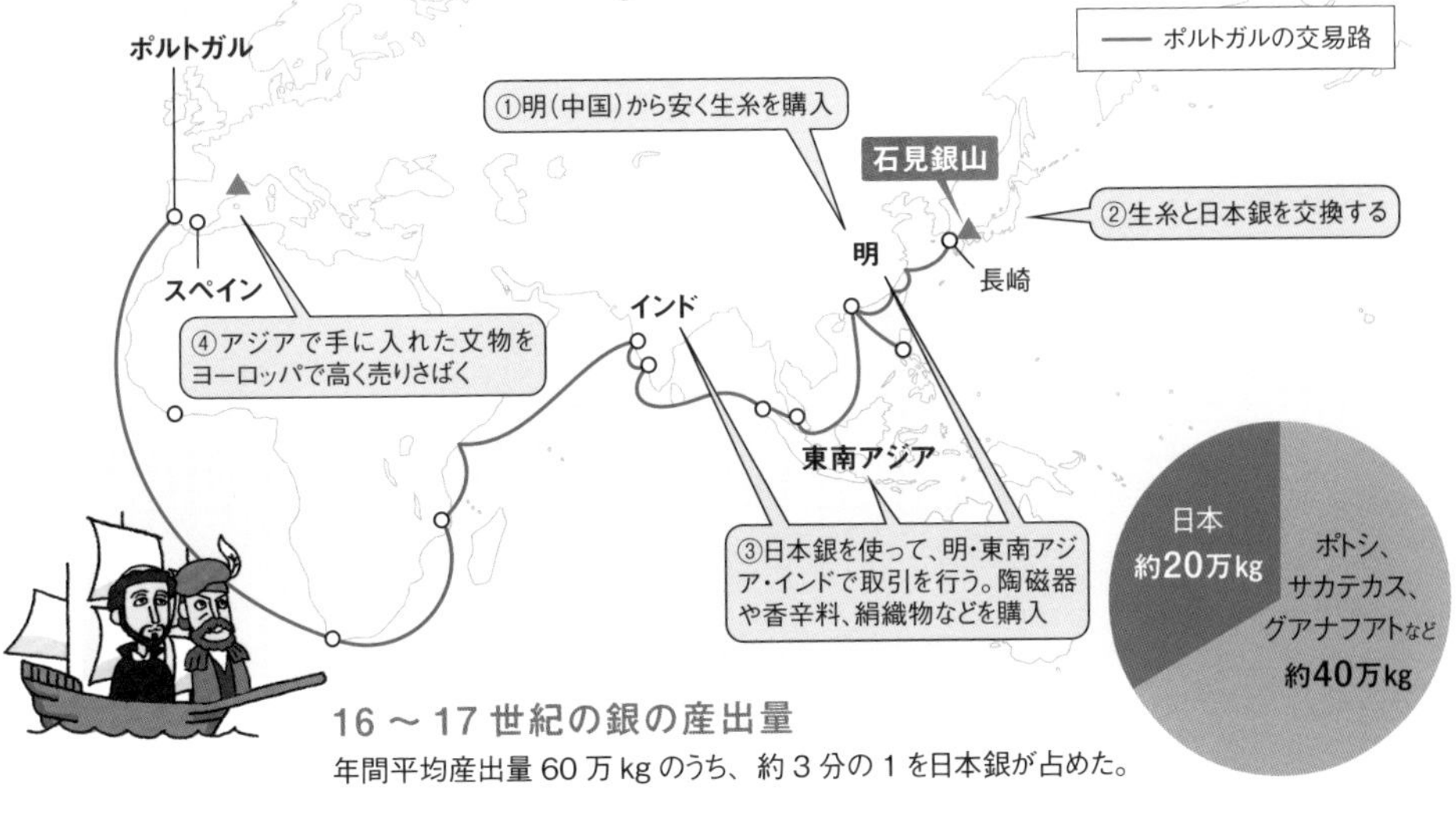

ポルトガルの交易路
ポルトガル
スペイン
①明（中国）から安く生糸を購入
石見銀山
②生糸と日本銀を交換する
明
長崎
インド
④アジアで手に入れた文物をヨーロッパで高く売りさばく
東南アジア
③日本銀を使って、明・東南アジア・インドで取引を行う。陶磁器や香辛料、絹織物などを購入
日本
約20万kg
ポトシ、
サカテカス、
グアナフアトなど
約40万kg

16～17世紀の銀の産出量
年間平均産出量60万kgのうち、約3分の1を日本銀が占めた。

キリスト教

キリスト教禁教令は江戸幕府に平和をもたらした

ポイント
キリスト教は日本に定着。しかし豊臣秀吉が禁教を始め、江戸幕府も継続。大きな内乱が収まり平和がもたらされた

16世紀

なにが起きた？

戦国時代にキリスト教が流行

キリスト教が日本に伝来して以降、室町幕府や織田信長などの権力者は宣教師に布教を許し、**キリスト教に寛容な態度**を見せていました。そんな権力者の後押しもあり、室町時代から戦国時代にかけて日本には多くの宣教師が訪れたといわれています。

宣教師の主な活動拠点は鹿児島・長崎といった九州地方でした。孤児院や病院をつくるなど、社会福祉と布教をセットで行ったため、信者の数は増加します。

また一般庶民だけでなく大名にも信者は増加。**キリスト教の洗礼を受けた大名はキリシタン大名**と呼ばれました。しかしそんな彼らを禁教令（キリスト教の禁止令）という受難が襲います。

キリスト教禁教令の流れ

キリスト教は戦国大名に広く受容されるが、信者の結託を恐れた秀吉・家康らが禁じた。

キリスト教の伝来・普及

1549年にイエズス会によって伝来。南蛮貿易のために戦国大名はキリスト教を認めた。中にはキリスト教に改宗するキリシタン大名も現れる

秀吉の禁教令

信仰の力で人々が結託し、反乱を起こすリスクを懸念した秀吉がバテレン追放令を発布（理由は諸説あり）。1596年、サン＝フェリペ号の漂着を発端とする宣教師・キリシタン虐殺事件を起こす

秀吉に虐殺された26人の記念碑。

こう変わった！

禁教令で江戸時代は平和が続く

最初に出された禁教令は、豊臣秀吉のバテレン追放令。これはキリスト教の布教を禁じ、宣教師の国外追放を命じたもので、信仰を禁じたものではありませんでした。しかしスペイン船サン＝フェリペ号が漂着すると、スペインのライバル・ポルトガルが「スペインは日本征服をたくらんでいる」と秀吉に耳打ち。怒った秀吉は**宣教師や日本人キリスト教徒（キリシタン）、合計26人を処刑**しました。

その後、徳川家康が開いた江戸幕府も、秀吉に続き禁教令を発布し、キリスト教の信仰を禁じます。そうした中で1637年、長崎で島原の乱が起こります。乱は、キリスト教信徒を核に発生し、年貢に苦しむ農民や働き口を失った浪人も巻き込むほどで、鎮圧まで数カ月、死者3万人という大内乱となりました。

そこで幕府は乱のあと、禁教令を強化。**海外貿易を制限し、海外渡航も禁止するなどの鎖国政策**に乗り出します。その結果、大きな内乱は消え、江戸の平和は260年続くことになりました。

江戸幕府の禁教令

江戸幕府2代将軍・徳川秀忠が全国に禁教令を発布。1622年には長崎の宣教師・信者55人を処刑。さらに3代・家光はスペイン船の来航を禁じ、日本人の海外渡航・帰国も禁止した

島原の乱

1637年、激しいキリスト教弾圧と、年貢の取り立てに怒った島原のキリシタン農民による一揆

より厳しい禁教令が出され、島原の乱以降幕末まで大規模な内乱は発生しなかった

島原の乱の激戦地となった原城跡。

信仰を守り続けた

潜伏キリシタン

厳しい統制が敷かれてなお、キリシタンは消滅しなかった。彼らは仏教徒を装いつつ、納戸の奥や鏡の裏に聖画・聖像を潜ませるなど密かに信仰を守った。開国後、長崎に大浦天主堂が築かれるとキリシタンが訪問。弾圧に負けずに幕末まで信仰を貫いた彼らを天主堂の神父は「奇跡だ」と評した。

幕末につくられた大浦天主堂。

仏教

葬式を仏式で行う風潮は江戸幕府がつくった

ポイント

キリスト教禁教のため江戸幕府は寺請制度を開始。庶民と寺院の結束が強まり、葬式を寺院が行うようになった

1671年

なにが起きた？

寺請制度が始まる

江戸時代初期、キリシタンが中心となって起こした島原の乱は幕府を大いに恐れさせました。そこで幕府は1671年、すべての民衆を寺院に所属させ、**キリスト教徒ではないと証明するシステム「寺請《てらうけ》制度《せいど》（檀《だん》家《か》制度）」**を始めました。人々は特定の寺院に檀家として登録され、寺院に布施を行います。その代わり寺院は檀家に何かあれば寺請証明書と呼ばれる身分証明書を発行し、檀家の身分を証明したのです。

また寺院は、檀家とした近隣の人々のリスト（宗門《しゅうもん》人別改帳《にんべつあらためちょう》）を作成。宗門人別改帳は各地の戸籍帳になるだけでなく、隠れキリシタンを発見するためにも一役買いました。

【 寺請制度のしくみ 】

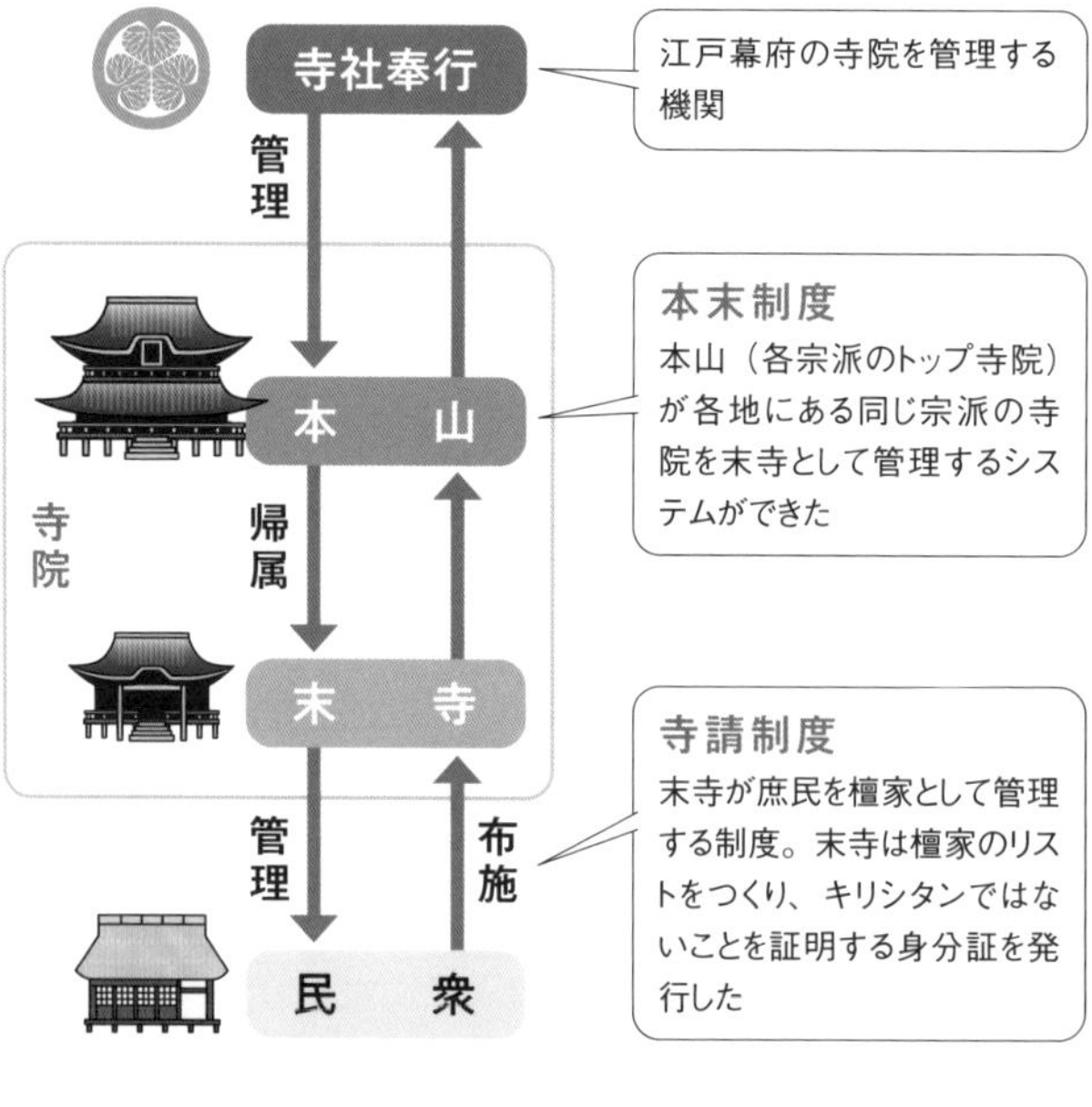
寺社奉行
江戸幕府の寺院を管理する機関
管理
本山
本末制度
本山（各宗派のトップ寺院）が各地にある同じ宗派の寺院を末寺として管理するシステムができた
寺院
帰属
末寺
寺請制度
末寺が庶民を檀家として管理する制度。末寺は檀家のリストをつくり、キリシタンではないことを証明する身分証を発行した
管理
布施
民衆

こう変わった！

葬式といえば仏教式となる

戸籍を作成する、隠れキリシタンをあぶり出す、そんな目的で始まった寺請制度ですが、この制度で市民と寺院の関係が変化します。まず**寺院は布施が集まることで安定した経営ができる**ようになりました。そのため寺院の数も増加、さらに古い寺院の再興も進みました。一方で、これまでのように寺院側が出向いて布教活動をすることもなくなっていきました。

また、寺院は僧侶の学問機関を設置して学問を推奨。学を得た僧侶が師となって庶民の子どもたちに勉学を教える寺子屋の数も増え、国民の識字率が上がるなど利点も多くありました。

現代に残る伝統もこの時期につくられました。それは仏式の葬式です。江戸時代より前、仏式の葬儀は貴族や皇族など、限られた人々だけのものでした。しかし**寺院が戸籍を管理するため、寺院は自分の檀家の出生・死去を把握**するようになります。その流れで僧侶が呼ばれてお経を唱えるという、今と同じ葬儀のスタイルができあがったのです。

江戸時代に変化した寺院の立場

布施

寺請制度で庶民は寺院に布施を納めることでキリシタンではないことを証明してもらった

葬式の仏教化

寺院は戸籍を管理するため、檀家の出生・死去を確認。その流れで葬式を行った

やることがいっぱいだ
僧侶

一部の僧侶の堕落

国民を強制的に寺に帰属させる檀家制度は、仏教が江戸幕府の公認を得たことを意味する。その立場にあぐらをかき、布教や修行をおこたる僧侶も現れた

寺院の再興

布施という安定収入が入ったことで、寺院の再興が進み、建築物や仏像がつくられた

江戸時代につくられた「釈迦如来坐像」▶

神道

日本古来の思想を研究する「国学」が幕末の動乱をもたらした

ポイント
古代日本人の考え方を研究する「国学」が発展。日本は天皇の国だとする歴史観が現れ、幕末のスローガンとなる

18世紀頃

なにが起きた？

日本古来の思想を学ぶ国学が発展

平和が訪れた江戸時代は、様々な学問が発展した時期でもありました。代表的なのが儒学《じゅがく》と国学《こくがく》です。儒学は中国から伝わってきたもので、いくつかの学派があります。そのうちの朱子学《しゅしがく》に説かれた「大義名分論《たいぎめいぶんろん》（父や上司など目上の人を敬う考え）」を幕府は重んじ、朱子学は武士の必修学問となりました。

一方の国学は、古代日本人の思想をひもとく学問です。最初は『古事記』『日本書紀』などに描かれた日本の歴史・神話・思想を研究するものでしたが、のちに**仏教より日本固有の神への信仰（＝神道）や神の末裔である天皇を重んじるべき**だという考え方を生み出します。この国学が幕末の動乱の一因になるのです。

【仏教伝来以降の神道の発展】

仏教と神道は古代より混交し、仏教を上位とする思想が定着。中世、鎌倉時代から神道を重んじる動きが起こる。

古代	神仏習合の始まり	仏教伝来後、仏教と神道を融合させた神仏習合が進み、仏教と神道の境目があいまいになっていく。このとき、仏教の方が上位とする「本地垂迹説《ほんじすいじゃくせつ》」も説かれる
↓		
中世	「神道」の始まり	仏教を上位とする宗教観を、伊勢神宮の神官・度会家行《わたらいいえゆき》が否定し、「反本地垂迹説」が起こる。吉田兼倶《よしだかねとも》が祭祀の作法などを整理し吉田神道を始める
↓		
近世	国学の始まり	日本古来の歴史・思想を研究する国学が発達。日本は神と天皇の国であるとする考え方をもたらす

こう変わった！

大政奉還が行われ江戸時代が終わる

水戸藩（茨城県）の2代藩主である徳川光圀《とくがわみつくに》は朱子学を究め、朱子学の目線から日本の歴史書を編纂しました。その影響で、水戸藩では国学と朱子学をミックスさせた水戸学が発展。やがて水戸学は「日本は本来天皇の国である」という歴史観を唱えました。**この歴史観から「尊王論《そんのうろん》（天皇を敬うべき）」という考えが誕生**します。

さらに1853年、黒船が来航し外国人が日本に出入りするようになると、「攘夷論《じょういろん》（外国人を打ち払うべき）」が起こり、先の尊王論と合体して「尊王攘夷思想」へ発展します。しかし外国には敵わず人々は攘夷を諦めます。一方「尊王」の方は、外国や攘夷派への対応が後手に回った幕府を倒し、新しい国をつくろうという倒幕運動のスローガンとして、盛り上がりを見せていきました。そして1867年、15代将軍・徳川慶喜《よしのぶ》は朝廷に政権を返還し、江戸幕府は滅亡。**天皇を頂点とした明治新政府**が立ち上げられ、武士の時代は幕を下ろしたのです。

【尊王攘夷思想と幕末の動乱】

朱子学の大義名分論
目上の人を敬う考え方

＋

国学
日本はもともと天皇を頂点とする国であったという研究結果

＝

水戸学
天皇を頂点とする歴史観

尊王攘夷思想
天皇を頂点とし、外国を打ち払おうという考え方。これをスローガンに活動する攘夷志士が登場

「尊王」の動き
外国に弱腰な幕府を見限る人が増えていき、倒幕運動が活発化

「攘夷」の動き
志士たちは外国人・船への襲撃を行うが、近代化した国々に敵わず失敗

失敗

大政奉還
倒幕派を落ち着かせるために徳川慶喜は政権を朝廷に返還。しかし慶喜の「天皇のもとで徳川が政権を握る」という希望は通らず、徳川家は新政府から排除された

成功

仏教　神道

明治政府の「神仏分離令」が文化財保護の動きを生み出した

ポイント
政府は神道を国教化すべく、神道と仏教の分離令を発布。廃仏毀釈につながり、寺宝を保護する法律が整備された

1868年

なにが起きた？

明治政府が神道の国教化をはかる

長く続いた江戸幕府が倒れ、政権は明治政府に移りました。明治政府が目指したものは「尊王論」にもとづいた天皇を頂点とした国家。そのため、仏教ではなく、仏教伝来前に存在した**神道を盛り上げる必要がありました**。そこで政府は神道を国教化する「大教宣布《たいきょうせんぶ》の詔」を発します。しかしこれはキリスト教信者の欧米人の反対もあり、明治政府は大日本帝国憲法で信教の自由を認めざるを得ませんでした。

1868年、「神仏分離令《しんぶつぶんりれい》」も発せられました。江戸時代までの日本は寺院に鳥居が置かれるなど、**仏教と神道がゆるく混じり合っていました**。それを禁じ、神道の唯一性を高めようとしたのです。

【明治政府の神仏分離令】

日本では古来、仏教と神への信仰が混同されており、明治政府によって分離令が発布された。

神社に仏像や梵鐘を置くのを禁じる

僧侶が神事を行うのを禁じる

神仏の線引きが曖昧な修験道《しゅげんどう》や陰陽道《おんみょうどう》の禁止

× 八幡大菩薩《はちまんだいぼさつ》
↓
○ 八幡大神《はちまんおおかみ》

「権現《ごんげん》」「菩薩《ぼさつ》」など神仏混ざった神の呼称を禁止

こう変わった！

「国宝」の指定が始まる

この神仏分離令には大きな弊害がありました。法令を聞いた民衆が寺院に押しかけて**仏像や寺院を破壊する「廃仏毀釈《はいぶつきしゃく》」が起きた**のです。この運動は、これまで寺院より下に見られていた神社の神官が始めたもので、檀家制度で強制的に寺院に布施を要求されていた民衆が同調したことで大規模なものとなりました。破壊だけでなく、寺院の宝物が海外に転売されることもありました。こうして全国的に寺院、仏像などが破損され、貴重な文化財が多く消失したのです。

　こうした事態を憂いた人物の中に、海外から教師として招かれていたアーネスト＝フェノロサがいました。日本美術に関心を持っていた彼は、破壊される寺院を見て衝撃を受けます。フェノロサは政府に文化財保護を訴え、弟子の岡倉天心《おかくらてんしん》を連れて自ら文化財調査に乗り出しました。彼の熱意に明治政府も動き始め、「古《こ》社寺保存法《しゃじほぞんほう》」を制定し、貴重な文化財や建造物を国宝に指定。それ以降、**仏像や寺院は美術品として守られることになりました。**

【廃仏毀釈から文化財保護が始まる】

廃仏毀釈が起こる

神仏分離＝廃仏と考えた神官・民衆によって寺院・仏具の破却が行われる

↓

古器旧物保存方《こききゅうぶつほぞんかた》の布告

文化財の破壊を止めるよう政府が命令

↓

古社寺保存法の制定

美術品・建造物の保管費用を政府が負担

↓

国宝保存法《こくほうほぞんほう》の制定

文化財の海外流出を止めるため貴重な美術品を「国宝」に指定するようになる

廃仏毀釈で顔を破壊された仏像。

FEATURE

死後、神として祀られた日本史の人物たち

日本には怨霊となった人物や、偉業を成し遂げた英雄を神として祀る文化があり、多くの人物が神となった

古くから多神教文化が根づく日本では、実在の人物が神として祀られることがありました。どのような人物が神になったのでしょうか。

まずは「御霊《ごりょう》」と呼ばれるもの。恨みを持って亡くなった人の魂は、怨霊《おんりょう》となって災いをもたらすと考えられました。しかし怨霊は丁重に祀ることで御霊に転じ、人々に神徳をもたらす神になるというのです。非業の死を遂げた平将門《たいらのまさかど》や菅原道真《すがわらのみちざね》がよく知られています。

あるいは華々しい功績や、伝説的な活躍をした人物も神となることがあります。とくに戦国時代を終わらせた徳川家康を祀った東照宮《とうしょうぐう》は有名です。

また明治時代以降は、天皇に忠義を尽くした楠木《くすのき》正成《まさしげ》らも神として人気を集めました。

菅原道真

（845 ～ 903 年）

平安時代の学者。藤原氏の陰謀で大宰府《だざいふ》に左遷され都に帰れぬまま死去。その後内裏に雷が落ちるなどの災禍が道真の祟りとされ、北野天満宮《きたのてんまんぐう》（京都府）に祀られた。「天神」と呼ばれ、現在は学問の神として知られる

月岡芳年「皇國二十四功」より菅原道真

平将門

（903 ～ 940 年）

「新皇」を名乗り関東地方で反乱を起こした武士。乱の鎮圧後、首は京の都にさらされるが、首だけで関東に帰ったとも言われている。将門死後に天変地異が続いたため神となり、神田明神（東京都）などに祀られる

葛飾北斎『源氏一統志』より将門の首

安徳天皇《あんとく》
(1178〜1185年)

祖父は平清盛。壇《だん》ノ浦《のうら》の戦いで源氏に敗れて入水し、8歳で亡くなる。その冥福を祈り、赤間神宮（山口県）に祀られる。

みもすそ川公園（山口県）に立つ安徳天皇像

安倍晴明《あべのせいめい》
(921〜1005年)

平安時代の陰陽師で「式神」と呼ばれる使い魔を操ったという。偉業が讃えられ晴明神社（京都府）に祀られる

「不動利益縁起絵巻」より祈祷する晴明（東京国立博物館蔵）

豊臣秀吉
(1537〜1598年)

天下統一を成し遂げた戦国武将。死後に「豊国大明神」という神号を授けられ、各地の豊国神社に祀られる

豊臣秀吉の肖像（高台寺蔵）

楠木正成
(1294〜1336年)

後醍醐《ごだいご》天皇のために戦うも敗北し自害。忠臣ぶりが江戸時代に評価され、湊川《みなとがわ》神社（兵庫県）に祀られた

皇居（東京都）に立つ楠木正成像

明治天皇
(1852〜1912年)

崩御後、神として祀られることとなり、明治神宮が東京の砂塵が舞う代々木練兵所に建てられた。現存する杜《もり》は人工の森林である。

明治天皇の肖像

徳川家康
(1543〜1616年)

江戸幕府の初代将軍。「関東の鎮守（守護神）となる」と遺言したことから「東照大権現」の神号を得て、各地の東照宮に祀られる

徳川家康の肖像（東京大学史料編纂所所蔵模写）

世界遺産ガイド

～日本編～

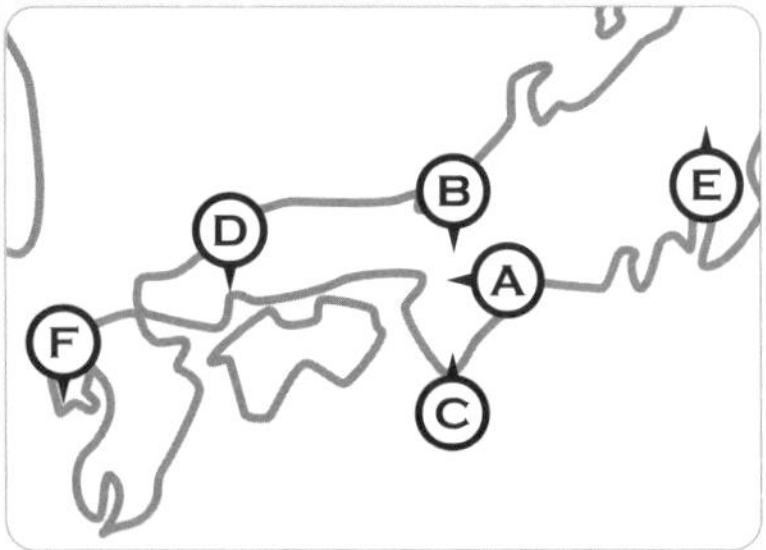

日本には、古代より信仰された日本独自の神々を祀る神社と、外来の宗教である仏教の寺院が混在しています。

Ⓐ 奈良県 法隆寺

登録年：1993年

7世紀に厩戸王が創建した世界最古の木造建築。飛鳥時代につくられた仏像を多く所蔵。

Ⓑ 京都府 教王護国寺（東寺）

平安京造営とともに796年に建立された国立の寺院。空海に託されて密教の寺院になり、多くの仏像を所蔵しています。

登録年：1994年

Ⓒ 和歌山県 熊野《くまの》古道《こどう》

登録年：2004年

和歌山・奈良・三重県にまたがる巡礼路。那智山の奥にある那智の滝は御神体となっています。

Ⓓ 広島県 厳島《いつくしま》神社

登録年：1996年

海に浮かぶ大鳥居と社殿でよく知られる神社。平安時代、平清盛によって現在の規模に。

Ⓔ 栃木県 日光

登録年：1999年

徳川家康を祀った東照宮を中心とするエリア。東照宮では美しい彫刻作品の数々を見られます。

Ⓕ 長崎県 大浦天主堂

登録年：2018年

江戸時代の禁教令の間、信仰を守り続けた潜伏キリシタンが見つかった場所です。

第 7 章

近・現代の世界と宗教

現代日本では宗教を深く信仰する人は少数派かもしれません。
しかし世界では宗教を信じる人の方が多数派で、
それゆえに激化している宗教的な対立が今も根深く残っています。
いまだ解決に至っていない近・現代の社会問題を、
宗教の視点から探ってみましょう。

Modern Religious History

第7章

近・現代の宗教史年表

2度の世界大戦 ／ **新たな国家の誕生と戦後の混乱**

1913	チベットが中国から独立を宣言する
1914	第一次世界大戦が起こる
1922	ソヴィエト社会主義共和国連邦（ソ連）が成立
1938	ナチ党ドイツによるホロコーストが起きる
1939	第二次世界大戦が起こる
1948	ユダヤ人国家イスラエルが建国され、中東戦争勃発
1949	アイルランド共和国が成立
1949	中華人民共和国が成立
1959	チベット反乱が起こる

POINT 1

ナチ党ドイツのホロコースト

ドイツではナチ党ドイツによるユダヤ人排斥が加速。ユダヤ人はアウシュビッツ強制収容所などの収容所に連行され、強制労働を強いられたり、毒ガスなどで大量虐殺された

POINT 2

イスラエル建国と4度の中東戦争

イスラエルが建国されると、反対するイスラーム教のアラブ連盟諸国によって侵攻が開始。イェルサレムを巡ってイスラエルと中東諸国が4度にわたり中東戦争を繰り広げた

イスラーム過激派の台頭

- 1965 ベトナム戦争が起こる
- チベット自治区が成立する
- 1979 **ホメイニの指導でイラン=イスラーム革命が起こる**
- 1980 イラン=イラク戦争が起こる
- 1991 湾岸戦争が起こる
- ソヴィエト連邦が崩壊する
- 1993 ヨーロッパでEU（ヨーロッパ連合）が結成される
- 1996 アフガニスタンでターリバーン政権が成立
- 2001 **アメリカ同時多発テロ事件が起こる**
- 2003 **イラク戦争が起こる**
- 2014 新疆ウイグル自治区でイスラーム教過激派による爆破テロが起こる
- 2018 ウクライナ正教会がロシア正教会からの独立を宣言
- 2021 アメリカが「世界の警察」をやめ、アフガニスタンから完全に撤退
- 2022 ロシアによるウクライナ侵攻が開始

POINT 3

中国政府の宗教弾圧が激化

中国による宗教弾圧により、チベットではダライ=ラマ14世がインドへ亡命。ウイグルでは今もモスクの破壊活動などイスラーム教徒弾圧が続いている

POINT 4

イスラーム原理主義によるイラン革命

イスラーム教シーア派の宗教指導者ホメイニ主導で、イラン=イスラーム共和国が成立。それまでの親米政権から一変、反米路線の外交が展開された

アメリカ主導の近代化なぞけしからん!

ホメイニ

POINT 5

アメリカ同時多発テロと中東の混乱

アメリカが「世界の警察」として中東問題に介入したのを背景にアメリカ同時多発テロが勃発。アメリカは対テロ政策として中東に進軍し、イラク戦争を起こす

ユダヤ教

ナチ党ドイツの迫害にユダヤ人たちはどう対応したのか？

ポイント
大迫害を受けたユダヤ人たちの中には、アメリカに亡命し、芸術家や思想家などとして活躍する者も現れた

20世紀前半

なにが起きた？

ナチ党ドイツのユダヤ人迫害が起こる

フランス革命を経て信仰の自由を認められたユダヤ人は、一市民として平等に暮らすことができるようになりました。しかし一方で、**ユダヤ人との共生を拒否する「反ユダヤ主義」が出現します**。その背景には、ヨーロッパ各国が帝国主義を強めた19世紀後半、ナショナリズムが高まるのと同時に、他民族を排斥しようとする動きがありました。その標的とされたのがユダヤ人でした。

ナチ党政権下のドイツでは、「クリスタル＝ナハト（水晶の夜）」とよばれるユダヤ人街への襲撃が同時多発しました。第二次世界大戦下では、**ユダヤ人政策は一層強められ、収容所での殺戮へと発展**しました。

【ナチ党ドイツによるユダヤ人排斥】

ヒトラー（1889～1945年）
1933年からドイツ首相となり独裁政治を行う。ドイツ経済を回復させた一方、「アーリヤ人」の優位性を主張し、優生思想にもとづいてユダヤ人迫害を加速させた。

働けば自由になる

アウシュビッツ強制収容所
ユダヤ人は収容所に連行され強制労働を強いられた。ホロコーストが始まると毒ガスなどで大量虐殺された。

こう変わった！

ユダヤ人が世界中で活躍する

第一次世界大戦の賠償金と世界恐慌の影響で困窮するドイツでは、社会不安が増大。ヒトラー率いるナチ党が政権を得ると、国民をひとつにまとめるため、ユダヤ人を共通の敵としたのです。ヒトラーは、ドイツ人をユダヤ人から守るためと称して大衆を扇動し、ユダヤ人への暴力を加速。多くのユダヤ人が強制収容所に送り込まれ、６００万人もの命が奪われました。

一方で**ナチ党政権下のドイツから逃れることに成功したユダヤ人**もいました。多元的な民族文化を持つアメリカ合衆国にユダヤ人の芸術家や思想家たちが亡命します。その中には天才物理学者として知られるアインシュタインもいました。彼らは亡命先で活躍し、**アメリカでは金融界や商業界で厳然たる力を持つ人**も多く現れたのです。

そして第二次世界大戦後、パレスチナにユダヤ人国家のイスラエル国が建国されると、強制収容所で生き残ったユダヤ人を中心に、世界中からパレスチナへの移住が始まりました。

【世界に亡命したユダヤ人】

円内の数字は19世紀末のユダヤ人の分布を示す。19世紀後半、特にロシアにおける大迫害でユダヤ人はアメリカを中心に世界に亡命。さらにナチ党ドイツが発足した1933年以降は、一層多くのユダヤ人が亡命した。

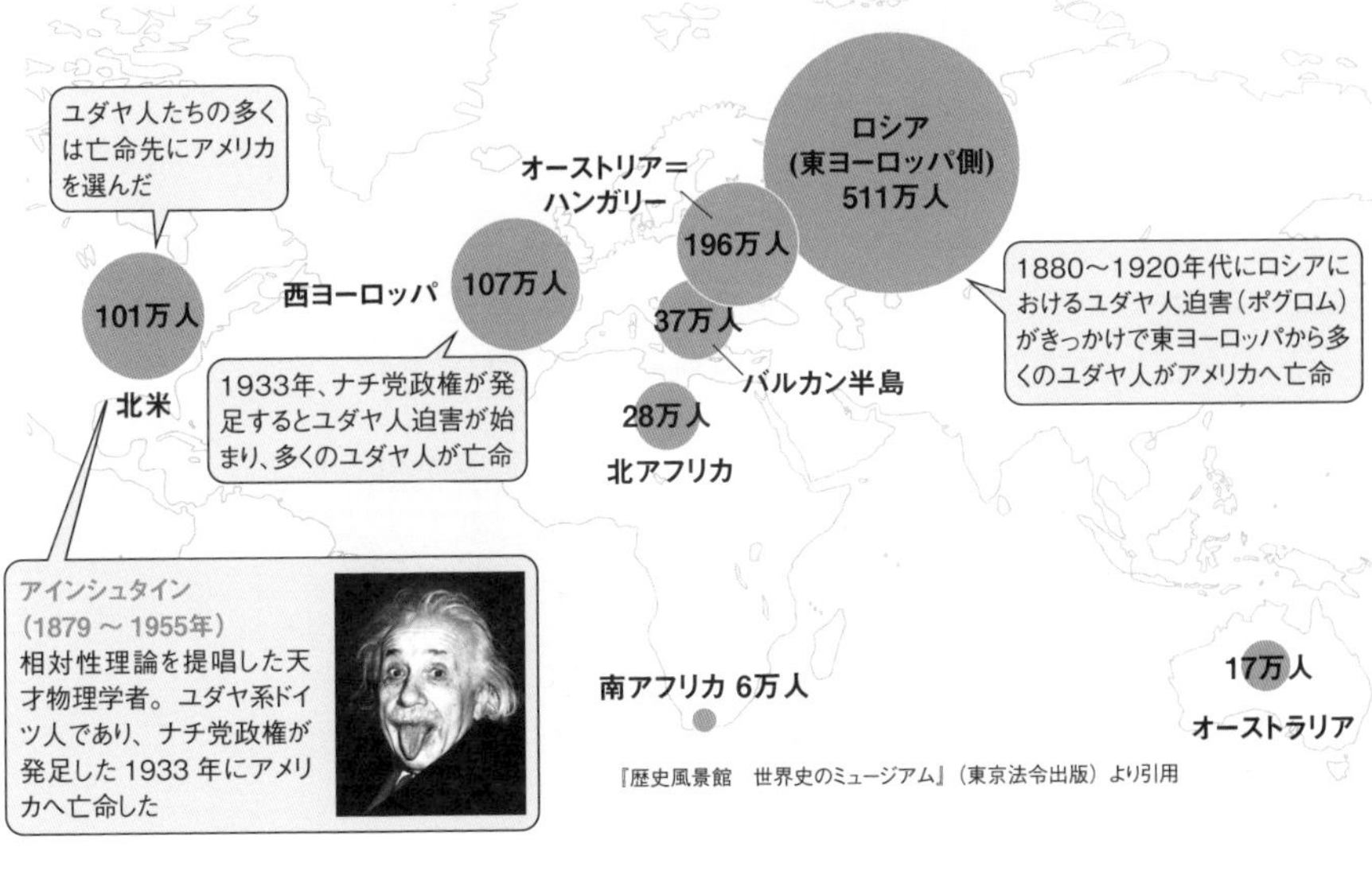
ユダヤ人たちの多くは亡命先にアメリカを選んだ
101万人
北米
西ヨーロッパ
107万人
1933年、ナチ党政権が発足するとユダヤ人迫害が始まり、多くのユダヤ人が亡命
オーストリア＝ハンガリー
196万人
ロシア（東ヨーロッパ側）511万人
1880～1920年代にロシアにおけるユダヤ人迫害（ポグロム）がきっかけで東ヨーロッパから多くのユダヤ人がアメリカへ亡命
37万人
バルカン半島
28万人
北アフリカ
南アフリカ 6万人
17万人
オーストラリア
アインシュタイン
（1879 ～ 1955年）
相対性理論を提唱した天才物理学者。ユダヤ系ドイツ人であり、ナチ党政権が発足した1933年にアメリカへ亡命した

『歴史風景館　世界史のミュージアム』（東京法令出版）より引用

ユダヤ教

ユダヤ人のイスラエル国建国が4度の中東戦争を招いた

ポイント
ユダヤ人の悲願、イスラエル国の建国は、先住のアラブ人との対立を引き起こし、4度にわたる中東戦争に発展した

1948年　なにが起きた？

ユダヤ人国家イスラエル国が建国される

19世紀末のフランスで、ユダヤ人差別を背景とするドレフュス事件が起こりました。これがきっかけとなって、「シオニズム」とよばれるユダヤ人のパレスチナ建国運動が唱えられます。イギリスは第一次世界大戦中の1917年、ユダヤ人居住区（ナショナルホーム）の建設を支持。聖地イェルサレムがあるパレスチナでの居住を認める「バルフォア宣言」を出しました。

第一次世界大戦で敗れたオスマン帝国が崩壊すると、イギリスの委任統治領となったパレスチナにユダヤ人は入植を開始。そして第二次世界大戦後の1948年、かつてのイスラエル王国の地に、**ユダヤ人はイスラエル国を建国**したのでした。

【3宗教の聖地イェルサレム】

ユダヤ教の聖地イェルサレムはキリスト教、イスラーム教の聖地でもあり、中東情勢を今もなお揺るがしている。

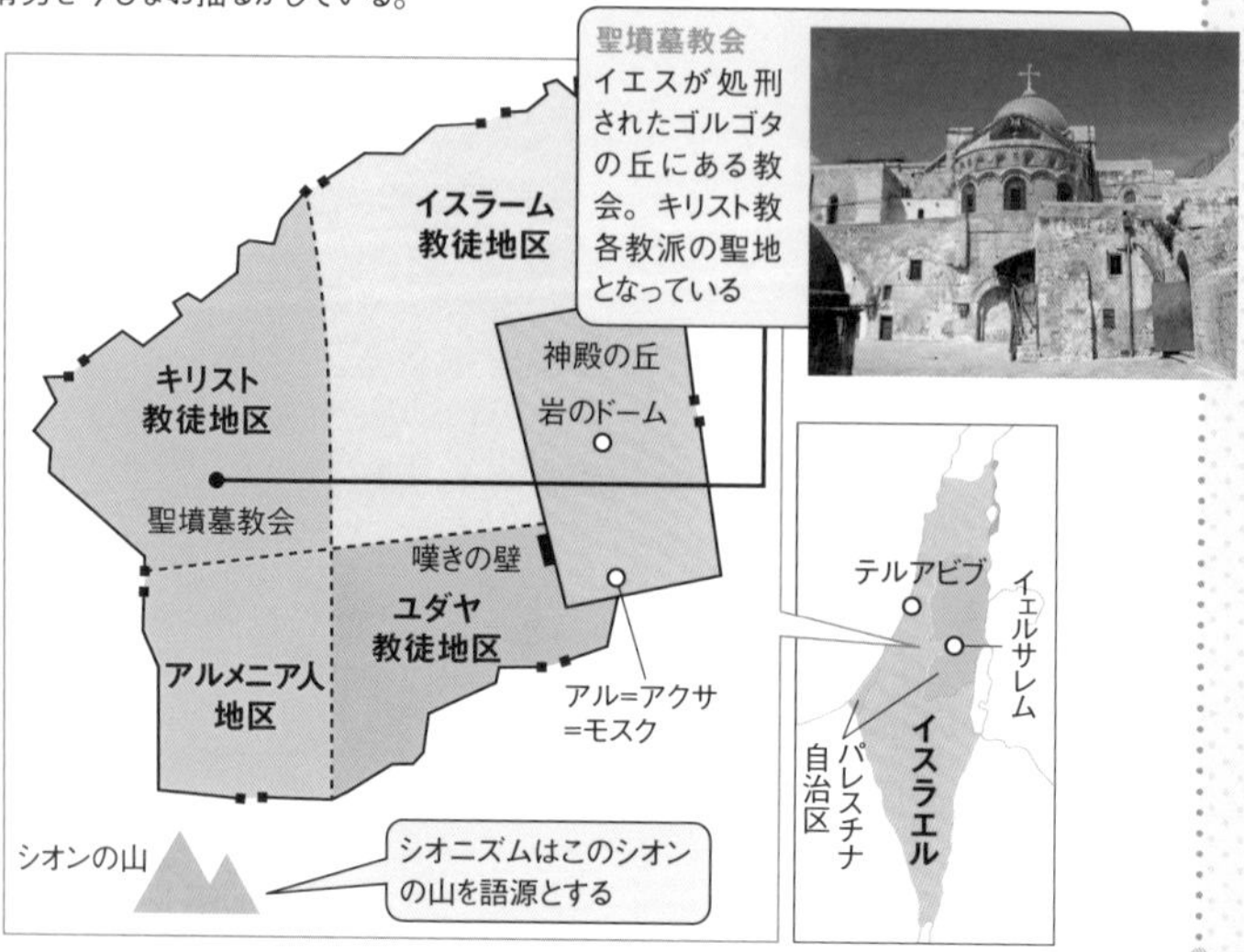

こう変わった！

4度の中東戦争が勃発

ドイツでナチ党が政権を握ると、ユダヤ人のパレスチナ移住が急増し、7世紀以来、この地はイスラーム圏に組み込まれたことから、ムスリムのパレスチナ人とユダヤ人との間に対立が深まっていきました。国連はパレスチナを分割する案を決定し、1948年にイスラエル国が建国されますが、反対するアラブ連盟諸国はただちにイスラエル領に侵攻。第一次中東戦争（パレスチナ戦争）が勃発します。戦争に勝利したイスラエルは、国連のパレスチナ分割案よりも広い領域を占領し、独立を確保しました。

両者の対立はその後も長く続き、**アメリカなどの列強がイスラエルを支援したことで激化**。戦後4度にわたり中東戦争が行われました。これに対し、エジプトの大統領サダトはアメリカ・イスラエルとの和解するために、1979年のエジプト＝イスラエル平和条約を結び、アラブ諸国で初めてイスラエルを承認します。しかしサダトはアラブ諸国の反発を受け、ついに暗殺されてしまいました。

中東戦争に至るまでの流れ

イギリスの提案
イギリスはユダヤ人・アラブ人から支援を得るために、双方と条約を締結する

バルフォア宣言
ユダヤ人から資金援助を得るため、ユダヤ人のパレスチナへの居住を認めた

＋

フセイン＝マクマホン協定
オスマン帝国支配下のアラブ人居住地の独立を認める

←

ユダヤ人のパレスチナ入植
パレスチナがイギリスの委任統治領に。バルフォア宣言にもとづきユダヤ人が入植

ナチ党ドイツの迫害を機に入植者急増

←

1948年 ユダヤ人によるイスラエル国建国

←

中東戦争勃発
イスラエル建国が宣言されるも、その3時間後に先住アラブ人により宣戦布告

こっちの利益になればＯＫさ
イギリス
おれたちの故郷に帰るんだ!!
ユダヤ人
もともとパレスチナはおれたちが住んでたんだぞ!!
イスラエル国の建国は絶対に認めない!!
アラブ人

キリスト教

アイルランド独立の背景にあった国教会とカトリックの宗教戦争

ポイント
イギリスからの独立を目指したアイルランドだが、北アイルランドと南部のアイルランド共和国に分断される

1949年　なにが起きた？

アイルランド共和国が成立

アイルランドは長きにわたりイギリスの支配下でした。１６４９年ピューリタン革命下のイギリスは、**カトリックの打破を叫び、アイルランドを侵略**。以来アイルランド人は「我々はケルト人の末裔だ。ゲルマン人ではない」「カトリックを守る」と訴えてきました。

１８０１年、イギリスは国号を「グレートブリテン＝アイルランド連合」に改めアイルランドを形式的に同等の国に格上げするも、アイルランド独立運動は高まるばかり。１９３７年「エール」は完全独立を達成、北アイルランドはプロテスタントの英領として残りますが、**エールは１９４９年、イギリス連邦からも脱退し「アイルランド共和国」と改名**されます。

【アイルランド独立までの歴史】

プロテスタントによる侵略

- 1534年　ヘンリ８世による宗教改革でイギリス国教会成立
  ➡アイルランドにプロテスタントが移住しカトリックと対立

イングランドによる侵攻

- 1649年　クロムウェルが侵攻
  ➡プロテスタントがカトリックを支配し、アイルランドを植民地化

イギリスによる併合

- 1801年　イギリスがアイルランドを併合
- 1914年　アイルランド自治法成立
- 1916年　シン＝フェイン党の反乱（イースター蜂起）
  ➡イギリスからの独立を目指す
- 1922年　アイルランド自由国成立
  ➡イギリス内の自治領となる

イギリスからの独立

- 1937年　国名を「エール」に改称
  ➡イギリス連邦内の独立国に
- 1949年　アイルランド共和国成立
  ➡イギリス連邦を離脱

アイルランドは
イギリスに
屈しないぞ…!!
アイルランド共和国軍

アイルランドが南北で分離される

ところが、アイルランド独立は問題をもたらします。というのも独立した領土には、**北アイルランド（アルスター地方）は含まれていなかった**のです。ピューリタン革命の指導者クロムウェルによる侵略以来、北アイルランドはプロテスタントの英人地主の拠点とされ、アイルランド支配の要として機能してきました。

プロテスタントが多いとはいえそれでも今では北アイルランドは3分の1はカトリック系住民です。カトリックへの差別が一層進行した結果、イギリスの支配からアイルランドの完全独立を目指す武装闘争が激化した時もありました。

さらに2020年のイギリスのＥＵ離脱、いわゆるブレグジットによってさらなる火種も生まれています。北アイルランドのイギリス領との国境線に加え、ＥＵの境界線も生じ、二つの境界線で物流が混乱。暴動が起こる事態にも発展してしまいました。2023年2月にイギリス本島から北アイルランドへの物品輸送の通関手続き免除がイギリス・ＥＵ間で合意されました。

イギリス領として残った北アイルランド

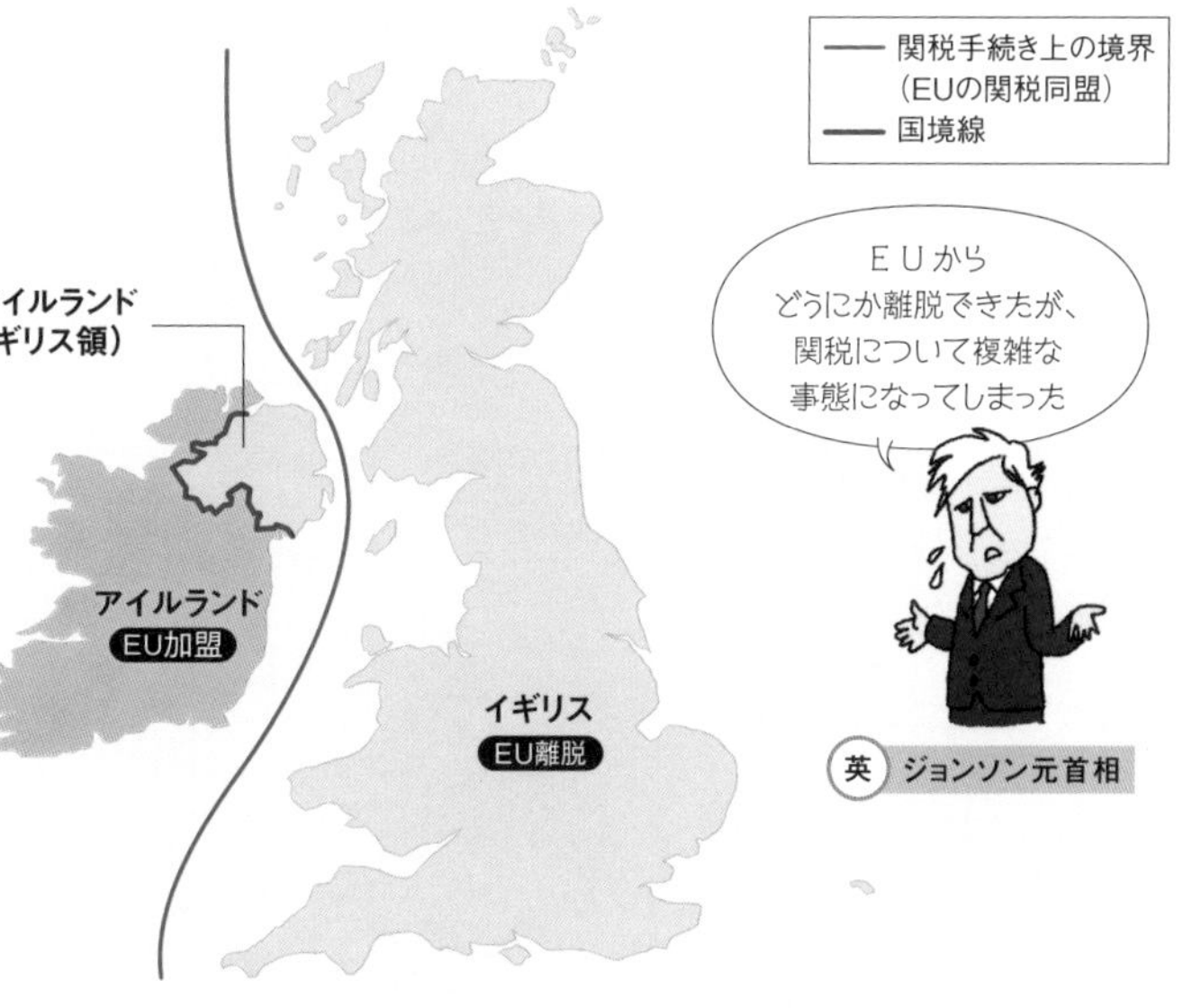

イギリス本土と北アイルランド間で関税手続きの境界を設定したことで、イギリス領でありながら北アイルランドだけが実質的にEUの単一市場に残されることに。複雑な物流手続きが生じ、混乱が続いた

キリスト教

なぜ社会主義・共産主義者は宗教を否定したのか？

ポイント

マルクス主義を理想とした国家は、宗教は革命を阻害すると見なして宗教を非難。激しい宗教弾圧を行った

19世紀半ば頃

なにが起きた？

マルクスが「宗教はアヘン」と述べる

18世紀後半、イギリスで産業革命が起こると資本主義経済が発展し、資本家と労働者の貧富の差は拡大していきました。そのため社会的な不平等をなくして富の公正な分配を目指す**社会主義思想が誕生**。ロシア革命を経て、１９２２年に世界初の社会主義国家ソヴィエト社会主義共和国連邦（ソ連）が成立します。

社会主義の革命運動の屋台骨となった理念が、経済学者マルクスの思想でした（マルクス主義）。「共産主義の父」といわれるマルクスは、著書の中で、「宗教は民衆のアヘンである」と述べ、**宗教に批判的な立場をとりました**。この思想は社会主義・共産主義国家にも引き継がれていきます。

社会主義思想と宗教の関係

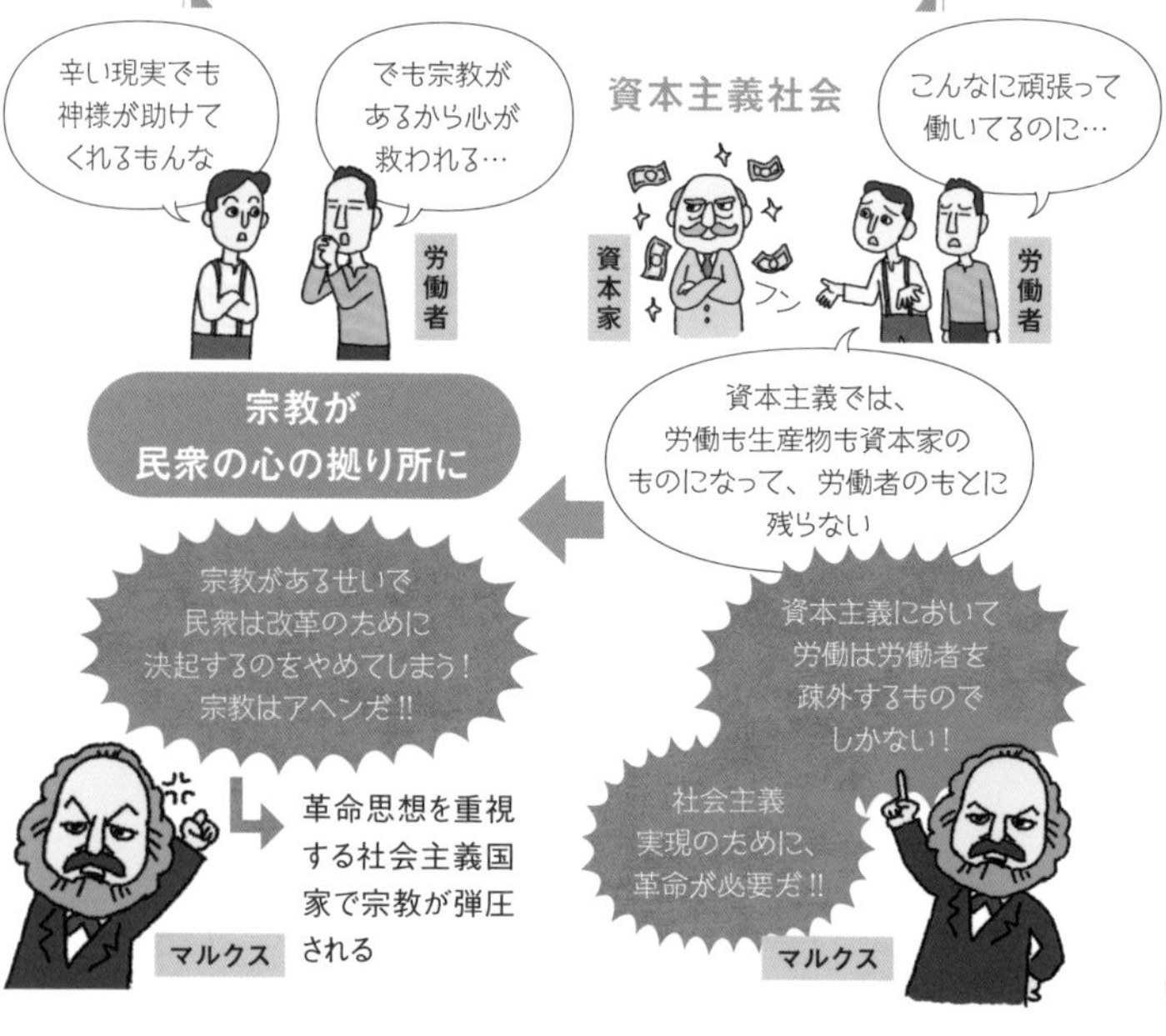
辛い現実でも神様が助けてくれるもんな
でも宗教があるから心が救われる…
労働者
資本主義社会
こんなに頑張って働いてるのに…
資本家
フン
労働者
宗教が民衆の心の拠り所に
資本主義では、労働も生産物も資本家のものになって、労働者のもとに残らない
宗教があるせいで民衆は改革のために決起するのをやめてしまう！宗教はアヘンだ!!
資本主義において労働は労働者を疎外するものでしかない！
社会主義実現のために、革命が必要だ!!
革命思想を重視する社会主義国家で宗教が弾圧される
マルクス
マルクス

こう変わった！

社会主義国で激しい宗教弾圧が発生

ソ連では、建国の父レーニンの後継者であるスターリンが主導権をにぎると、国家や経済の統制、さらに反対派への粛清を行います。最高指導者の座についたスターリンは**マルクス主義から反宗教政策をとり、ロシア正教会を弾圧**。救世主ハリストス大聖堂は爆破され、跡地は温水プールになりました。スターリンの死後、実権をにぎったフルシチョフも激しい宗教弾圧を実行します。聖職者を軒並み検挙し、ソ連時代に殺害された聖職者の数は約20万人にものぼるといわれています。

　また、中華人民共和国を建国した毛沢東《もうたくとう》は、マルクスの影響から「宗教は毒である」と発言。**文化大革命では徹底した宗教弾圧が断行**されました。

　マルクスは、宗教は厳しい現実を慰める鎮静剤的な役割を果たし、人々が現実の不幸を改革するために決起することを防ぐと考え、宗教を批判するスタンスをとりました。ところが、社会主義・共産主義国家ではマルクスの宗教批判が宗教否定論のように曲解され、信教の自由が実際には保障されなかったのです。

ソ連による激しい宗教弾圧

破壊される救世主ハリストス大聖堂（1931年）

ロシア正教会の大聖堂。マルクスが述べた、「宗教は民衆のアヘン」とする思想を踏襲し、宗教弾圧を強行したソ連によって破壊された。ソ連崩壊後の2000年に再建される。

モスクワ水泳場（1980年）

救世主ハリストス大聖堂の跡地にできたプール。ソ連は爆破した大聖堂の跡地にソヴィエト宮殿の建設を計画したがかなわず、代わりに温水プールが建設された。

仏教　イスラーム教

ウイグルやチベットで中国政府が繰り返す宗教弾圧

ポイント

中国政府はウイグルやチベットに対して宗教弾圧を行い、民族浄化や思想教育を強行している

20世紀半ば頃〜

なにが起きた？

中国が自治区の宗教弾圧を行う

中国には、自治を認められた新疆《しんきょう》ウイグル自治区やチベット自治区など五つの自治区が存在しています。ところが現在、自治区の少数民族に対して**中国政府が宗教弾圧を行っている**ことが指摘されています。

ウイグル人は西方と中国を結ぶ交易の民としてイスラーム教にもとづく文化圏を形成しましたが、清王朝時代に中国に服属。また、**チベット仏教を信仰するチベットも清王朝時代に併合**されました。清王朝はウイグル人やチベット人に一定の自治を認めたため、彼らは宗教を核として独自の文化を形成していきました。

しかし、清王朝が崩壊すると状況は一変し、ウイグル人やチベット人に対して宗教弾圧が始まります。

中国がチベット仏教の後継者選定に介入

中国はチベット仏教の後継者選定に介入し、共産党の息のかかったパンチェン=ラマを擁立した。

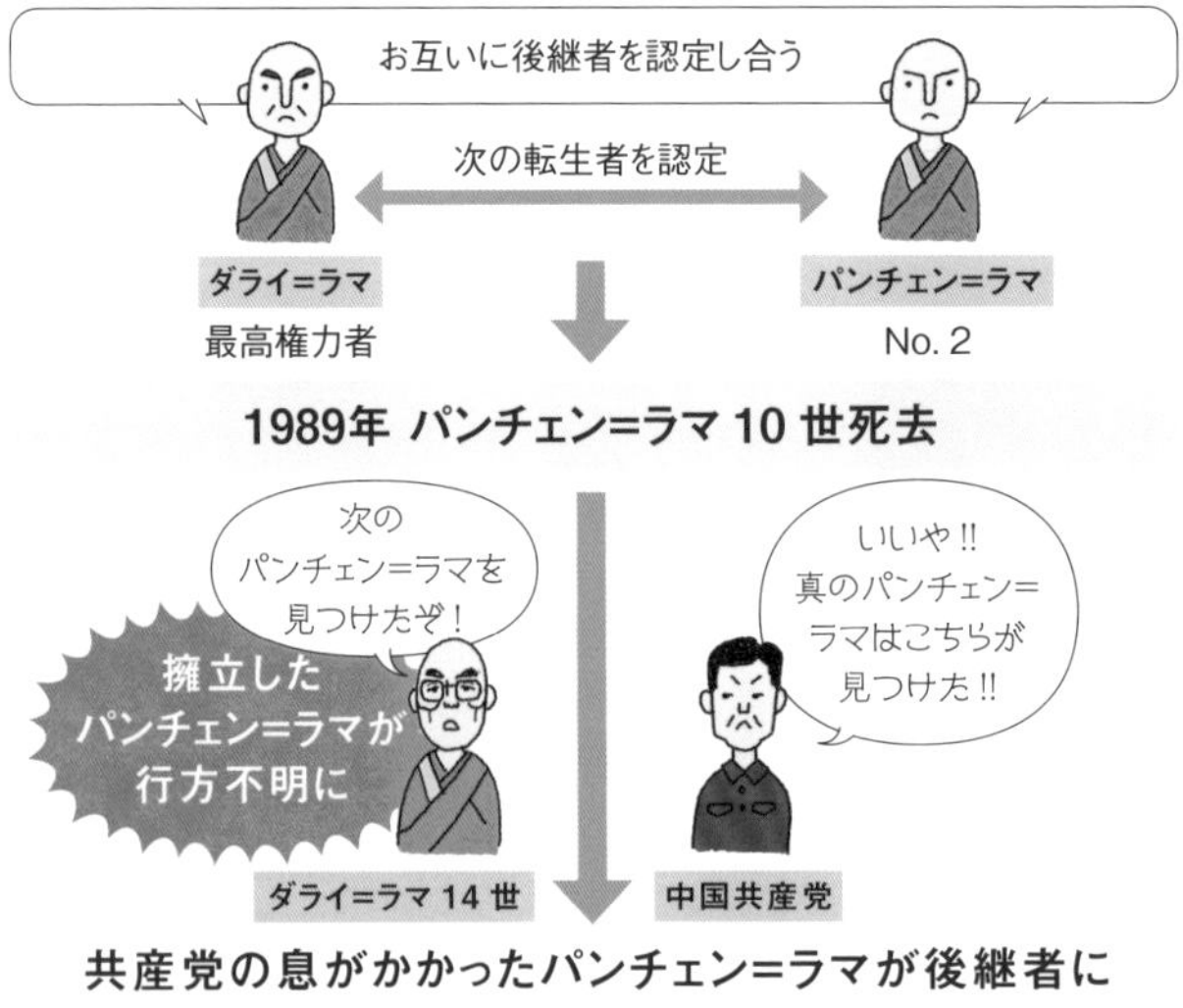
お互いに後継者を認定し合う
次の転生者を認定
ダライ=ラマ
最高権力者
パンチェン=ラマ
No. 2
1989年 パンチェン=ラマ 10 世死去
次のパンチェン=ラマを見つけたぞ！
いいや!! 真のパンチェン=ラマはこちらが見つけた!!
擁立したパンチェン=ラマが行方不明に
ダライ=ラマ 14 世
中国共産党
共産党の息がかかったパンチェン=ラマが後継者に

こう変わった！

弾圧や思想教育に非難が集まる

清王朝の崩壊後、少数民族の独立の機運が高まりますが、「ひとつの中国」を掲げる中華民国政府は独立を認めませんでした。中華人民共和国（中国）の建国後、人民解放軍が新疆やチベットへ侵攻。宗教施設は破壊され、宗教とともに育んできた独自の文化も破壊されたのでした。

宗教弾圧が加速するなか、**チベット仏教の最高指導者ダライ＝ラマ14世はインドへ亡命**。今日でもチベットに戻ることはできていません。また、新疆ウイグル自治区では2014年、独立を目指すイスラーム過激派による爆破テロ事件が発生。この事件をきっかけに弾圧はさらに強化され、100万人を超えるイスラーム教徒が強制収容所に送られたとされています。

近年では、**弾圧から逃れて亡命した人々による告発で中国政府の宗教弾圧の実態が明らかにされてきています**。中国共産党の思想体系に合致させるべく、少数民族への民族浄化や思想教育を強行する中国に対して、世界では非難の声が上がっています。

中国による少数民族の弾圧

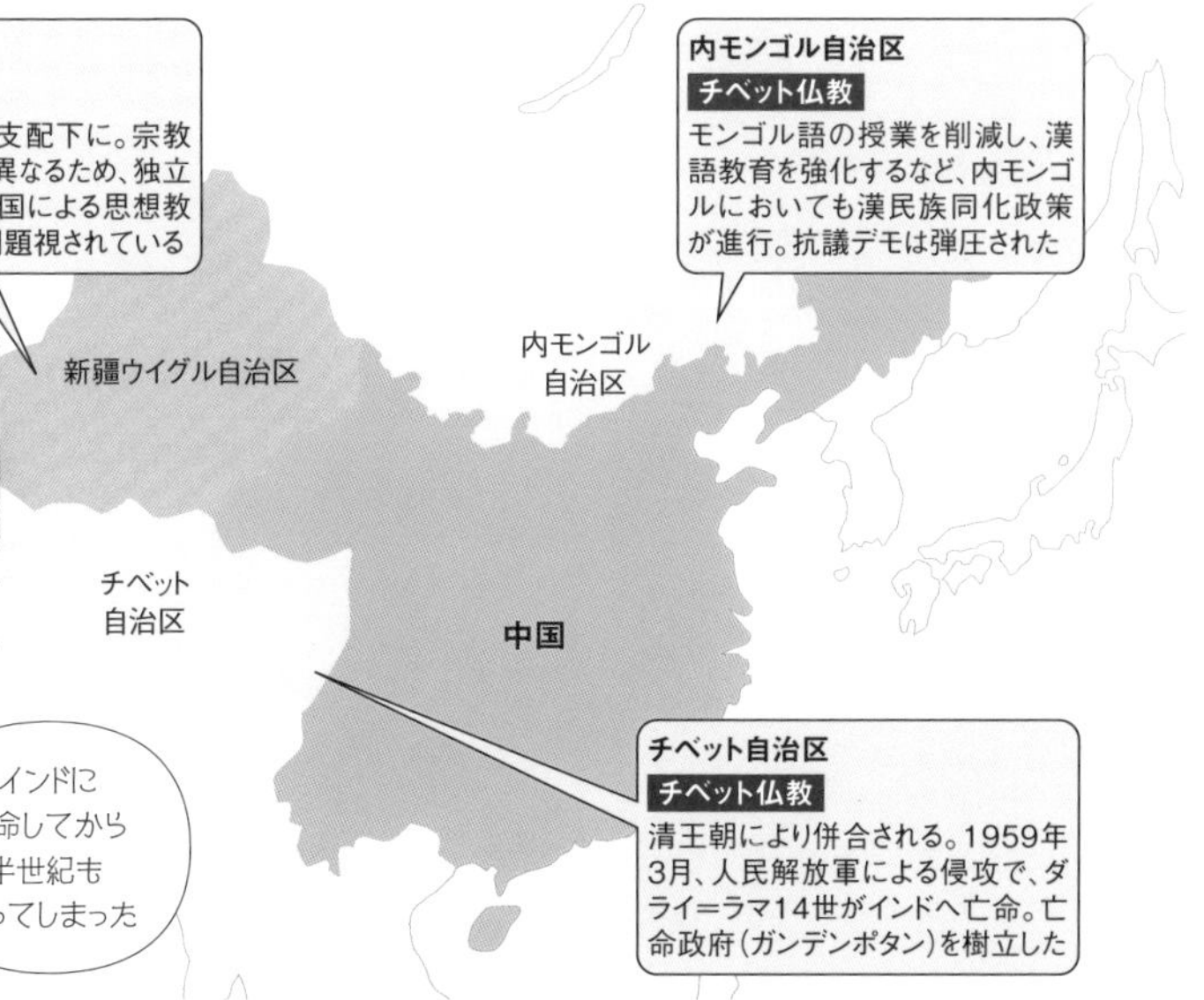
イスラーム教
清王朝時代に中国の支配下に。宗教や文化、言語も中国と異なるため、独立を強く目指している。中国による思想教育などの宗教弾圧が問題視されている

閉鎖され、中国国旗が掲げられる新疆ウイグル自治区のモスク。

ダライ＝ラマ14世

キリスト教

〝若者のキリスト教離れ〟が反抗の象徴「ロック」を生み出した

ポイント

キリスト教世界に反抗したカウンター＝カルチャーが若者の間で流行。ロックミュージックはその象徴となった

20世紀半ば頃～

なにが起きた？

アメリカでキリスト教離れが加速

第二次世界大戦を経て、米ソ冷戦の時代を迎えたアメリカでは社会変動の動きが活発になります。それまでのアメリカ社会は主に古い家系の白人男性に支配されており、その背景には**保守的なキリスト教精神による道徳意識**がありました。

しかし１９５０年代以降、こうした保守的な宗教的倫理観はあまりにも時代遅れなものとして否定されます。特に新しい価値観を求める若者を中心に〝キリスト教離れ〟がみられるようになりました。戦後間もなく生まれた**若者たちの多くは「カウンター＝カルチャー（対抗文化）」に熱中**し、新しいアメリカを目指していきます。

【カウンター＝カルチャーの発展】

キリスト教を中心とした精神世界

ベトナム戦争・人種差別に反対

カウンター＝カルチャーの誕生

キリスト教の保守的な倫理観に反発した若者たちはキリスト教の信仰をやめ、東洋宗教や先住民文化などに高揚

カウンター＝カルチャー

・ヒッピー
・ドラッグ
・長髪
・ロックミュージック
・フォークソング
・Ｔシャツやジーンズ

対立

キリスト教原理主義

キリスト教に反発するカウンター＝カルチャーに対抗して聖書の内容を厳格に守ろうとするキリスト教原理主義が台頭

こう変わった！

ロックミュージックが盛り上がる

１９６０年代になると、アメリカでは黒人差別に反対する公民権運動が高まります。運動はさらに他の少数民族や、男女差別に反対する女性たちの間にも広がり、自分たちの権利を求めて主張するようになりました。彼らを支持したのは、かつてない規模の若者たちでした。公民権運動は１９６０年代後半からのベトナム反戦運動とも結びつき、若者を中心に高揚します。

既存の道徳観や生活様式に反抗する若者たちは、ひげや髪を長く伸ばし、ジーンズや奇抜なファッションを身にまといました。**新しい価値観を求める若者たちに熱狂的に受け入れられたのが、ロックミュージック**でした。エルヴィス＝プレスリーを経て、イギリスのビートルズなどの活躍で有名になった**ロックは、「反抗」「反逆」といった言葉で表される若者文化の象徴的存在**となりました。しかし、古い価値観を吹き飛ばすような文化の爆発は、同時にアメリカの保守層に危機感をもたらし、キリスト教原理主義へとつながっていくのでした。

若者の心をつかんだロックミュージック

カウンター＝カルチャーの象徴

ヒッピー

古い価値観を否定した若者たちは東洋的な瞑想にあこがれ、定職に就かずに放浪したり、コミューンをつくって共同生活を始めた。彼らはヒッピーと呼ばれた。1970年代に入るとヒッピーは次第に姿を消し、若者たちは都市生活に戻っていったが、その影響は様々な形で生き残り続けた。

ウッドストック＝フェスティバル

1969年8月に開催されたカウンター＝カルチャーの象徴ともされる大型ロックフェス。ヒッピーを中心とした若者が40万人押し寄せた。

ビートルズ

1962年にデビューした、イギリス出身の4人組ロックバンド。60年代ロックミュージックのグループとして、世界中の若者たちを熱狂させた。1970年に解散。

イスラーム教

なぜイランは厳格なイスラーム教国となったのか？

ポイント

シーア派の宗教指導者ホメイニによってイラン＝イスラーム共和国が成立。イランとアメリカの確執が深まった

1979年

なにが起きた？

イラン＝イスラーム共和国が成立

イランでは、１９６１年から国王パフレヴィー２世が白色革命とよばれる「上からの近代化」を進めます。アメリカのＣＩＡなどの工作により国内の実権をにぎった国王は親米路線をとり、近代化政策を推し進めました。しかし、秘密警察を使っての独裁政治や、経済混乱による貧富の差が反発を生み出しました。

これに不満を強くする労働者・学生やシーア派指導者が王政打倒叫ぶと、事態は暴動へ発展。

１９７９年に国王は国外に逃亡。これに代わって**イスラーム教シーア派の宗教指導者ホメイニ**がパリから戻り、**イラン＝イスラーム共和国の成立を宣言**したのです。

イラン=イスラーム共和国成立までの流れ

1925年　パフレヴィー朝が成立

1935年　国号を「ペルシア」から「イラン」に改称

1961年　パフレヴィー２世が近代化を推進

・アメリカの支援を受け近代化
・イスラーム教の伝統を軽視

↓ 貧富の差拡大

1979年　イラン=イスラーム共和国成立

・イスラーム教シーア派のホメイニが指導
・イスラーム原理主義を唱える

アメリカには従わん
ホメイニ

親米政権から一転、アメリカとの関係は最悪に

こう変わった！

イランとアメリカの争いが激化

革命にあたり、ホメイニが掲げたのが「イスラーム原理主義」です。**イスラーム原理主義とは、本来のイスラーム教の教えに厳格に従うべきだとする考え方**です。映画や文学はイスラームの教えに沿ったものに限られ、女性には、髪の毛と肌の露出を避ける衣服であるヘジャーブの着用が義務づけられました。

ホメイニ率いるイランはこれまでの路線を一変し、反米外交を展開。アメリカの資本主義やソ連の共産主義にも従わない、イスラーム教の規律にもとづいた国家づくりを進めます。一方、アメリカはホメイニ政権を潰すため、隣国のイラクを全面支援。イラン＝イラク戦争が始まり、**イランとアメリカの確執は決定的なものとなりました**。さらに「戦いの途上で倒れた者は殉教者として楽園に行くだろう」というホメイニの言葉は、反イスラーム勢力と戦う青年革命家を熱狂させ、イスラーム原理主義組織アル＝カイーダによるアメリカ同時多発テロ事件（9・11テロ）につながっていくことになったのです。

【イランを中心に現在も続く中東の対立】

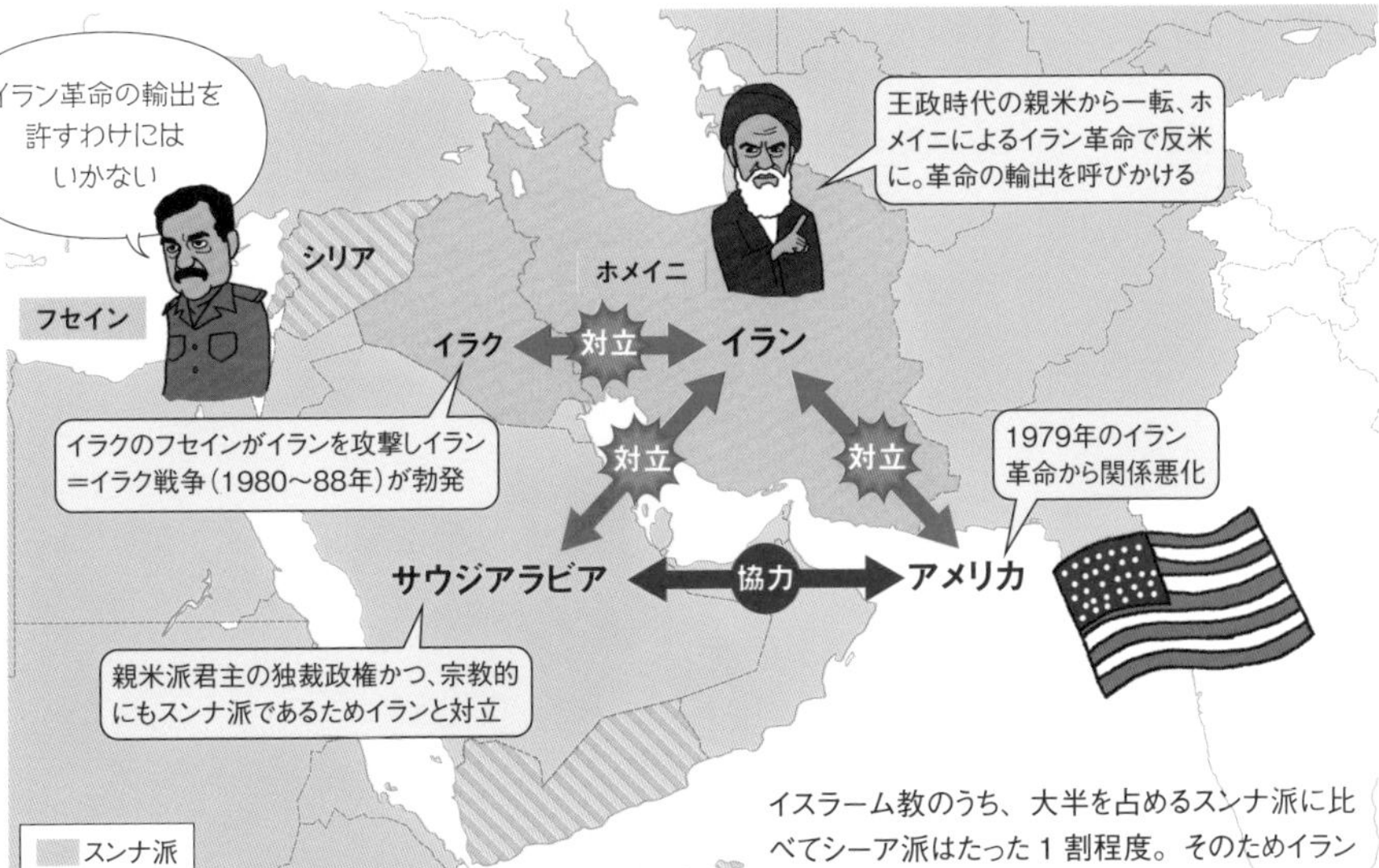

イラン革命の輸出を許すわけにはいかない
フセイン
シリア
ホメイニ
王政時代の親米から一転、ホメイニによるイラン革命で反米に。革命の輸出を呼びかける
イラク
対立
イラン
対立
対立
イラクのフセインがイランを攻撃しイラン＝イラク戦争（1980～88年）が勃発
1979年のイラン革命から関係悪化
サウジアラビア
協力
アメリカ
親米派君主の独裁政権かつ、宗教的にもスンナ派であるためイランと対立
スンナ派
シーア派

イスラーム教のうち、大半を占めるスンナ派に比べてシーア派はたった１割程度。そのためイランはスンナ派の国々に囲まれている

イスラーム教

9・11テロがきっかけでアメリカは「世界の警察官」をやめた？

ポイント

9・11テロへの報復でアメリカはイラク戦争を起こすも、戦争で疲弊し「世界の警察官」を返上する

2001年

なにが起きた？

イスラーム過激派がテロ活動を行う

2001年9月、ハイジャックされた旅客機がアメリカの世界貿易センタービルと国防総省に次々と突入。この「アメリカ同時多発テロ（9・11テロ）」を引き起こしたのは、**イスラーム原理主義組織アル＝カイーダ**でした。彼らがアメリカをターゲットとした理由には、10年ほど前に起きた湾岸戦争がありました。

ソ連消滅によって軍事的に優位となった超大国アメリカは「世界の警察官」として中東問題に介入。湾岸戦争で**イスラーム教の聖地があるサウジアラビアに、アメリカ軍が駐留**したことで「異教徒が聖地を占領した」とイスラーム過激派の怒りを買い、駐留軍だけでなくすべてのアメリカ人が攻撃の対象とされたのです。

アメリカ同時多発テロ事件（9・11テロ）

アル＝カイーダがハイジャックした旅客機により突入され、炎上するニューヨークの世界貿易センタービル南棟（左）と北棟。この事件により約5400名が犠牲となった。

オサマ＝ビンラディン

アル＝カイーダのリーダーであり、同時多発テロの首謀者とされる。テロから10年後の2011年、アメリカ海軍特殊部隊の作戦によって殺害された。

こう変わった！

アメリカが「世界の警察官」をやめる

アメリカは報復のために、アフガニスタンでアル＝カイーダをかくまった**イスラーム過激派組織ターリバーンを軍事攻撃**。その結果、ターリバーンは追放され、アフガニスタンには暫定政権が樹立されました。「対テロ戦争」にまい進していくアメリカは、さらにその2年後、イラクのアル＝カイーダへの関与を疑ってイラク戦争を起こします。イラクのフセイン政権が核兵器などの大量破壊兵器を開発していることを理由に、国連の決議のないまま首都バグダードを爆撃。フセイン政権を倒したものの、武力攻撃の理由とした大量破壊兵器は見つからず、テロの掃討作戦は泥沼化していきました。

戦争の長期化は**アメリカに大きな経済的負担をもたらし、国内世論でも厭戦機運が高まり**ます。アメリカは自国優先の政策から「世界の警察官」の立場をやめ、２０２１年にアフガニスタンから完全撤退。しかし、アフガニスタンではターリバーン政権が復活し、中東情勢は混迷することになりました。

アメリカが「世界の警察官」をやめるまで

1991年　冷戦終結後、ソ連が崩壊

↓

アメリカの一極化

ソ連が崩壊したことで世界唯一の超大国となったアメリカ
➡各地の軍事紛争に介入
クウェートに侵攻したイラクに対し湾岸戦争を起こす

↓

2001年　同時多発テロ事件が起こる

報復のためアフガニスタンに侵攻

↓

2003年　イラク戦争開始

イスラーム過激派組織イスラーム国（ISIL）設立（2004年）

アフガニスタン侵攻からは撤退できず
イスラーム過激派組織ターリバーンとの戦い続く

アメリカ国内で厭戦機運が高まる

↓

2013年　オバマ元大統領が「世界の警察官」をやめると宣言

2021年　バイデン大統領が米軍をアフガニスタンから完全撤退させる

2016年、一般教書演説で「脱・世界の警察官」を再び宣言するオバマ元大統領。

キリスト教

ロシア正教会がプーチン大統領を支援した理由とは？

ポイント
ロシア正教会から独立したウクライナ正教会。その背景にはロシア正教会とプーチン大統領の強い結びつきがあった

2018年

なにが起きた？

ウクライナ正教会がロシア正教会から独立

ウクライナ正教会は、17世紀後半から**モスクワを総本山とするロシア正教会の管轄下**に置かれてきました。ソ連が崩壊してウクライナが独立した後も、この体制は変わりませんでした。しかし、２０１８年12月にウクライナ正教会はロシア正教会からの独立を宣言したのです。

独立の背景には、２０１４年に起きたロシア軍によるクリミア侵攻がありました。ウクライナで親ロシアの大統領が追放されると、ロシアのプーチン大統領は**ロシア系住民の保護を名目にクリミア半島へ軍事侵攻**。ロシア正教会のトップである総主教キリル１世もこの侵攻を支持したことで、両教会の溝が深まったのです。

【ロシア正教会の歩み】

ローマ帝国の東西分裂

ビザンツ帝国（東ローマ帝国）はコンスタンティノープル教会と結びつきを強める。のちのギリシア正教である

↓

キエフ公国がギリシア正教会を受け入れる

988 年、ウラディミル 1 世がギリシア正教に改宗。ロシアにおけるキリスト教浸透の起源

↓

モスクワ大公国がギリシア正教のリーダーに

ビザンツ帝国最後の皇帝の姪《めい》を妻にした、モスクワ大公国の大公イヴァン 3 世は、ビザンツ帝国の後継者を自任

↓

ロシア帝国の皇帝がロシア正教会のトップに

ピョートル 1 世はロシア正教会のトップも兼ね、政教ともに権力を握った

↓

ソ連による宗教弾圧と復活

ロシア革命で政教分離が徹底され、宗教弾圧を受けるも、ソ連崩壊後に復興

↓

ウクライナ正教会の独立

ロシアによるクリミア侵攻を受け、2018 年にウクライナ正教会が独立

改宗により
宗教的統一を
図ったのだ

ウラディミル１世

モスクワは
第３のローマ
である

イヴァン３世

ロシア正教会を
国の支配下に
置いたぞ

ピョートル１世

プーチン大統領を
全面的に支持します

総主教キリル１世

こう変わった！

政治的にも宗教的にもロシアが孤立？

さらに2022年2月、**ロシア軍によるウクライナ侵攻が開始**。プーチン大統領は侵攻開始前、「ウクライナは我々にとって単なる隣国ではない。我々の歴史、文化、精神空間から切り離すことのできない一部分だ」と主張しました。この考えは、総主教キリル1世も同じでした。**ウクライナ正教会はロシア正教会の管轄下に留まるべきで、独立は許されることではないとする考え**です。総主教キリル1世は、ロシアによるウクライナ侵攻に高らかな祝福まで与えました。

プーチン大統領はソ連崩壊後、ロシアの新しい統一理念をつくり上げるため、共産党政権下で非合法だったロシア正教会を復権。宗教的権威によって自らの権威を裏づける目的もありました。そのためロシア正教会はプーチン大統領と近しい関係にあったのです。ロシア正教会の態度は、世界中の正教会から反発を引き起こしました。世界各国の正教会はロシア正教会との関与を否定し、ロシアは政治的にも宗教的にも孤立する事態となっています。

【各正教会とロシア正教会の関係】

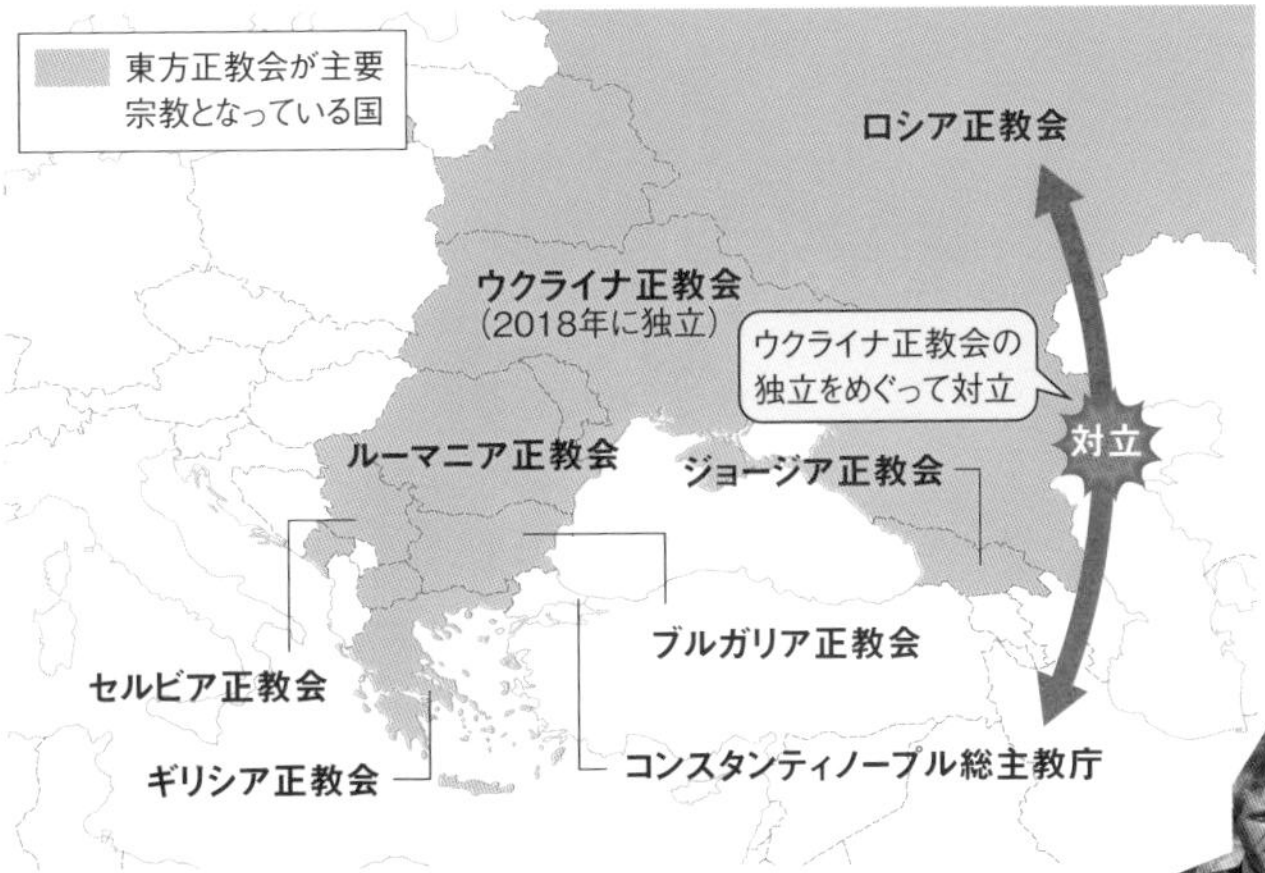

各国にある主な正教会

ウクライナ正教会が独立を宣言すると、コンスタンティノープル総主教庁はそれを承認。独立に反対するロシア正教会と対立する構図となった。

ロシア正教会のキリル1世とプーチン大統領

ロシア正教会のトップである総主教キリル1世は、プーチン大統領のウクライナ侵攻も支持。その信頼関係の深さから、2人の関係は「精神的盟友」と称されるほど。

さくいん

見開き内で同じ用語・人名が登場する場合は初出ページを記載

主要参考文献

『詳説世界史』(山川出版社)
『世界史 B』(東京書籍)
『最新世界史図説タペストリー』(帝国書院)
『アカデミア世界史』(浜島書店)
『歴史風景館 世界史のミュージアム』(東京法令出版)
『なるほど知図帳世界 2021 ニュースがわかる世界知図』(昭文社)
飯田育浩『ビジュアル版 経済・戦争・宗教から見る教養の世界史』(西東社)
宮崎正勝『スーパービジュアル版 早わかり世界史』(日本実業出版社)
成美堂出版編集部『一冊でわかるイラストでわかる 図解世界史』(成美堂出版)
塩尻和子・津城寛文・吉水千鶴子監修『一冊でわかるイラストでわかる 図解宗教史』(成美堂出版)
山﨑圭一『一度読んだら絶対に忘れない世界史の教科書【宗教編】』(SBクリエイティブ)
中村圭志『図解 世界5大宗教全史』(ディスカヴァー・トゥエンティワン)
中村圭志『世界の深層をつかむ宗教学』(ディスカヴァー・トゥエンティワン)
中村圭志『教養としての宗教入門』(中央公論新社)
島田裕巳監修『手にとるように宗教がわかる本』(かんき出版)
島田裕巳『教養としての世界宗教史』(宝島社新書)
出口治明『哲学と宗教全史』(ダイヤモンド社)
松島道也『図説ギリシア神話〔神々の世界〕篇』(河出書房新社)
松村一男・平藤喜久子・山田仁史編『神の文化史事典』(白水社)
古川安『科学の社会史 ルネサンスから20世紀まで』(ちくま学芸文庫)
池内了『知識ゼロからの科学史入門』(幻冬舎)
高階秀爾監修『カラー版 西洋美術史』(美術出版社)
岡本隆司『教養としての「中国史」の読み方』(PHP研究所)
『詳説日本史』(山川出版社)
『新詳日本史』(浜島書店)
山折哲雄監修、川村邦光著『すぐわかる日本の宗教 縄文時代～現代まで』(東京美術)

写真協力

ColBase国立博物館所蔵品統合検索システム(https://colbase.nich.go.jp)/ PIXTA/ shutterstock/朝日新聞フォトアーカイブ/高台寺/国立公文書館/国立国会図書館/滋賀県立琵琶湖文化館/シカゴ美術館/東京大学史料編纂所/東京都立図書館特別文庫室/ユニフォトプレス/メトロポリタン美術館

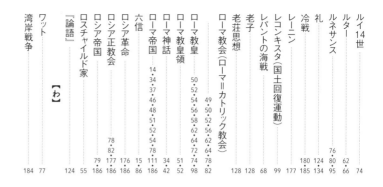

監　修　祝田秀全《いわたしゅうぜん》

東京出身。東京外国語大学アジア・アフリカ言語文化研究所研究員を経て、聖心女子大学文学部歴史社会学科講師。主な著書・監修本に『東大生が身につけている教養としての世界史』（河出書房新社）、『歴史が面白くなる東大のディープな世界史』（KADOKAWA）、『エリア別だから流れがつながる世界史』『世界史と時事ニュースが同時にわかる新地政学』（ともに朝日新聞出版）、『地図でスッと頭に入る世界の民族と紛争』（昭文社）、『箱庭西洋史』（かんき出版）など多数。

編　集　かみゆ歴史編集部（中村蒐、荒木理沙、滝沢弘康）

「歴史はエンターテインメント!」をモットーに、雑誌・ウェブ媒体から専門書までの編集・制作を手がける歴史コンテンツメーカー。扱うジャンルは日本史、世界史、地政学、宗教・神話、アート・美術など幅広い。宗教関連の主な編集制作物に『流れが見えてくる宗教史図鑑』（ナツメ社）、『カラー版徹底図解 世界の宗教』（新星出版社）、『ビジュアル版鑑賞ガイド 日本の信仰がわかる 神社と神々』（朝日新聞出版）など。

執　筆	飯山恵美、さなださな、高宮サキ、野中直美
装丁・デザイン	ソウルデザイン（鈴木大輔、仲條世菜）
カバーイラスト	川原瑞丸
DTP・図版	株式会社ウエイド
校　正	桑原和雄（朝日新聞総合サービス出版校閲部）、澁谷周平
企画・編集	塩澤巧（朝日新聞出版 生活・文化編集部）

ビフォーとアフターが一目《ひとめ》でわかる
宗教《しゅうきょう》が変《か》えた世界史《せかいし》

監　修　祝田秀全

編　著　朝日新聞出版

発行者　片桐 圭子

発行所　朝日新聞出版
〒104-8011 東京都中央区築地5-3-2
（お問い合わせ）infojitsuyo@asahi.com

印刷所　大日本印刷株式会社

ISBN　978-4-02-334125-8

本書は2023年6月末時点での情報を掲載しております。